STREIFZÜGE DURCH DIE KÜCHEN DER WELT

Thailand

JOHN HAY

Grillhähnchen nach Art des Nordostens (Rezept S. 124)

Streifzüge durch die Küchen der Welt

Thailand

Mit 250 Rezepten aus allen Regionen

Rezepte von Panurat Poladitmontri
und Judy Lew
Text von William Warren
Fotos von Luca Invernizzi Tettoni
und John Hay

Kaleidoskop Buch

HINWEIS

Alle Informationen und Hinweise, die in diesem Buch enthalten sind, wurden vom Autor nach bestem Wissen erarbeitet und von ihm und dem Verlag mit größtmöglicher Sorgfalt überprüft. Unter Berücksichtigung des Produkthaftungsrechts müssen wir allerdings darauf hinweisen, daß inhaltliche Fehler oder Auslassungen nicht völlig auszuschließen sind. Für etwaige fehlerhafte Angaben können Autor, Verlag und Verlagsmitarbeiter keinerlei Verpflichtung und Haftung übernehmen.

Korrekturhinweise sind jederzeit willkommen und werden gerne berücksichtigt.

Aus dem Englischen übersetzt von Cornell Ehrhardt
Redaktion und Register: Brigitte Milkau
Korrektur: Irmgard Perkounigg
Einbandgestaltung: Studio für Illustration und Fotografie, München
Sascha Wuillemet
Herstellung: Dieter Lidl
Satz: Fotosatz Völkl, Puchheim

Die Originalausgabe mit dem Titel
Thailand The Beautiful Cookbook
wurde erstmals 1992 im Verlag
Weldon Owen Pty Limited, Sydney, veröffentlicht

Design: John Bull – The Book Design Company
Karten: Stan Lamond – Lamond Art & Design
Illustrationen: Yolande Bull
Foodstylist: Ann Creber
Foodfotos: John Hay
Landschafts- und Städtefotos: Luca Invernizzi-Tettoni
Rezepte: Panurat Poladitmontri und Judy Lew
Text: William Warren

Druck und Bindung: Tallers Gràfics Soler, Barcelona
Printed in Spain

ISBN 3-88472-463-0

Seite 2–3: *Von Wat Phra That Doi Kong Mu blicken große Steinlöwen im birmanischen Stil über das in Nebel gehüllte Tal von Mae Hong Son nahe der birmanischen Grenze.*

PHOTO: LUCA INVERNIZZI TETTONI/PHOTOBANK

Rechts: *Auf einem Feld in der Nähe von Ayutthaya wird ungeschälter Reis mit dem Rechen gelockert.*

Seite 8–9: *Auf einem schwimmenden Markt in der Provinz Ratchaburi gleiten die Händler mit ihren flachen Booten über die Kanäle.*

PHOTO: LUCA INVERNIZZI TETTONI/PHOTOBANK

MICHAEL FREEMAN

JOHN HAY

Grillhähnchen auf thailändische Art (Rezept S. 130)

Inhalt

Einführung 15

Die thailändische Tafel 22

Nordthailand 24
Gebirge und versteckte Täler – Heimat der Bergstämme

Suppen und Vorspeisen 36

Nordostthailand 84
Von Bergen gesäumte Hochebene – eine Region der Veränderungen

Currys und Hauptgerichte 94

Bangkok und das Zentrale Tiefland 154
Fruchtbares Flußbecken – das Herz des Königreiches

Salate und Gemüse 164

Südthailand 192
Felsen, Dschungel und tropische Sandstrände – faszinierende Natur

Süße Speisen und Desserts 202

Saucen, Dips und Currypasten 234

Glossar 248

Danksagung 252

Register 253

LUCA INVERNIZZI TETTONI/PHOTOBANK

Buddhistische Mönche in einem Kloster in Chiang Mai

EINFÜHRUNG

Mit Ausnahme von zwei kurzen Zwischenspielen im sechzehnten und achtzehnten Jahrhundert, als die Birmanen die Hauptstadt und einige andere Teile des Königreichs besetzten, kann Thailand auf mehr als siebenhundert Jahre Unabhängigkeit zurückblicken – ein Merkmal, das kein anderes Land in Südostasien vorzuweisen hat und das weitreichende Auswirkungen auf die gesellschaftliche und politische Entwicklung Thailands hatte.

Doch dies bedeutet nicht, daß die Thais von äußeren Einflüssen unberührt geblieben wären. Denn ein weiteres hervorstechendes Merkmal, das vielleicht von noch größerer Bedeutung ist, liegt in ihrer erstaunlichen Fähigkeit, bestimmte Aspekte fremder Kulturen aufnehmen zu können und sie so zu verändern, daß sie typisch thailändisch werden. Ebenso wie die Landesküche mit ihren raffinierten und mitunter überraschenden Kombinationen von scharfen, süßen und sauren Aromen, ist auch die thailändische Kultur ein kunstvolles Gemisch, dessen Einzelkomponenten oftmals nicht auf den ersten Blick erkennbar sind, dessen Gesamteindruck aber sehr charakteristisch ist.

China, das Land, aus dem die Thais vermutlich in ihr heutiges Siedlungsgebiet eingewandert sind, hat mit Sicherheit wichtige Küchenzutaten beigesteuert. Gleiches gilt für Indien, Java und Kambodscha – Länder, die alle einen starken Einfluß auf die vorthailändischen Kulturen ausübten. Später wurde Thailand auch von Sri Lanka beeinflußt, insbesondere auf dem Gebiet buddhistischer Kunst und Architektur, und noch später nahm man kulturelle Anleihen bei den verschiedenen europäischen Ländern.

Die frühesten Thai-Fürstentümer entwickelten sich im äußersten Norden, in Städten wie Chiang Rai und Chiang Mai; sie bildeten einen losen Staatenbund, der als Lanna bekannt ist. Das erste unabhängige Reich entstand in der Mitte des dreizehnten Jahrhunderts, als zwei Thai-Stammesführer in der nördlichen Zentralregion die Khmer-Herrscher stürzten und das Königreich Sukhothai gründeten – ein Wort aus dem Sanskrit, welches »Dämmerung des Glücks« bedeutet. Nach allem, was man den überlieferten Berichten entnehmen kann, war diese Bezeichnung durchaus angemessen; denn auf der Höhe seiner kurzen Macht war Sukhothai tatsächlich ein glücklicher Ort, eine Thai-Version des Mythos von König Artus und seiner sagenhaften Residenz Camelot, die auch heute noch einen starken Einfluß auf das Nationalgefühl der Thais hat.

Sukhothai hatte gerechte, paternalistische Herrscher, die sich um die Belange ihrer Untertanen kümmerten und sich gänzlich von den unzugänglichen Gottkönigen der Khmer unterschieden. Es herrschte offenbar kein Mangel: »Im Wasser gibt es Fisch, auf den Feldern gibt es Reis«, kann man in einer berühmten Inschrift aus dem Jahr 1292 lesen. Sukhothais Macht war – zumindest für eine bestimmte Zeit – beträchtlich; weniger aufgrund von kriegerischen Auseinandersetzungen als vielmehr durch strategische Bündnisse gelang es den Herrschern, ihren Einflußbereich fast auf das gesamte heutige Staatsgebiet auszudehnen. Und ihr Reich war außergewöhnlich kreativ; die buddhistische Architektur und Kunst von Sukhothai, die innerhalb von nur wenigen Jahrhunderten entstand, ist in ihrer Einzigartigkeit und Schönheit bis heute unerreicht geblieben.

Über die Ernährung im Königreich Sukhothai weiß man

Seite 12–13: *Dieser traditionelle Tanz aus dem Nordosten, der hier bei Feierlichkeiten in Ubon Ratchathani vorgeführt wird, stellt das Fischen dar.*

PHOTO: LUCA INVERNIZZI TETTONI/PHOTOBANK

Linke Seite: *Der goldene Stupa eines Tempels am Mae Hong Son*

JENNY MILLS

nur wenig. Was es zweifellos jedoch nicht gab, waren die heute beliebten Chillies, die erst einige Jahrhunderte später aus ihrer Heimat Zentralamerika nach Südostasien gelangten. Andererseits dürfte sich die damalige Einstellung der Thais aber kaum von der unterschieden haben, die ein zeitgenössischer Autor für die Thais heute so beschrieben hat: »Wo wir auch sind und was wir auch tun, vor allem schätzen wir gutes Essen.« Für die einfachen Leute von Sukhothai galt vermutlich das gleiche, was ein französischer Reisender über das Essen in Ayutthaya, das 1350 unter König Ramthibodi I. zum Königreich wurde, berichtet hat: »Ein Siamese bereitet eine sehr gute tägliche Mahlzeit aus einem Pfund Reis zu, das nur ein paar Heller kostet; und aus etwas getrocknetem oder gesalzenem Fisch, der nicht mehr kostet ... Ihre Saucen sind einfach, etwas Wasser mit einigen Gewürzen, Knoblauch oder einem süßen Küchenkraut. Ganz besonders lieben sie eine Sauce, ähnlich wie Senf, die aus ungenießbaren, weil völlig versalzenen Krebstieren zubereitet wird; sie nennen es *kepi.*«

Ebenso interessant ist im Gegensatz dazu die thailändische Meinung über die französische Küche, wie sie 1684 von einem Gesandten aus Ayutthaya am Hof von König Ludwig XIV. geäußert wurde. Nachdem man ihm bei einem Empfang zu seinen Ehren Wein kredenzt hatte, meinte er, daß der Wein »hilft, dem Essen Geschmack zu geben, das sonst für unsere Gaumen ungenießbar wäre; hier gibt es wenige Gewürze und viel Fleisch, und der Reiz der Fülle tritt an die Stelle von pikanter Bekömmlichkeit«.

Mit dem Aufstieg der Hauptstadt Ayutthaya, der vielleicht kosmopolitischsten Stadt der Region im vierzehnten Jahrhundert, wurde der thailändische Speisezettel durch andere Zutaten erweitert. Im siebzehnten Jahrhundert, auf dem Höhepunkt der Macht des Königreichs, hatte Ayutthaya über eine Million Einwohner, zu denen Laoten, Kambodschaner, Chinesen, Inder, Japaner, Perser, Holländer, Portugiesen, Engländer und Franzosen gehörten, was sich selbstverständlich auch auf die Kochkunst auswirkte. Thailändische Süßspeisen, die auf Zucker und Eigelb basieren, stammen beispielsweise fast alle von den Portugiesen, und die Inder steuerten eine weniger scharfe Form von Currys bei. Die Portugiesen, die 1511 Handelsbeziehungen zu Ayutthaya aufnahmen, waren wohl

Das klassische Thai-Tanztheater, das indischen Ursprungs ist, hat zwei Hauptformen: »khon«-Aufführungen, bei denen nur männliche Schauspieler mit kunstvollen Masken auftreten, und »lakhon«-Darbietungen in prächtigen Gewändern ohne Masken.

LUCA INVERNIZZI TETTONI/ PHOTOBANK

VIETNAM
LAOS
GOLF VON TONKIN
Chiang Rai
Mekong
Salween
Mae Hong Son
Phayao
CHIANG MAI
Nan
Lamphun
Lampang
Phrae
NORDTHAILAND
VIENTIANE
Nong Khai
Loei
Udon Thani
Nakhon Phanom
Sakon Nakhon
Sukhothai
Tak
Phitsanulok
MOULMEIN
Khon Kaen
Kalasin
Savannakhet
HUE
Phetchabun
Roi Et
NORDOSTTHAILAND
Nakhon Sawan
Chaiyaphum
ZENTRALE TIEFEBENE
Ubon Ratchathani
Ang Thong
Lop Buri
Chao Phraya
Nakhon Ratchasima
Surin
Pra Nakhon Si Ayutthaya
THON BURI
BANGKOK
Arangya prathet
Ratchaburi
Samut Sakhon
Chon Buri
Phetchaburi
Pattaya
Rayong
KAMPUCHEA
Hua Hin
THAILAND
Trat
Prachuap Khiri Khan
GOLF VON THAILAND
PHNOM PENH
SAIGON
THANH-PHO HO CHI MINH
Chumphon
Ranong
My Tho
Rach Gia
Can Tho
Surat Thani
Phangnga
Nakhon Si Thammarat
Krabi
Phuket
SÜD-THAILAND
Trang
SÜDCHINESISCHES MEER
Songkhla
Hat Yai
Pattani
Yala
Narathiwat
Sungai Petani

Oben: *Wat Ratburana in Ayutthaya, einstmals die Hauptstadt von Siam; die Stadt wurde 1767 von birmanischen Truppen zerstört.*

Unten: *Im Innern des Landes führen die Menschen ein einfaches Leben. Dieser Mann trägt Essen auf einer Stange über der Schulter.*

auch für die Einführung der Chillies verantwortlich und haben möglicherweise auch die Tomate mitgebracht.

Die Grundlage für den Wohlstand des Landes war zweifellos das Gebiet zwischen Ayutthaya und dem Golf von Thailand. Das weite, fruchtbare Tal des Chao Phraya, seit jeher ein Mosaik aus Reisfeldern, Obstplantagen und Wasserläufen, versorgt noch heute den größten Teil des Königreichs mit Nahrungsmitteln. Ayutthaya wurde 1767 von den Birmanen völlig zerstört; Thonburi am Westufer des Chao Phraya wurde zunächst die neue Hauptstadt, und 1782 übernahm eine damals noch kleine Handelsstation namens Bangkok am anderen Flußufer diese Funktion.

Die kulturelle und geographische Vielfalt Thailands wird von Touristen selten wahrgenommen, denn die meisten beschränken ihren Aufenthalt auf die großen Städte und Erholungsgebiete, wo in der Regel westliche und andere (hauptsächlich chinesische) Einflüsse vorherrschen. Die große Mehrheit der thailändischen Bevölkerung lebt jedoch in ländlichen Gebieten, zumeist in Dörfern mit 100 bis 150 Familien,

JENNY MILLS

LUCA INVERNIZZI TETTONI/PHOTOBANK

und hält an ihren regionalen Sitten fest, die nur oberflächlich von modernen Veränderungen beeinflußt werden.

Geographisch ist Thailand in vier Hauptregionen unterteilt. Der Norden, der an Birma (Union Myanmar) und Laos grenzt (und viele kulturelle Merkmale mit diesen Ländern teilt), ist eine Landschaft mit hohen Bergen und versteckten Tälern, die bis vor kurzem noch völlig unzugänglich waren. Die Temperaturen fallen dort im Winter beträchtlich ab, so daß der Anbau von Obst und Gemüse aus gemäßigten Klimazonen unmöglich ist. Der Nordosten ist eine hügelige Hochebene, die sich bis zum Mekong erstreckt, dem Grenzfluß zu Laos, und deren südlicher Teil an Kambodscha grenzt. Einst war diese Region von dichten Wäldern bedeckt und sehr ertragreich, heute dagegen ist sie kahl und unfruchtbar – ein Zustand, der sich sowohl auf die Psyche wie auch auf die Ernährung der Bewohner auswirkt. Das zentrale Tiefland, das auch die Provinzen am östlichen Golf von Thailand umfaßt, ist eines der größten Reisanbaugebiete der Welt und hat die größten kulturellen und ökonomischen Veränderungen des

Eine Dschunke in der Phangnga-Bucht in Südthailand; Segelboote im chinesischen Stil werden heute gern von Touristen benutzt.

LUCA INVERNIZZI TETTONI / PHOTOBANK

JENNY MILLS

Oben: *Langgestreckte Boote bringen Besucher zu den Inseln in der Andamanen-See vor der Westküste Thailands.*

Landes erfahren. Der Süden, eine Halbinsel, die sich wie ein Zeigefinger bis nach Malaysia erstreckt, ist durch schroffe Kalksteinfelsen, undurchdringlichen Dschungel und an den Küsten durch ein üppiges Vorkommen an Fischen und anderen Meerestieren gekennzeichnet.

Ebenso unterschiedlich sind die ungefähr sechsundfünfzig Millionen Menschen, die in Thailand leben. Neben den Thais gibt es zahlreiche andere Volksgruppen – halbnomadische Bergstämme, Chinesen, Vietnamesen, Laoten, Malayen, Kambodschaner, Inder und Birmanen, um nur einige zu nennen –, die fast alle in die Gesellschaft integriert sind, aber dennoch ausgeprägte kulturelle Eigenheiten aufweisen.

Die Mehrheit der Bevölkerung sind Buddhisten. Dies zeigt sich nicht nur anhand der etwa 27000 Tempel, deren bizarre Bauweise und heitere Schönheit gleichermaßen bestechen, sondern auch weniger sichtbar durch eine Reihe von Verhaltensweisen; sie reichen von einer fatalistischen Hinnahme unglücklicher Ereignisse bis zu einem leidenschaftlichen Streben nach gesellschaftlicher Harmonie. Im Süden jedoch ist die kuppelförmige Moschee der Moslems ein fast ebenso gewohntes Bild wie das buddhistische Kloster. Astrologen und Wahrsager spielen eine wichtige Rolle im Alltagsleben; und jedes Dorf und jede Stadt hat ihre Geisterhäuschen für die zahllosen uralten Geister, die Regen, Wohlstand, Fruchtbarkeit oder gar einen Lotteriegewinn bringen.

Als Land und als Kultur läßt sich Thailand mit einer seiner beliebtesten traditionellen Künste vergleichen: dem Zusammensetzen unzähliger leuchtend bunter Glas- oder Porzellanscherben zu Mosaiken, von denen so prachtvolle Bauwerke wie Bangkoks Wat Arun, der Tempel der Morgenröte, geziert werden. Von weitem gesehen vermitteln sie den Eindruck eines geschlossenen Musters aus glitzernden, juwelenähnlichen Elementen, die nahtlos ineinander übergehen. Erst bei näherer Betrachtung sind die einzelnen Teile erkennbar; erst dann beginnt der Betrachter den Einfallsreichtum zu begreifen, der dieses komplexe Gebilde hervorgebracht hat.

Unten: *Auch in der Provinz gibt es zahllose Fahrräder und Mopeds.*
Rechte Seite: *Der Königspalast in Bangkok*

JOHN HAY

LUCA INVERNIZZI TETTONI/PHOTOBANK

LUCA INVERNIZZI TETTONI/ PHOTOBANK

Junge Frauen, die an einer Feierlichkeit teilnehmen, gönnen sich eine Pause und essen eine Schale Suppe.

DIE THAILÄNDISCHE TAFEL

Die Thais nehmen ihre Mahlzeiten auf einer Matte oder einem Teppich sitzend ein«, berichtete Bischof Jean-Baptiste Pallegoix, der im frühen neunzehnten Jahrhundert als Missionar in Bangkok lebte. »Die Speisen befinden sich in großen Deckelgefäßen aus Messing, über die ein rotes Tuch gelegt wird; das Fleisch ist in kleine Stücke geschnitten, und der Reis wird getrennt davon in einer tiefen Schale auf den Boden gestellt, während auf der anderen Seite eine große Schüssel mit Wasser steht, in der sich ein Trinkbecher befindet. Die Gäste haben weder Messer noch Gabeln, sondern benutzen einen Perlmuttlöffel für die verschiedenen Speisen, nach deren hinreichendem Genuß sie reines Wasser oder Tee trinken. Nacheinander vom gleichen Teller zu essen, nacheinander aus dem gleichen Becher zu trinken, ist nichts Ungewöhnliches.«

Obwohl sich der Bischof zweifellos in vornehmen Kreisen bewegte, in denen Messinggeschirr und Perlmuttlöffel eine Selbstverständlichkeit waren, wird jeder zeitgenössische Tischgast bestimmte Merkmale der von ihm beschriebenen Thai-Tafel wiedererkennen.

Fast immer findet sich bei einem thailändischen Mahl eine größere Gruppe von Menschen zusammen, seien es Familienmitglieder oder Freunde, denn allein essen zu müssen gilt in Thailand als großes Unglück. Jede Einladung zum Essen beginnt mit der überaus herzlichen Begrüßung, durch die sich die thailändische Gastlichkeit auszeichnet. Der Gastgeber bietet dann zumeist ein Glas erfrischendes, kühles Wasser zur Einstimmung auf die bevorstehende unbeschwerte Konversation an. Thais erzählen gern Witze und lieben es, sich zu hänseln. Mitunter wird die Runde von den schlagfertigen Erwiderungen derart in Anspruch genommen, daß zunächst das Gespräch und nicht das Essen im Mittelpunkt des Interesses steht. Doch dann kommt die Zeit, das gemeinsame Mahl zu genießen.

Die Speisen bestehen normalerweise aus mundgerechten Stücken, die man nur mit Hilfe einer Gabel und eines Löffels verzehrt. Noch bis vor etwa hundert Jahren benutzte man in Thailand – mit Ausnahme von Servierutensilien – überhaupt kein Besteck. Der Reis, entweder normaler Reis oder Klebreis, wurde mit den Fingern zu kleinen Kugeln geformt, die man dann in die anderen Gerichte tunkte. Europäische Löffel und Gabeln tauchten im neunzehnten Jahrhundert zunächst am Königshof auf und wurden später von der Bevölkerung übernommen; heute ist es üblich, mit einem kleinen Löffel zu essen und die Gabel hauptsächlich zum Hinundherschieben der Speisen auf dem Teller zu verwenden. Porzellanlöffel, wie man sie aus China kennt, werden häufig benutzt, wenn es eine Suppe gibt, für die jeder Gast neben einem Teller auch eine kleine Schale hat. Messer braucht man selten, da das Fleisch bereits in mundgerechte Stücke geschnitten ist, und Eßstäbchen verwendet man nur, wenn Nudeln nach chinesischer Art gereicht werden.

Die thailändische Küche strebt ein harmonisches Gleichgewicht an Aromen, Strukturen und Farben an. Fast immer serviert man eine Vielzahl von Gerichten, denn es erfordert mehr als ein oder zwei Speisen, um die Mischung von Aromen zu erzielen, die man in Thailand schätzt. Das Kernstück jeder Mahlzeit ist stets eine große Portion Reis. Nach altem Brauch werden alle Gerichte gleichzeitig aufgetragen.

Im Idealfall bietet ein thailändisches Mahl eine Kombination verschiedener Geschmacksrichtungen: süß, scharf, salzig und bitter. Mitunter sind in einer einzigen Speise mehrere dieser Geschmacksrichtungen vorhanden, während bei anderen Gerichten ein bestimmtes Aroma dominiert. Zumeist gibt es neben der obligatorischen Schüssel Reis noch eine Suppe, ein Curry, eine gedämpfte und eine gebratene Speise sowie einen Salat. Und immer stehen mindestens eine, zumeist jedoch mehrere Saucen auf dem Tisch, die häufig mit *nam prik* (Chilisauce) und/oder *nam pla* (Fischsauce) angerichtet werden.

Die Menge der Speisen hängt naturgemäß von der Anzahl der Tischgäste ab, doch sind die Portionen normalerweise so großzügig bemessen, daß das Essen immer auch für unerwartete Gäste reicht, die zufällig hereinschauen. Alle Speisen kommen zur gleichen Zeit auf den Tisch und werden in keiner

MICHAEL FREEMAN

Eine traditionelle Küche im Norden Thailands

festgelegten Reihenfolge verzehrt. Es gibt auch keine strengen Regeln, was wozu gehört: Die Gäste stellen sich ihr Essen nach eigenem Geschmack zusammen. Jeder nimmt sich von den einzelnen Gerichten nur einen oder zwei Bissen und bedient sich erneut, wenn sich sein Teller leert. Als Dessert werden bei einem traditionellen Essen oftmals mehrere Speisen gereicht – zumeist Obst sowie eine feste und eine flüssige Süßspeise. Wasser und Tee sind auch heute noch die üblichen Getränke zum Essen, wenngleich bei festlichen Gelegenheiten häufig auch eine Flasche thailändischer Whiskey auf den Tisch kommt, den man mit Sodawasser und einem Schuß Limettensaft trinkt.

Wie stark die verschiedenen, für die Thai-Küche typischen Aromen ausgeprägt sind, hängt von den Vorlieben des jeweiligen Kochs ab. Die Rezepte dieses Buches können nach eigenem Geschmack abgewandelt werden, so daß die Gerichte weniger süß, salzig oder scharf schmecken.

Straßenrestaurants sind bei Thailändern und Touristen gleichermaßen beliebt.

LUCA INVERNIZZI TETTONI / PHOTOBANK

NORDTHAILAND

LUCA INVERNIZZI TETTONI/PHOTOBANK

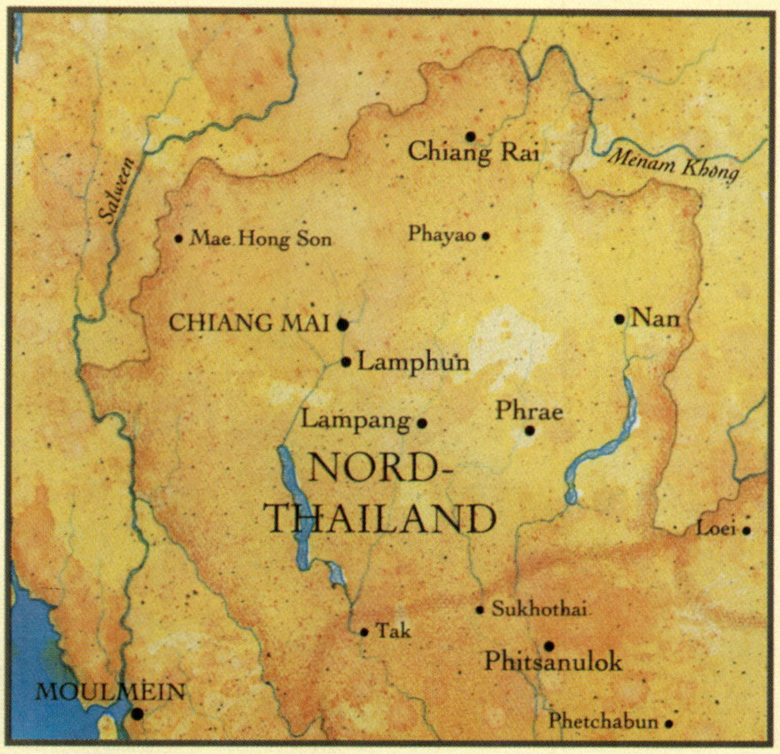

NORDTHAILAND

Wie andere Regionen Thailands erlebt auch der Norden gegenwärtig drastische Veränderungen. Besonders deutlich zeigt sich dies am allgemeinen Bauboom in ehemals provinziellen Städten wie Chiang Mai und Chiang Rai sowie an dem Netzwerk neuer Straßen, die bis tief in das Umland reichen. Dennoch hat sich die Nordregion viel von ihrer traditionellen Kultur bewahrt. Und dies ist teilweise durch die geographische Lage bedingt, vor allem aber beruht die traditionelle Kultur des Nordens auf einer langen Geschichte, die bei der Bevölkerung zu einem stark ausgeprägten Sinn für ihre Identität geführt hat. Selbst wer der Nordregion nur einen kurzen Besuch abstattet, bemerkt sofort, daß hier irgend etwas anders ist – nicht nur das Wetter, das oftmals erheblich kühler ist als im übrigen Land, sondern auch das Kunsthandwerk, die Architektur, das Essen, die Sprache und das Verhalten der Menschen.

An der Grenze zu Birma (Union Myanmar) und Laos gelegen, ist der Norden eine Bergregion (an ihrem höchsten Punkt, dem Gipfel des Doi Inthanon, 2595 Meter hoch), die von zahlreichen Flüssen durchzogen und im Norden vom mächtigen Mekong begrenzt wird. Früher war dieser Teil Thailands von dichten Hartholzwäldern – besonders von Teakwäldern – bedeckt, und Nutzholz stellte die Haupteinnahmequelle der Thai-Prinzen dar; später erhielten dann europäische Gesellschaften Konzessionen zum Roden der Bäume. Doch rücksichtsloses Abholzen sowie ein steigendes Verlangen nach Ackerland haben zur weitgehenden Zerstörung des alten Baumbestandes geführt, wenn auch einige Gebiete als Nationalparks erhalten geblieben sind

Links: *Im April feiert man das thailändische Neujahrsfest »songkran«.*

Seite 24–25: *Kalksteinfelsen auf dem Weg von Phayao nach Chiang Rai*

LUCA INVERNIZZI TETTONI/PHOTOBANK

JOHN HAY

Reispflanzer schützen sich mit breitkrempigen Hüten vor der Sonne.

Reispflanzer bei der Arbeit in der Provinz Chiang Rai

LUCA INVERNIZZI TETTONI/ PHOTOBANK

und die Regierung heute ernsthafte Anstrengungen zur Aufforstung unternimmt.

Es ist eine Region mit schwer zugänglichen steilen Abhängen und grünen Tälern, mit kleinen Dörfern und Reisfeldern entlang der Flüsse, mit buddhistischen Tempeln, die im Sonnenlicht glitzern, und dichten Nebelschwaden, die plötzlich von den Bergen ins Tal ziehen und alles in einen undurchdringlichen Schleier hüllen. Fast tausend Arten von Orchideen sind in Nordthailand heimisch, und das Farbspektrum ihrer Blüten, die sich während der trockenen Sommermonate zeigen, reicht von hellem Gold bis zu tiefem Blau. Und hier gibt es auch Elefanten; zwar werden die wildlebenden immer seltener, aber es gibt auch domestizierte Elefanten, die für die Holzindustrie – oder besser, was davon übriggeblieben ist – noch immer eine wichtige Rolle spielen. In einer Elefantenschule in der Provinz Lampang werden junge Dickhäuter im Transportieren und Aufschichten von Holzstämmen trainiert – eine Ausbildung, die fünf Jahre dauert.

Historisch läßt sich die Kultur Nordthailands bis ins siebte Jahrhundert zurückverfolgen, als das Volk der Mon, das bereits bedeutende Stadtstaaten im zentralen Tiefland errichtet hatte, das Königreich Haripunchai im Tal des Ping-Flusses gründete. Haripunchai, an der Stelle der heutigen Stadt Lamphun gelegen, war ein wichtiges religiöses Zentrum, dessen künstlerischer Einfluß noch lange nach dem Verlöschen seiner Macht andauerte. Die Thais kamen erst in späterer Zeit – wann genau, wird von den Historikern kontrovers diskutiert – und wurden in der Mitte des dreizehnten Jahrhunderts dominierend, als König Mengrai Feldzüge unternahm, um die

Chiang Mai in der Abenddämmerung

LUCA INVERNIZZI TETTONI/PHOTOBANK

nördliche Region unter seine Herrschaft zu bringen. Von seiner damaligen Residenz am Ufer des Mekong zog König Mengrai nach Südwesten; 1262 gründete er Chiang Rai als Hauptstadt seines Königreichs Lanna Thai, und 35 Jahre später legte er den Grundstein für die neue Hauptstadt, Chiang Mai. Er regierte über fünfzig Jahre und hatte ein Reich errichtet, das die Region während der folgenden zweihundert Jahre beherrschen sollte. Chroniken aus dem Norden zufolge soll er 1317 von einem Blitzschlag getötet worden sein.

Chiang Mai war das Herz von Lanna Thai, und während seines Goldenen Zeitalters in der Mitte des fünfzehnten Jahrhunderts war es für seine buddhistische Gelehrsamkeit, seine phantastischen Tempel und seine herausragenden Künstler bekannt. Man vermutet, daß der berühmte »Smaragd-Buddha«, eine kleine grüne Figur aus Halbedelstein, die heute im Wat Phra Keo in Bangkok als Heiligtum verehrt wird, aus Lanna Thai stammt und möglicherweise von einem Bildhauer aus Chiang Mai geschaffen wurde. Noch heute verfügt Chiang Mai über eine außergewöhnlich große Zahl an Tempeln – mehr als einhundert sind überall im Stadtgebiet verteilt – und kann sich noch immer der besten thailändischen Kunsthandwerker rühmen.

Das Königreich Lanna Thai befand sich häufig in kriegerischen Auseinandersetzungen, zeitweise mit Ayutthaya, einem anderen aufstrebenden Thai-Staat weiter südlich, am häufigsten jedoch mit dem benachbarten Birma (Union Myanmar). Nach 1556 stand der Norden für zwei Jahrhunderte unter birmanischer Vorherrschaft. Die Birmanen haben die Kultur ihres Vasallenstaates nachhaltig geprägt; dies zeigt sich noch heute in der Kunst und der Küche Nordthailands. 1774 marschierte König Taksin, der über Zentral- und Ostthailand herrschte, mit seinen Truppen nach Chiang Mai und zwang den birmanischen Gouverneur zur Kapitulation. Taksin setzte einen nordthailändischen Prinzen an dessen Stelle, der Taksin die Vasallentreue gelobte. Neue Hauptstadt von Lanna Thai wurde Lampang.

Die administrative Kontrolle über den Norden blieb allerdings während des neunzehnten und bis in das zwanzigste Jahrhundert hinein schwach. Hauptsächlich weil es äußerst schwierig war, von Bangkok nach Chiang Mai zu reisen, das auf der anderen Seite einer gewaltigen Bergkette liegt, die den Norden von der zentralen Tiefebene abschirmte. In der Regenzeit dauerte die beschwerliche Reise mit dem Boot, auf Büffelkarren und auf dem Rücken von Elefanten fünfundfünfzig Tage, und selbst in der Trockenzeit brauchte man für die Strecke noch fünfunddreißig Tage.

Zu den wenigen Fremden, die gewillt waren, solche Unbequemlichkeiten in Kauf zu nehmen, gehörte eine kleine Gruppe protestantischer Missionare aus Amerika. Diese Missionare gründeten die ersten Schulen und Hospitäler und bekehrten darüber hinaus mehr Bewohner zum christlichen Glauben, als dies irgendwo sonst in Thailand gelang. Ein anderer früher Besucher war 1883 ein dänischer Reisender namens Carl Bock, der Chiang Mai als »den mächtigsten aller Lao-Staaten« bezeichnete und feststellte, daß die wahre Macht in den Händen der dortigen Prinzen, Nachkommen der alten Lanna-Dynastie, geblieben war. Bock stattete auch dem Markt von Chiang Mai einen Besuch ab, wo, »wie auf der Insel

Bali, die Frauen für den Verkauf zuständig sind. Sie sitzen alle auf dem Boden, mit einem Korb auf jeder Seite, dessen Inhalt gelegentlich auf einigen Bananenblättern ausgebreitet ist. Die wichtigsten zum Kauf angebotenen Waren sind Proviant, Früchte und Gemüse; Tabak, Betelnüsse und Limetten; Fisch, getrocknet, gesalzen und geschmort, aber immer mehr oder weniger übelriechend; Büffelfleisch und Stücke von Büffelhaut, die ebenfalls gegessen wird; ... Pilze, die die Laoten überaus schätzen; Wachs und Baumwolle; irdene Töpfe, Krüge und Gefäße, die so spröde sind, daß sie fast schon beim Berühren zerbrechen; und immer ein reichlicher Vorrat an Blumen, um die ein Händler in Paris beneidet würde«.

Während seines Aufenthalts wurde Carl Bock zu einem Essen mit dem ranghöchsten Prinzen geladen. Überrascht stellte er fest, daß es auch Kartoffeln gab, »die zusammen mit anderem Gemüse von den amerikanischen Missionaren in dieses Land gebracht worden waren und die der Prinz mit großem Vergnügen aß, wobei er sich *sans ceremonie* bediente, nach guter alter bäuerlicher Art, und sich die Finger blies, um sie abzukühlen«.

Erst als die nördliche Eisenbahnstrecke 1921 bis nach Chiang Mai reichte, was zweifellos eine technische Meisterleistung war, begannen Thais aus dem zentralen Tiefland in nennenswerter Zahl in den Norden zu kommen. Und die Bewohner des Nordens sahen auch erstmals ihren Regenten, als Rama VII. die Stadt 1928 besuchte und auf einem prächtig geschmückten Elefanten durch die Straßen ritt.

Die lange Zeit der Isolation erklärt viele der charakteristischen Eigenschaften, von denen die Besucher des Nordens heute so beeindruckt sind. Die Sprache und die Umgangsformen sind zwei bemerkenswerte Beispiele. Auch heute noch wird in der Nordregion ein anderer Dialekt gesprochen als im zentralen Tiefland (beide unterscheiden sich ungefähr genauso stark wie Spanisch und Portugiesisch). Das Nordthai beinhaltet sehr viel mehr höfliche Redewendungen und klingt erheblich sanfter. Nordthailänder sind für ihr sanftes Wesen und ihre Gastfreundschaft Fremden gegenüber bekannt. Man folgt auch heute noch einem alten regionalen Brauch und stellt einen Tonkrug mit kühlem Wasser vor das Haus, damit sich jeder durstige Passant erfrischen kann. Auffällig sind auch das freundliche Lächeln der Menschen, selbst in den geschäftigen Städten, die Zuvorkommenheit der Straßenhändler auf dem Markt und die überall anzutreffende Hilfsbereitschaft. Und wenn tatsächlich einmal jemand unhöflich ist, was allerdings nur selten vorkommt, handelt es sich fast immer um einen Fremden. Nordthailänder, die nach Bangkok fahren müssen, sind zumeist schockiert über das dortige forsche, unpersönliche Benehmen. Speziell die Bewohner von Chiang Mai neigen dazu, mißbilligend auf die Bewohner der erheblich jüngeren Hauptstadt herabzuschauen, und protestieren lautstark – und mitunter erfolgreich –, wenn letztere versuchen, sie mit ihren finanziell einträglichen Neuerungen zu belästigen.

Einen wichtigen Stellenwert im Leben aller Thais hat *sanuk* – ein Begriff, der wörtlich übersetzt »Spaß« bedeutet, in Wirklichkeit aber ein weitaus größeres Spektrum von Vergnügungen umfaßt. Im Norden scheinen die Menschen in bezug auf *sanuk* allerdings die größte Begeisterung an den Tag zu legen. *Loi Krathong,* das bezauberndste traditionelle Thai-Fest, bei dem zu Ehren der Wassergeister kleine Boote mit brennenden Kerzen auf den Flüssen und Kanälen schwimmen, dauert in anderen Regionen gerade eine Novembernacht – *sanuk,* ohne Zweifel, aber nichts, was sich nachhaltig auf den Alltag auswirken würde. In Chiang Mai dagegen erstrecken sich die Festlichkeiten über drei Tage, und die ganze Stadt nimmt in irgendeiner Form daran teil – zusammen mit Tausenden von Besuchern, die ihre Hotelzimmer Monate im voraus buchen. In ähnlicher Weise sind auch die westlichen sowie die alten thailändischen Neujahrsfeiern wichtige Ereignisse im Norden, mit großen Veranstaltungen, Paraden und Wettbewerben zur Wahl einer Schönheitskönigin. Manche Feste sind ausschließlich lokale Angelegenheiten und vermitteln den Eindruck, daß sie vor allem als kurzweilige Abwechslung im täglichen Einerlei gedacht sind: zum Beispiel das Blü-

JENNY MILLS

Leuchtendbunte Papierschirme werden in Bor Sang am Stadtrand von Chiang Mai hergestellt.

Tapae Road ist die belebteste Straße von Chiang Mai, dem kulturellen und wirtschaftlichen Zentrum Nordthailands.

LUCA INVERNIZZI TETTONI/PHOTOBANK

Rechte Seite: *Mönche fegen den Hof von Wat Phra Doi Khong Mu in Mae Hong Son.*

LUCA INVERNIZZI TETTONI/PHOTOBANK

JENNY MILLS

Eine Gruppe junger Mädchen in bestickten Gewändern bei einem der zahlreichen regionalen Feste

LUCA INVERNIZZI TETTONI/PHOTOBANK

tenfest von Chiang Mai, an dem blumengeschmückte Festwagen den Straßenverkehr zum Erliegen bringen; oder das Knoblauchfest in Lamphun, dessen Höhepunkt die Wahl einer *nang kratiem* – »Miß Knoblauch« – ist, die mit einem Kranz stechend duftender Knoblauchknollen gekrönt wird.

Selbst religiöse Feiern haben eine besondere Note. Etwa ein Drittel der 27000 buddhistischen Tempel Thailands befindet sich im Norden, und am Ende der Regenzeit trifft man fast überall in der Region auf eine oder mehrere *thot-kathin*-Zeremonien, bei denen die Gläubigen zu abgelegenen Klöstern ziehen, um den Mönchen neue Gewänder und andere Geschenke zu bringen. Trotz der überaus feierlichen Atmosphäre bieten auch diese Zeremonien Gelegenheit für *sanuk* – in Form von Musik, Tanz und festlichen Mahlzeiten, die von den hervorragenden Köchen der Gegend zubereitet werden.

Wie fast alle traditionellen Thai-Häuser stehen auch die Häuser im Norden des Landes auf stabilen Pfählen über dem Boden, was Schutz vor Überschwemmungen und wilden Tieren sowie einen Arbeitsbereich darunter bietet. Gleichzeitig unterscheiden sie sich aber auch in vielen wesentlichen Aspekten vom luftigen Baustil der Zentralebene. Die Fenster sind kleiner, und der Gesamteindruck ist der eines stabileren Gebäudes, das dem Leben in einem kühleren Klima angepaßt ist. In der Gegend von Chiang Mai sind die Dachfirste mit anmutigen V-förmigen Verzierungen ausgestattet, die man nur in dieser Region findet und die ursprünglich eine magische Bedeutung gehabt haben könnten. Mit ihren üppigen Holzschnitzereien und der häufigen Verwendung birmanischer Ornamentaltechniken unterscheiden sich auch viele Tempel von denen im übrigen Land.

Ein »kantoke«-Essen, das traditionelle Mahl im Norden

JENNY MILLS

Das Dorf eines Bergstammes am Doi Mae Salong, dem nördlichsten Punkt Thailands an der Grenze zu Birma (Union Myanmar)

Die Küche des Nordens weist ebenfalls einen eigenständigen Charakter auf. Anstelle von zartem gekochtem Reis, wie er in der Zentralebene üblich ist, bevorzugt man in Nordthailand gedämpften Klebreis, der traditionell mit den Fingern zu kleinen Kugeln geformt wird, mit denen man die flüssigeren Speisen auftunkt. Neben weißem Klebreis gibt es auch schwarzen Reis, dessen nussiges Aroma an amerikanischen Wildreis erinnert; er wird zumeist gesüßt als Dessert verzehrt. Kokosmilch, eine gängige Zutat in der Küche der Zentralebene und des Südens, spielt im Norden, wo die Currys zumeist klar und nicht gebunden sind, eine eher unbedeutende Rolle.

Die Vorliebe für gedämpften Klebreis (*khao neow;* S. 98) zeigt den Einfluß des benachbarten Laos, was ebenso für die nordthailändische Version von *nam prik* gilt, jener scharfen Chilisauce, die zu jedem Thai-Mahl serviert wird. Auch birmanische Einflüsse sind offensichtlich, speziell bei so beliebten Gerichten wie *gaeng hang lay* (S. 135), einem Schweinefleisch-Curry, dem Ingwer, Tamarinde und Currypulver sein typisches Aroma geben, und *khao soi* (S. 55), einer Currybrühe mit Eiernudeln und Huhn, Rind- oder Schweinefleisch. Eine geschätzte regionale Spezialität ist *haem,* eine würzige Schweinswurst, die die Nordthailänder wohl am meisten vermissen, wenn sie in einen anderen Landesteil umziehen. Von einigen Ausnahmen abgesehen, sind die Currys und Salate des Nordens im allgemeinen milder als die aus der Zentralebene und dem Nordosten Thailands, obwohl es für alle, die ein kräftigeres Aroma bevorzugen, immer auch scharfe Chillisaucen gibt.

Andere Spezialitäten des Nordens sind wohl eher etwas

Ein junger Mönch in einem Tempel in Chiang Mai spielt während einer Ruhepause mit einem Hahn.

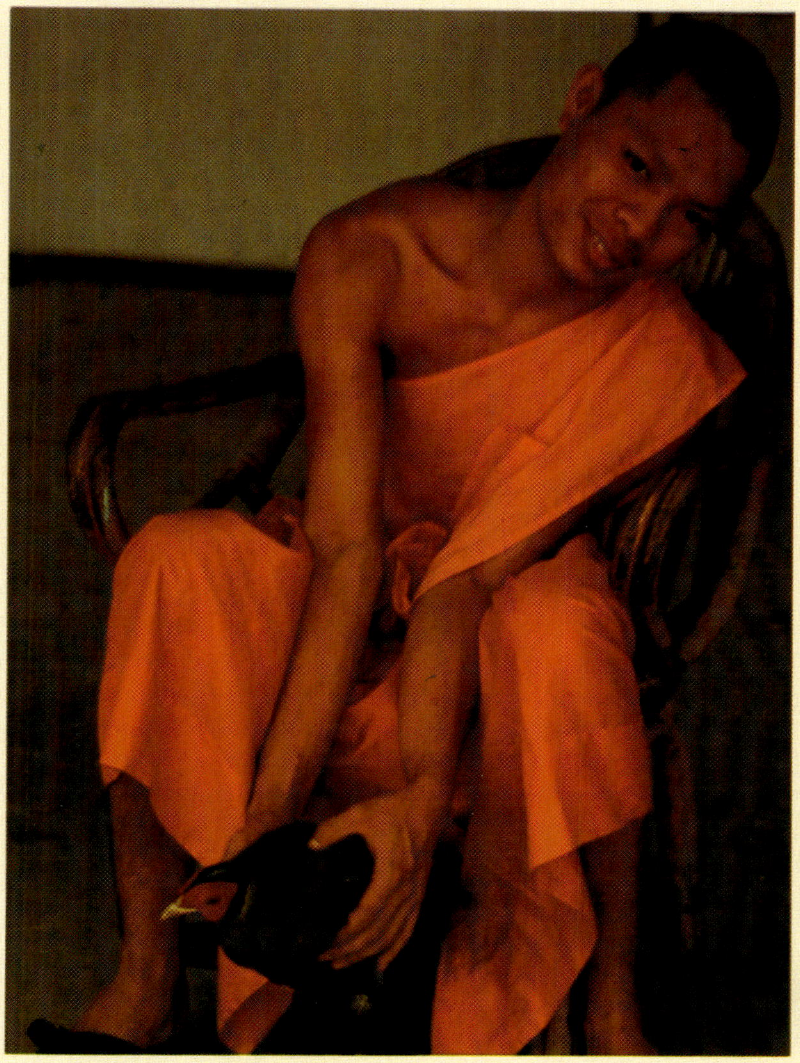

JENNY MILLS

JENNY MILLS

»Naga«, die göttliche Schlange der Thai-Mythologie, ist die Spenderin der Wasser des Lebens. Die beiden geschnitzten »nagas« befinden sich auf der Balustrade eines Tempels in Chiang Mai.

für wahre Kenner: knusprig gebratene Zikaden oder Kuhplazenta (eine geschätzte Delikatesse in der Provinz Phayao) oder eine Abwandlung von *laab* (S. 186), die aus gehacktem rohem Büffelfleisch, pulverisiertem Reis, Chillies und Minze zubereitet wird. Ein Schuß Büffelgalle verleiht dem Gericht den bitteren Geschmack, der für viele traditionelle Speisen der Region typisch ist. Ebenfalls beliebt ist *maengda,* ein riesiger Wasserkäfer, den man im Mörser zerstößt und zum Aromatisieren bestimmter Gerichte verwendet; die Käfer werden auch gern gebraten oder – außerhalb der Saison – eingelegt verzehrt. Einige Bergstämme haben eine besondere Vorliebe für Hundefleisch und halten eine schwarze, dem Chow-Chow ähnliche Hunderasse, damit ihnen an Festtagen das beliebte Fleisch zur Verfügung steht.

Die traditionelle Form der Mahlzeit, insbesondere wenn man Gäste bewirtet, ist das *kantoke*-Essen – *kan* bedeutet »Schüssel«, *toke* ist ein niedriger runder Tisch aus geflochtenem Bambus oder rotem Lackwerk. Die Gäste sitzen rund um den Tisch auf dem Boden, und man serviert ihnen eine Auswahl verschiedener Speisen. Klebreis wird dabei immer gereicht und heute auch Langkornreis, zusammen mit ein oder zwei Currys, einem Hackfleischgericht, einem Salat, rohem und eingelegtem Gemüse, gebratener Schweineschwarte und einer Vielzahl an Saucen und Tischwürzen. Als Nachspeise gibt es im allgemeinen Obst, wobei saftige, frische Longan-Früchte *(lamyai),* die ähnlich wie Litschis aussehen und beinahe auf jedem Grundstück wachsen, eine besondere Köstlichkeit sind.

In Zentralthailand, vor allem aber in Bangkok, führten die verstärkten Beziehungen zum Westen im neunzehnten Jahrhundert zu einem raschen Niedergang des örtlichen Kunsthandwerks. Wohlhabende Familien, die vormals ihre eigenen Kunsthandwerker – Weber und Holzschnitzer, Goldschmiede und Juweliere – beschäftigt hatten, wandten sich den europäischen Waren zu, von denen die Märkte überschwemmt wurden. Ein Grund hierfür war zweifellos der Reiz des Neuen, ein anderer die Tatsache, daß die Regierung auf eine »Verwestlichung« drängte, um zu dokumentieren, daß Thailand ein »zivilisiertes« Land war, und auf diese Weise die Kolonialgelüste der Europäer unterlief.

Wenige dieser Neuerungen gelangten bis in den entlegenen Norden, wo die Kunsthandwerker weiterhin ihr uraltes Gewerbe ausübten und ihr Können von Generation zu Generation weitergaben. Es gab Silberschmiede, die die dünnwandigen, prachtvoll verzierten Silberschalen herstellten, die bei so vielen regionalen Ritualen benutzt wurden; Holzschnitzer, die kunstvolle Vertäfelungen anfertigten, die manchmal mit farbigen Glasscherben eingelegt waren und jeden Tempel zierten; Hersteller von Lackarbeiten, die zierliche Objekte aus Bambus flochten und dann geduldig eine dünne Harzschicht nach der anderen auftrugen, bis die gewünschte Dicke erreicht war; Weber, die auf primitiven Webstühlen die herrlichsten Brokatseidenstoffe herstellten, deren Muster oftmals so kompliziert waren, daß sie monatelang an nur einer Stoffbahn arbeiteten. Darüber hinaus gab es Spezialisten für Töpferwaren und feines Reispapier, Schmuck und handbemalte Schirme, für Stickereien und den Bronzeguß.

All diese Handwerkskünste haben bis zum heutigen Tag überlebt und werden oftmals in den gleichen Dörfern ausgeübt wie schon vor hundert Jahren. Chiang Mais bekannter nächtlicher Basar bietet eine reiche Auswahl an kunstgewerblichen Gegenständen aus dem Norden und ist deshalb zu einer besonderen Touristenattraktion geworden. Man findet in der Umgebung Chiang Mais zahlreiche »Fabriken« – häufig nicht mehr als ein paar einfache Hütten –, in denen man den Handwerkern bei ihrer Arbeit zuschauen kann. Das Kunstgewerbe spielt heute eine wichtige Rolle für die Wirtschaft der Region, was ein Besuch in Hang Don am Rand von Chiang Mai beweist, wo Hunderte von Handwerkern Möbel und Holzschnitzereien herstellen, die über Großhändler in die ganze Welt exportiert werden.

Der äußerste Norden ist die Heimat verschiedener Volksstämme, die sich nach ihrer Herkunft, Sprache und Kultur stark unterscheiden. Das Volk der Karen bildet mit etwa 200000 Mitgliedern die größte Minderheit; insgesamt zählen die Völker der Hmong, Akha, Lahn, Lawa, Lisu und Yao etwa 500000 Menschen. Exakte Zahlen lassen sich nicht ermitteln, da die nomadisierenden Stämme schwer amtlich zu registrieren sind. Neben unterschiedlichen Sprachen und Bräuchen sind die einzelnen Stämme auch an ihren Trachten erkennbar. Yao-Frauen sind für ihre herrlichen Stickereien bekannt und tragen kunstvoll verzierte weite Hosen. Die Frauen der Lisu bevorzugen auffällige rote und türkise Kleider und legen zu Feierlichkeiten prachtvollen Silberschmuck an, der sie beinahe wie eine Rüstung umgibt. Die Hmong stellen wunderschöne, feingemusterte Batiktücher her und tragen als Zeichen des Wohlstands unzählige Silberornamente.

In früheren Zeiten kamen die Angehörigen dieser Bergstämme selten aus ihren luftigen Behausungen hinunter in die Städte, und nur wenige unerschrockene Missionare bemühten sich, ihre Lebensweise kennenzulernen. Heute schenkt man ihnen erheblich mehr Aufmerksamkeit, teilweise wegen der steigenden Nachfrage nach ihren kunstgewerblichen Erzeugnissen, vor allem jedoch, weil ihre Agrarwirtschaft zu einer Reihe von gesellschaftlichen und ökologischen Problemen geführt hat.

Elefanten werden in fünfjährigen Ausbildungen zu Lastenträgern der Holzfäller trainiert. LUCA INVERNIZZI TETTONI/PHOTOBANK

Die traditionelle Haupteinnahmequelle der Bergstämme – und in der Tat bis vor kurzem für viele die einzige Möglichkeit, überhaupt Geld zu verdienen – war der Anbau von Schlafmohn. Das daraus gewonnene Opium wurde von Mittelsmännern in geheimen Fabriken weiterverarbeitet und dann als Heroin über die Grenze zu westlichen Rauschgifthändlern geschmuggelt. Einige Stämme betrieben Brandrodungs-Feldbau und nutzten die Felder bis zur Erschöpfung des Bodens. Da sie keinen mehrjährigen Rotationszyklus einhielten, war das Land nicht mehr anbaufähig. So verlegten sie ihre Dörfer und hinterließen kahle, erodierte Berghänge.

Es war der derzeitige thailändische König, Bhumibol Adulyadej, der in den späten sechziger Jahren auf diese zerstörerischen Praktiken aufmerksam machte. Von seinem Sommerpalast aus, der oberhalb von Chiang Mai auf dem Doi Suthep liegt, hatte der König die Region ausgiebig per Hubschrauber, Jeep und zu Fuß erkundet und dabei zahlreiche Bergstämme aufgesucht. Zur Verbesserung ihrer Lebensbedingungen und zur Einführung neuer Anbaufrüchte, die den Schlafmohn ersetzen sollten, initiierte er schließlich ein Entwicklungsprogramm – mit Erfolg. Denn während der Opiumanbau in Birma und Laos weiterhin in großem Stil betrieben wird (und das Rauschgift illegal über Thailand ins Ausland transportiert wird), ist die thailändische Produktion von jährlich etwa zweihundertfünfzig Tonnen in den siebziger Jahren auf nur fünfzehn bis dreißig Tonnen gesunken. Mehr und mehr Bergstämme haben sich mittlerweile in festen Dörfern angesiedelt, in denen es Schulen und eine medizinische Versorgung gibt. Ihre neue Verdienstmöglichkeit ist der Anbau von Kaffee, Pfirsichen und Gemüsen wie Spargel, Kidney-Bohnen und Salat. Auch Königin Sirikit unterstützte die Bergstämme, indem sie deren kunsthandwerkliche Erzeugnisse durch persönlichen Gebrauch weithin bekannt machte und mit Hilfe einer Stiftung, der SUPPORT Foundation, Ausbildungszentren für Kunsthandwerker schuf.

Der Tourismus ist heute die Haupteinnahmequelle des Nordens, mit Chiang Mai als Zentrum. Während es vor drei Jahrzehnten nur ein oder zwei bessere Hotels in der Stadt gab, findet man heute Dutzende, zusammen mit einer stetig wachsenden Zahl von Eigentumswohnungen der Besucher aus Bangkok, die ihren Urlaub während der heißen Jahreszeit im kühleren Norden verbringen wollen. Aber die Veränderungen sind auch im Umland sichtbar: im ehemals legendären »Goldenen Dreieck«, wo einst heftige Kämpfe um die Kontrolle des Opiumhandels tobten und wo heute Erholungssiedlungen mit Blick auf die drei Staatsgrenzen entstehen; und im malerischen Tal des Mae Hong Sorn, früher als »das Sibirien von Thailand« bekannt, weil man Staatsbeamte, die in Ungnade gefallen waren, an diesen abgelegenen Ort verbannte. Kleine Gruppen erkunden zu Fuß oder auf Ponys die Hänge des Doi Inthanon, und die Touristen sind begeistert von einem zweistündigen Elefantenritt durch den Dschungel, der seit neuestem angeboten wird.

Trotz aller Veränderungen der letzten Jahre ist der Norden wohl noch immer die charakteristischste Region Thailands, mit einer Kultur, die sich bislang als erstaunlich widerstandsfähig erwiesen hat, wenn es um Neuerungen ging. Die Andersartigkeit des Nordens, die teilweise auf birmanische und laotische Einflüsse zurückzuführen ist, macht den Norden zu einer Region, in der Thais wie auch Touristen auf traditionelle Sitten und Bräuche treffen, die andernorts nicht mehr in dieser Ursprünglichkeit bestehen.

Suppen und Vorspeisen

LUCA INVERNIZZI TETTONI/ PHOTOBANK

Imbißstand auf einem Straßenmarkt

JENNY MILLS

SUPPEN UND VORSPEISEN

Die Thais sind einem kleinen Imbiß niemals abgeneigt, sei es während des Tages oder am Abend, und so findet man auf den Straßenmärkten der Städte und Dörfer zahlreiche Verkaufsstände, die den ganzen Tag bis in die Nacht hinein alle möglichen Köstlichkeiten anbieten. Es gibt kleine Häppchen und nahrhafte Speisen, wie etwa die beliebten Nudelgerichte, die durchaus eine vollständige Mahlzeit darstellen können. Aber ganz gleich, ob man sie nun als Vorspeise oder Snack verzehrt – sie schmecken einfach köstlich.

Pfannengerührte Nudeln *(pad Thai;* S. 52–53) werden in thailändischen Restaurants häufig als Vorspeise serviert. Es ist ein farbenfrohes Gericht aus gebratenen Reisnudeln, Garnelen, knackigen Bohnensprossen, Bananenblüten und anderen frischen Gemüsen. Eine weitere Köstlichkeit, die als Vorspeise gereicht wird, sind Fischküchlein *(taud man pla;* S. 67), die besonders gut mit Gurkensalat *(tam taeng;* S. 176) schmecken. Für *satay* (S. 72), ebenfalls eine beliebte Vorspeise, werden marinierte Hühner- oder Rindfleischstreifen auf Holzspieße gefädelt und gegrillt. Gewöhnlich serviert man sie mit einer Erdnußsauce *(nam jim satay;* S. 238), doch sind auch andere Saucen eine geeignete Ergänzung.

Dank der riesigen Auswahl findet sich für jedes Menü eine passende Vorspeise, die den Geschmackssinn auf die aromati-

Seite 36–37: *Reissuppe mit Garnelen* (rechts, Rezept S. 41), *Pikante Gemüsesuppe* (oben, Rezept S. 40) *und Suppe mit Hühnerfleisch und Kokosmilch* (links unten, Rezept S. 40)

Rechts: *Eine Hutverkäuferin auf einem »klong« (Kanal) gönnt sich eine kleine Pause, um eine Schale Suppe zu essen.*

LUCA INVERNIZZI TETTONI/ PHOTOBANK

Oben: *Eine Kundin trifft ihre Auswahl an einem Marktstand mit verlockenden Köstlichkeiten.*

Unten: *Große Tabletts mit pikanten Häppchen werden an diesem Verkaufskarren in Bangkok angeboten.*

sche Vielfalt der noch folgenden Gerichte vorbereitet. Im Gegensatz zur Küche westlicher Länder werden in Thailand allerdings Suppen nicht als Vorspeise gereicht.

Suppen serviert man im Rahmen eines traditionellen thailändischen Mahls zur Erfrischung des Gaumens, reicht sie aber auch als Imbiß oder als eigenständige Mahlzeit. Eine Reissuppe wird morgens und auch abends als leichte Mahlzeit geschätzt. *Geow nam moo* (S. 44) wird aus *won-tans* (chinesische Teigtaschen), die man in einer dünnen salzigen Brühe gart, *bok choy* (Chinesischer Senfkohl), Bohnensprossen, Frühlingszwiebeln, Korianderblättern und gebratenem Knoblauch zubereitet.

Andere Suppen, die zur Mittagszeit serviert werden, sind erheblich gehaltvoller. Nudelsuppe mit Meeresfrüchten *(yen ta fo;* S. 58) enthält beispielsweise Schweinefleisch, Fischbällchen, Kalmar sowie ausgebackene *won-tans* und wird mit gebratenem Knoblauch garniert. Sie hat einen etwas salzigen, leicht säuerlichen Geschmack mit einer angenehm süßen Note.

Eine Suppe ist darüber hinaus wesentlicher Bestandteil eines traditionellen Menüs, bei dem alle Speisen gleichzeitig auf den Tisch kommen und man den Gaumen im Verlauf der Mahlzeit immer wieder mit einem Schluck Suppe erfrischt. Ein solches Menü ist ein Zusammenspiel unterschiedlicher Aromen: des frischen Geschmacks von Zitronengras, Minze oder Kaffir-Limettenblättern; der aromatischen Frische von Gewürzen wie Kardamom, Sternanis, Kurkuma und Zimt; der Würzigkeit von Knoblauch, Ingwer, frischem Koriander und Basilikum; und der Schärfe von Chillies und Pfeffer.

Suppen spielen bei dieser Symphonie von Aromen eine wichtige Rolle. Scharf-saure Garnelensuppe (S. 47) wird subtil aromatisiert mit der Säure von Zitronengras und Kaffir-Limetten. Fischsuppe mit Tamarindensaft *(gaeng som pla chon;* S. 45) ist eine orangerote Fischsuppe mit Sumpfkohl. Ihre Farbe verdankt sie getrockneten Chillies, der raffinierte säuerliche Geschmack entsteht durch die Verwendung von Tamarindensaft. Eine andere beliebte Suppe, *tom kha gai* (S. 40), wird mit zartem Hühnerfleisch und Kokosmilch zubereitet. Das *kha* im Rezeptnamen bezieht sich auf die verwendete Galgantwurzel, die ähnlich wie frischer Ingwer aussieht, aber ein einzigartiges Aroma mit einem Hauch von Minze hat.

Suppe mit Schweinefleisch- und Omelettstreifen

Bangkok und Zentrales Tiefland

GAENG JUED KAI
Suppe mit Schweinefleisch- und Omelettstreifen

Mit ihrem milden Aroma paßt diese leicht zubereitete Suppe zu jedem Hauptgericht.

60 ml Öl
4 Knoblauchzehen *(kratiem)*, gehackt
1 Zwiebel, gehackt
6 Eier, verquirlt
1 l Wasser
250 g Schweinefleisch, in 5 cm lange, dünne Streifen geschnitten
90 ml Fischsauce *(nam pla)*
100 g feingeschnittener Weißkohl
2 Frühlingszwiebeln, in 2,5 cm lange Stücke geschnitten
Frisch gemahlener weißer Pfeffer

In einer kleinen schweren Pfanne die Hälfte des Öls erhitzen. Den Knoblauch goldbraun braten und aus der Pfanne nehmen. Dann die Zwiebeln braten.

In einer großen Pfanne das restliche Öl erhitzen und aus den Eiern ein beidseitig gebratenes Omelett bereiten. Das Omelett abkühlen lassen und in etwa 2,5 x 5 cm große Streifen schneiden.

Das Wasser in einem großen Topf zum Kochen bringen. Das Schweinefleisch dazugeben und das Wasser wieder aufkochen lassen. Wenn das Schweinefleisch gar ist, das in Streifen geschnittene Omelett, die Zwiebeln sowie alle übrigen Zutaten hinzufügen. Die Suppe mit dem gebratenen Knoblauch bestreut servieren.

Für 4 Personen

Bangkok und Zentrales Tiefland

TOM KHA GAI
Suppe mit Hühnerfleisch und Kokosmilch

»Tom kha gai« ist eine leichte, aromatische Suppe, von der man während eines traditionellen thailändischen Menüs immer wieder ein wenig genießt.

500 ml Kokosmilch
6 dünne Scheiben junge Galgantwurzel *(kha orn)*
2 Stengel Zitronengras *(ta-krai)*, nur das untere Drittel, in 2,5 cm lange Stücke geschnitten und zerdrückt
5 frische Blätter von Kaffir-Limetten *(bai ma-grood)*, in je zwei Hälften gerissen
250 g entbeinte Hühnerbrust, in Streifen geschnitten
5 EL Fischsauce *(nam pla)*
2 EL Zucker
125 ml Limettensaft
1 TL schwarze Chilisauce (*nam prik pow;* S. 241)
4 EL Korianderblätter *(bai pak chee)*
5 grüne thailändische Chilischoten *(prik khee noo)*, zerdrückt

In einem großen Topf die Hälfte der Kokosmilch zusammen mit Galgant, Zitronengras und Limettenblättern zum Kochen bringen. Hühnerfleisch, Fischsauce und Zucker hinzufügen.

Die Zutaten etwa 4 Minuten köcheln lassen, bis das Hühnerfleisch gar ist. Die restliche Kokosmilch dazugießen und alles kurz aufkochen lassen.

Limettensaft und Chilisauce in eine Servierschüssel geben und dann die Suppe hineinschöpfen.

Mit Korianderblättchen und zerdrückten Chillies garnieren und servieren.

Für 4 Personen *Abbildung S. 37*

Bangkok und Zentrales Tiefland

GAENG LIANG
Pikante Gemüsesuppe

Im Gegensatz zu anderen Varianten dieser traditionellen Suppe, die äußerst scharf sind, hat diese Version ein recht mildes Aroma.

100 g frisches Garnelenfleisch, gehackt
50 g getrocknete Garnelen, gehackt
8 Schalotten, gehackt
2 EL Garnelenpaste *(gapi)*
1 TL frisch gemahlener weißer Pfeffer
90 ml Fischsauce *(nam pla)*
1 l Wasser
20 g Spinat (in etwa 7 cm lange Streifen geschnitten)
400 g fester gelber Kürbis, in 1 cm dicke Streifen geschnitten
4 EL Buschbasilikumblätter (*bai manglak;* siehe Glossar)

Frische und getrocknete Garnelen, Schalotten, Garnelenpaste und Pfeffer in einem Mörser oder Mixer zu einer glatten Paste verarbeiten.

In einem großen Topf Fischsauce und Wasser zum Kochen bringen. Die Garnelenmischung sowie die übrigen Zutaten hinzufügen. Alles gründlich durchrühren und köcheln lassen, bis der Kürbis fast gar ist, dann den Spinat hinzufügen und weitere 3 Minuten köcheln lassen. In eine Suppenterrine schöpfen, mit Basilikum bestreuen und servieren.

Für 4 Personen *Abbildung S. 37*

Hühnersuppe mit getrocknetem Fischmagen, garniert mit knuspriger Schweineschwarte

Bangkok und Zentrales Tiefland

KHAO TOM GOONG
Reissuppe mit Garnelen

Reissuppen sind einfach in der Zubereitung. Gewöhnlich nimmt man Reis, der bereits gekocht ist, doch er kann selbstverständlich auch in der Suppe gegart werden. Durch die Verwendung verschiedener Arten von Meeresfrüchten und Fisch ergeben sich zahllose Varianten dieser schmackhaften Suppe.

500 ml Wasser
2 Stangen Bleichsellerie, gehackt
Frisch gemahlener weißer Pfeffer
1 EL Maggi-Würze
250 g Garnelen, aus der Schale gelöst, Darm entfernt, längs eingeschnitten und auseinandergeklappt
100 g Duftreis *(khao suay)*, gedämpft (S. 98)
2 EL Fischsauce *(nam pla)*
2 EL Öl
1 TL in feine Scheiben geschnittene Knoblauchzehen *(kratiem)*
Korianderblätter *(bai pak chee)* zum Garnieren

Das Wasser in einem großen Topf zum Kochen bringen. Gehackten Bleichsellerie, Pfeffer und Maggi-Würze hinzufügen.

Garnelen, Reis und Fischsauce dazugeben.

Zum Kochen bringen und alles etwa 3 Minuten köcheln lassen, bis die Garnelen gar sind.

Das Öl in einer kleinen schweren Pfanne erhitzen und den Knoblauch goldbraun sautieren.

Die Suppe zum Servieren mit dem gebratenen Knoblauch bestreuen und mit Korianderblättern garnieren.

Für 4 Personen *Abbildung S. 36*

Bangkok und Zentrales Tiefland

KAPAW PLA
Hühnersuppe mit getrocknetem Fischmagen

In warmem Wasser eingeweichter getrockneter Fischmagen bekommt eine interessante gallertartige Konsistenz.

1 l Wasser
2 ganze Hühnerbrüste (zusammen etwa 500 g)
250 g getrockneter Fischmagen, in heißem Wasser eingeweicht
100 ml helle Sojasauce
1 EL süße Sojasauce
50 g in Streifen geschnittene Bambussprossen (siehe Glossar)
Frisch gemahlener weißer Pfeffer
4 kleine hartgekochte Eier, geschält und in Scheiben geschnitten
4 EL gehackte Korianderblätter *(bai pak chee)*

Das Wasser in einem großen Topf zum Kochen bringen, die Hühnerbrüste hineingeben und etwa 10–15 Minuten köcheln lassen, bis das Fleisch gar ist. Die Brühe aufbewahren.

Die gegarte Hühnerbrust zum Abkühlen in kaltes Wasser legen. Das Fleisch von den Knochen lösen, die Haut wegwerfen. Das Brustfleisch in Streifen schneiden und beiseite stellen.

Den Fischmagen abtropfen lassen, das Wasser herausdrücken und den Fischmagen in 2,5 cm große Stücke schneiden.

Die Hühnerbrühe zum Kochen bringen. Fischmagen und alle übrigen Zutaten – mit Ausnahme von Eiern und Koriander – dazugeben. Die Hühnerfleischstreifen hinzufügen und in der Brühe erhitzen. Die Suppe mit Eierscheiben und Koriander garnieren.

Für 4 Personen

Pikante Suppe mit knusprigem Fisch

Bangkok und Zentrales Tiefland

TOM YAM PLA GROB
Pikante Suppe mit knusprigem Fisch

Welse wurden in früherer Zeit aus Kambodscha nach Thailand eingeführt. Heute sind sie in den thailändischen Flüssen heimisch, und der gegrillte knusprige Fisch wird überall in Thailand auf den Märkten verkauft.

750 ml Wasser
250 g knuspriger Fisch (siehe Glossar)
4 dünne Scheiben Galgantwurzel *(kha)*
4 Schalotten
4 getrocknete Jalapeño-Chillies *(prik chee fa haeng)*
2 Knoblauchzehen *(kratiem)*
2 Stengel Zitronengras *(ta-krai),* halbiert
100 ml Fischsauce *(nam pla)*
125 ml Tamarindensaft *(ma-kaam piag;* siehe Glossar)

Das Wasser in einem großen Topf zum Kochen bringen. In der Zwischenzeit den Fisch in 5 cm große Stücke brechen.

Galgant, Schalotten, Chillies, Knoblauch und Zitronengras unter dem Grill oder in einer schweren Pfanne rösten, bis die Zutaten leicht verbrannt sind. Die Würzzutat abkühlen lassen und anschließend in einem Mörser zerstoßen.

Zusammen mit dem Fisch und allen übrigen Zutaten in das kochende Wasser geben und alles 20 Minuten köcheln lassen.

Für 4 Personen

Bangkok und Zentrales Tiefland

GAENG JUED PAKKAAD DONG
Suppe mit chinesischem Senfgemüse

Dies ist eine aromatische, leichte Suppe.

1 EL Öl
4 Knoblauchzehen *(kratiem),* gehackt
1 l Wasser
500 g Schweinerippchen, in 5 cm große Stücke geschnitten
500 g chinesischer Blätterkohl (siehe Glossar), in etwa 5 cm große Stücke geschnitten
60 ml Fischsauce *(nam pla)*
Frisch gemahlener weißer Pfeffer

Das Öl in einer kleinen schweren Pfanne erhitzen. Den Knoblauch unter Rühren braten, bis er goldbraun ist. Aus der Pfanne nehmen und beiseite stellen. Das Wasser zum Kochen bringen und die Schweinerippchen hinzufügen. Den Deckel auflegen und die Rippchen 15 Minuten köcheln lassen.

Das Senfgemüse zusammen mit der Fischsauce und dem Pfeffer hinzufügen und unter ständigem Rühren erhitzen.

In eine Servierschüssel schöpfen und mit dem gebratenen Knoblauch bestreuen.

Für 4 Personen

Rechte Seite: *Suppe mit chinesischem Senfgemüse* (unten) *und Thailändische Won-tan-Suppe* (oben, Rezept S. 44)

Bangkok und Zentrales Tiefland

GEOW NAM MOO
Thailändische Won-tan-Suppe

»Won-tan«-Suppe ist eine köstliche, leichte Mahlzeit. Die Füllung der »won-tans« wie auch das Suppengemüse lassen sich nach eigenem Geschmack variieren.

2 EL Öl
2 EL gehackter Knoblauch *(kratiem)*

WON-TAN-FÜLLUNG

250 g Schweinehackfleisch
1 TL gehackter Knoblauch *(kratiem)*
Frisch gemahlener weißer Pfeffer
1 TL Maggi-Würze
2 EL Fischsauce *(nam pla)*

250 g *won-tan*-Teigblätter
1,5 l Wasser
500 g Schweine- oder Hühnerknochen
3 EL Fischsauce *(nam pla)*
1 TL Salz
250 g Chinesischer Blätterkohl *(bok choy;* siehe Glossar), schräg in 2,5 cm breite Streifen geschnitten
250 g Bohnensprossen
2 Frühlingszwiebeln, in 2,5 cm lange Stücke geschnitten
4 EL gehackte Korianderblätter *(bai pak chee)*

Das Öl in einer kleinen schweren Pfanne erhitzen. Den Knoblauch goldbraun braten und beiseite stellen.

Die Zutaten für die Füllung vermischen. Jeweils einen gehäuften Teelöffel Füllmasse auf die Teigblätter setzen. Die Ränder mit Wasser bestreichen und die *won-tans* in der Mitte zusammenfalten. Anschließend die Teigränder oberhalb der Füllung in Falten legen.

Das Wasser in einem großen Topf zum Kochen bringen und die Knochen 5 Minuten köcheln lassen. Sie dann herausnehmen und wegwerfen. Die Brühe aufbewahren.

In einem zweiten großen Topf erneut Wasser zum Kochen bringen. Die *won-tans* hinzufügen und 30 Sekunden garen. Sie dann mit einem Schaumlöffel herausheben und sofort in den Topf mit der Brühe geben..Mit Fischsauce und Salz würzen.

Den Kohl hinzufügen und die Suppe zum Kochen bringen.

Zum Servieren die Bohnensprossen in eine Suppenterrine geben und die Suppe hineinschöpfen. Mit Frühlingszwiebeln, Korianderblättern und gebratenem Knoblauch garnieren.

Für 4 Personen *Abbildung S. 43*

Bangkok und Zentrales Tiefland

POH TAEK
Suppe mit Meeresfrüchten und Fisch

Dieses Gericht läßt sich durch die Verwendung anderer oder zusätzlicher Meeresfrüchte beliebig variieren.

1 l Wasser
2 Stengel Zitronengras *(ta-krai),* in 2,5 cm lange Stücke geschnitten
6 dünne Scheiben Galgantwurzel *(kha)*
6 Blätter von Kaffir-Limetten *(bai ma-grood),* jeweils in zwei Hälften gerissen
3–4 grüne thailändische Chillies *(prik khee noo)*
2 grüne Jalapeño-Chillies *(prik chee fa)*

250 g Filet von weißfleischigem Fisch, in etwa 1 x 5 cm große Stücke geschnitten
250 g Kalmar, gesäubert und in Streifen geschnitten
250 g große Garnelen in der Schale
2 kleine Meereskrebse (je etwa 250 g), gesäubert, halbiert und den oberen Panzer entfernt
250 g Miesmuscheln
250 g Venusmuscheln
3 Austernpilze, in Streifen geschnitten
60 ml Fischsauce *(nam pla)*
60 ml Limettensaft

In einem großen Topf das Wasser zusammen mit Zitronengras, Galgant, Limettenblättern und Chillies zum Kochen bringen.

Fischstücke, Kalmarstreifen, Garnelen, Meereskrebse, Miesmuscheln, Venusmuscheln und Austernpilze hinzufügen und alles 30 Sekunden kochen lassen. Die Temperatur herunterschalten. Fischsauce und Limettensaft dazugeben und alles behutsam durchrühren.

Für 6–8 Personen

Fischsuppe mit Tamarindensaft (links) *und Suppe mit Meeresfrüchten und Fisch* (rechts)

Bangkok und Zentrales Tiefland

Gaeng Som Pla Chon
Fischsuppe mit Tamarindensaft

Bei dieser Suppe bildet das Grün des Sumpfkohls mit dem weißfleischigen Fisch attraktive Kontraste. Ihren süß-sauren Geschmack verdankt die Suppe dem Tamarindensaft. Man sollte dazu gebratenen getrockneten Fisch (»pla kem taud«; S. 122) und gedämpften Duftreis (»khao suay«; S. 98) servieren.

1 ganzer Kaiser- oder Roter Schnapper (etwa 750 g)
1 l Wasser
4 Knoblauchzehen *(kratiem)*
8 Schalotten
6 große getrocknete rote Jalapeño-Chillies *(prik chee fa haeng)*
1 TL Garnelenpaste *(gapi)*
1 TL Salz
60 ml Fischsauce *(nam pla)*
2 EL Zucker
100 ml Tamarindensaft *(ma-kaam piag)*
250 g Sumpfkohl oder Spinat, in 2,5 cm lange Stücke geschnitten

Den Schnapper säubern, den Kopf wegwerfen. Von der vorderen Hälfte 4 Steaks herunterschneiden und das Schwanzende beiseite stellen.

Das Wasser in einem großen Topf zum Kochen bringen und das Schwanzstück des Schnappers etwa 5 Minuten garen. Den Fisch herausnehmen, das Fleisch ablösen und die restlichen Teile wegwerfen. Die Garflüssigkeit zurückstellen.

Abgelösten Fisch, Knoblauch, Schalotten, Chillies, Garnelenpaste und Salz in der Küchenmaschine gründlich vermischen.

Den Fischsud zum Kochen bringen. Fischsteaks, Fisch-Gewürz-Mischung, Fischsauce, Zucker und Tamarindensaft hinzufügen. Alles leicht köcheln lassen, bis die Fischsteaks gar sind. Dann den Kohl dazugeben und etwa 15 Sekunden erhitzen, bis er gerade weich ist.

In Portionsschalen servieren.

Für 4 Personen

Reissuppe mit Schweinefleisch (links) *und Glasnudelsuppe* (rechts)

Bangkok und Zentrales Tiefland

GAENG JUED WOON SEN
Glasnudelsuppe

Glasnudeln, die nach dem Garen beinahe durchsichtig sind, verleihen dieser Suppe ein äußerst attraktives Aussehen.

WÜRZMISCHUNG
1 EL Fischsauce *(nam pla)*
1 EL Maggi-Würze
2 Knoblauchzehen *(kratiem)*, zerdrückt
Frisch gemahlener weißer Pfeffer
1 TL Maisstärke

250 g Schweinehackfleisch
1 EL Öl
2 Knoblauchzehen *(kratiem)*, gehackt
1 l Wasser
60 g getrocknete Glasnudeln *(woon sen)*, etwa 5 Minuten in warmem Wasser eingeweicht
60 ml Fischsauce *(nam pla)*
100 g feingeschnittener Weißkohl
2 Frühlingszwiebeln, in 2,5 cm lange Stücke geschnitten
4 EL gehackte Korianderblätter *(bai pak chee)*
Frisch gemahlener weißer Pfeffer

Die Zutaten für die Würzmischung gründlich miteinander verrühren und unter das Hackfleisch arbeiten. Kleine Fleischbällchen von 2,5 cm Durchmesser daraus formen und beiseite stellen.

Das Öl in einer kleinen schweren Pfanne erhitzen und den Knoblauch goldgelb braten. Herausnehmen und zum Abtropfen beiseite stellen.

Das Wasser in einem großen Topf zum Kochen bringen. Die Fleischbällchen hineingeben und köcheln lassen, bis sie zur Oberfläche aufsteigen.

Die restlichen Zutaten – mit Ausnahme des gebratenen Knoblauchs – hinzufügen und die Suppe nochmals aufkochen lassen. Zum Servieren in eine Suppenterrine schöpfen und mit dem Knoblauch bestreuen.

Für 4 Personen

Bangkok und Zentrales Tiefland

KHAO TOM MOO
Reissuppe mit Schweinefleisch

Eine Reissuppe wie diese ist gewöhnlich der nahrhafteste Teil eines thailändischen Frühstücks.

500 ml Wasser
1 EL Maggi-Würze
Frisch gemahlener weißer Pfeffer
1/2 TL Galgantpulver *(kha pon)*
2 Stangen Bleichsellerie, gehackt
250 g Schweinehackfleisch
100 g Duftreis *(khao suay)*, gedämpft (S. 98)
2 EL Fischsauce *(nam pla)*
2 EL Öl
1 TL gehackter Knoblauch *(kratiem)*
Korianderblätter *(bai pak chee)* zum Garnieren

In einem großen Topf das Wasser zum Kochen bringen. Maggi-Würze, weißen Pfeffer, Galgantpulver und gehackten Bleichsellerie hinzufügen.

Hackfleisch, Reis und Fischsauce dazugeben und alles gründlich durchrühren, damit das Hackfleisch auseinanderfällt. Die Zutaten köcheln lassen, bis das Fleisch gar ist.

Das Öl in einer kleinen schweren Pfanne erhitzen und den Knoblauch bei mittelhoher Temperatur goldbraun braten.

Die Reissuppe in eine Servierschüssel schöpfen. Mit dem gebratenen Knoblauch bestreuen und mit Korianderblättern garnieren.

Für 4 Personen

Bangkok und Zentrales Tiefland

KHAO TOM PLA GAPONG
Reissuppe mit Rotem Schnapper

Diese Suppe eignet sich ausgezeichnet als leichtes Mittagessen oder kleiner Imbiß, denn sie ist nahrhaft und sättigend, ohne schwer im Magen zu liegen.

3 EL Öl
6 Knoblauchzehen *(kratiem)*, gehackt
1 l Wasser
1/2 TL Galgantpulver *(kha pon)*
500 g Filets von Rotem Schnapper oder anderem Fisch mit festem Fleisch, in 2,5 cm große Stücke geschnitten
200 g Reis, gekocht
2 Stangen Bleichsellerie, gehackt
1/2 TL frisch gemahlener weißer Pfeffer
100 ml Fischsauce *(nam pla)*
1/2 Frühlingszwiebel, gehackt
4 EL gehackte Korianderblätter *(bai pak chee)*

Einen kleinen Topf erhitzen und das Öl sowie den Knoblauch hineingeben. Den Knoblauch unter Rühren goldbraun braten. Den Topf von der Kochstelle nehmen und beiseite stellen.

Das Wasser in einem großen Topf zum Kochen bringen. Die restlichen Zutaten – mit Ausnahme der Frühlingszwiebeln und der Korianderblätter – hinzufügen und alles köcheln lassen, bis der Fisch gar ist.

Die Suppe in eine Servierschüssel schöpfen. Den gebratenen Knoblauch mit dem Öl daraufgeben, mit Frühlingszwiebeln und Korianderblättern bestreuen.

Für 4 Personen

Reissuppe mit Rotem Schnapper (links) *und Scharf-saure Garnelensuppe* (rechts)

Bangkok und Zentrales Tiefland

Tom Yam Goong

Scharf-saure Garnelensuppe

»Tom yam goong«, die berühmteste aller Thai-Suppen, zeichnet sich durch ihren raffinierten scharf-sauren Geschmack mit einem Hauch von Zitrusaroma aus.

250 g Garnelen, aus der Schale gelöst, den Darm entfernt, die Schalen zurückgestellt
750 g Wasser
2 Knoblauchzehen *(kratiem)*, gehackt
5 Blätter von Kaffir-Limetten *(bai ma-grood)*
3 dünne Scheiben frische oder getrocknete Galgantwurzel *(kha)*
60 ml Fischsauce *(nam pla)*
2 Stengel Zitronengras *(ta-krai)*, nur das untere Drittel, in 2,5 cm lange Stücke geschnitten
2 Schalotten, in Streifen geschnitten
100 g feingeschnittene Strohpilze (Dose)
5 grüne thailändische Chillies *(prik khee noo;* oder nach Belieben)
60 ml Limettensaft
1 TL schwarze Chilisauce *(nam prik pow;* S. 241)
1 EL gehackte Korianderblätter *(bai pak chee)*

Die Garnelenschalen abspülen, zusammen mit dem Wasser in einen großen Topf geben und zum Kochen bringen. Die Brühe durch ein Sieb gießen, die Garnelenschalen wegwerfen.

Knoblauch, Limettenblätter, Galgant, Fischsauce, Zitronengras und Schalotten zur Brühe geben. Dann die Pilze und gegebenenfalls die Chillies hinzufügen. Alles 2 Minuten köcheln lassen.

Die Garnelen dazugeben und die Suppe zum Kochen bringen. Wenn die Garnelen gar sind, Limettensaft und schwarze Chilisauce in eine Servierschüssel geben. Die Suppe zugeben, durchrühren, mit Korianderblättern garnieren und servieren.

Für 4 Personen

Gebratener Reis mit Garnelenpaste (links) *und Knusprige gefüllte Pfannkuchen* (rechts)

Nordostthailand

KANOM BUENG YUAN
Knusprige gefüllte Pfannkuchen

Die Thai-Version dieses Rezeptes, das ursprünglich aus Laos stammt, unterscheidet sich durch die jeweils verfügbaren Zutaten für die Füllung.

FÜLLUNG

2 EL Öl
8 Knoblauchzehen *(kratiem)*, gehackt
500 g Kokosfruchtfleisch, geraspelt
500 g aus der Schale gelöste Garnelen
50 g gehackte gesalzene getrocknete weiße Rüben
125 g geröstete Erdnußkerne, gemahlen
100 g gehackter gebratener Tofu (siehe Glossar)
1/2 TL frisch gemahlener weißer Pfeffer
4 EL Korianderblätter *(bai pak chee)*
100 g Bohnensprossen

PFANNKUCHENTEIG

185 g Reismehl
1/2 TL Backpulver
375 ml Kokosmilch
2 Eier
125 ml Wasser
1 TL Kurkuma
1/4 TL Salz
60 ml Öl

Eine große schwere Pfanne erhitzen. Öl, Knoblauch, geraspelte Kokosnuß und Garnelen hinzufügen und sautieren, bis die Garnelen fast gar sind. Die restlichen Zutaten für die Füllung – mit Ausnahme der Bohnensprossen – dazugeben und alles noch 3 Minuten sautieren. Dann die Bohnensprossen unterrühren, die Pfanne von der Kochstelle nehmen und beiseite stellen.

Die Zutaten für den Pfannkuchenteig behutsam verrühren, bis ein glatter Teig entstanden ist.

Eine schwere Pfanne von 25 cm Durchmesser bei mittelhoher Temperatur erhitzen. Etwas Öl hineingeben, so daß der Pfannenboden gerade davon überzogen ist, eventuell überschüssiges Öl abgießen.

So viel Pfannkuchenteig hineingeben, daß der Pfannenboden von einer Teigschicht überzogen ist; die Temperatur nötigenfalls herunterschalten. Den gebackenen Pfannkuchen herausheben. Mit dem restlichen Teig ebenso verfahren und insgesamt 6–8 Pfannkuchen backen.

Die Füllung jeweils in gleichen Portionen auf einer Pfannkuchenhälfte verteilen und die zweite Hälfte darüberklappen.

Die gefüllten Pfannkuchen vorsichtig auf eine Platte legen und mit Gurkensalat *(tam taeng;* S. 176) servieren.

Für 6–8 Personen

Bangkok und Zentrales Tiefland

KHAO OLOOK GAPI
Gebratener Reis mit Garnelenpaste

Die salzige Garnelenpaste, der dieser gebratene Reis sein einzigartiges Aroma verdankt, ist eine wesentliche Zutat in vielen thailändischen Rezepten.

60 ml Öl
30 g getrocknete Garnelen
2 Eier, verquirlt
4 Schalotten, in Streifen geschnitten
4 Knoblauchzehen *(kratiem),* in dünne Scheiben geschnitten
70 g kleingeschnittenes Fruchtfleisch von einer grünen Mango
4 Limettenspalten
2 EL Öl
300 g Reis, gekocht
2 EL Garnelenpaste *(gapi)*
3 EL Fischsauce *(nam pla)*

Das Öl in einer Pfanne stark erhitzen. Die getrockneten Garnelen hinzufügen und 30 Sekunden fritieren. Dann herausnehmen und beiseite stellen.

Das Öl bis auf 1 Eßlöffel weggießen. Die verquirlten Eier in die Pfanne geben und ohne umzurühren bei mittlerer Temperatur garen. Das Omelett behutsam aus der Pfanne heben und abkühlen lassen. Es dann aufrollen und in feine Streifen schneiden.

Die Beilagen – gebratene Garnelen, Omelettstreifen, Schalotten, Knoblauch, Mango und Limettenspalten – auf einer Servierplatte dekorativ anrichten.

Eine große schwere Pfanne erhitzen und das Öl hineingeben. Dann den Reis, die Garnelenpaste und die Fischsauce hinzufügen. Die Zutaten unter ständigem Rühren braten, bis sie gründlich vermischt und durch und durch heiß sind. Auf einer Servierplatte anrichten und zusammen mit den Beilagen auftragen.

Für 4 Personen

Bangkok und Zentrales Tiefland

KHAO GRIAB PAAK MAW
Gefüllte Teigtaschen

Diese kleinen Teigtaschen, die in Bangkok auf den Straßenmärkten feilgeboten werden, sind zu jeder Tageszeit ein köstlicher Imbiß.

FÜLLUNG
1 EL Öl
250 g Schweinehackfleisch
125 g geröstete Erdnußkerne, gemahlen
4 Knoblauchzehen *(kratiem),* gehackt
4 EL gehackte Korianderblätter *(bai pak chee)*
1/2 TL frisch gemahlener weißer Pfeffer
3 EL Fischsauce *(nam pla)*
2 EL Zucker

24 runde thailändische Reismehlblätter (Reispapier) mit etwa 12 cm Durchmesser
6 Knoblauchzehen *(kratiem),* gehackt
60 ml Öl
80 g Korianderblätter *(bai pak chee)*

Eine mittelgroße schwere Pfanne erhitzen. Das Öl hineingeben und dann die restlichen Zutaten für die Füllung hinzufügen. Alles bei mittelhoher Temperatur sautieren, bis das Hackfleisch gar und die Flüssigkeit verkocht ist. Beiseite stellen.

In einer kleinen schweren Pfanne den gehackten Knoblauch in 60 ml Öl goldgelb braten. Den Knoblauch wegwerfen, das Öl zurückstellen. Zum Dämpfen der Reismehlblätter einen großen Topf 5–7,5 cm hoch mit Wasser füllen und das Wasser zum Kochen bringen. Den Topf mit einem nassen Musselintuch abdecken und dieses mit einer Schnur so am Topfrand festbinden, daß es straff gespannt ist. Am Rand eine etwa 5 cm lange Öffnung hineinschneiden, damit der Dampf entweichen kann.

Die Reispapierblätter nacheinander mit Wasser anfeuchten, und jeweils 1–2 Minuten zum Erhitzen auf das Musselintuch legen. Vorsichtig herunternehmen und mit dazwischengelegtem Pergamentpapier auf einen Teller stapeln.

Auf den fertigen Reispapierblättern jeweils 1 Teelöffel Füllung absetzen. Die Blätter mit Hilfe einer kleinen Palette oder dem Griff eines Löffels in der Mitte zusammenklappen. Die Ränder behutsam verschließen und in Falten legen, damit die Teigtaschen eine dekorative Form bekommen. Die fertigen Teigtaschen auf einen Teller legen und mit Knoblauchöl bestreichen, damit sie nicht aneinander festkleben.

Zum Servieren jede Teigtasche in ein Salatblatt wickeln und die Korianderblätter dazu reichen.

Ergibt 24 Teigtaschen

Knusprige Nudeln (oben, Rezept S. 50) *und Gefüllte Teigtaschen* (unten)

Bangkok und Zentrales Tiefland

MEE GROB
Knusprige Nudeln

1 l Öl
200 g Reismehl-Fadennudeln *(sen mee)*

SAUCE

125 ml Essig
125 g Zucker
1 TL Salz
1 TL Tomatenmark
3 EL Knoblauch-Pickle *(kratiem dong;* S. 245)

ZUM GARNIEREN

2 Eier, verquirlt (nach Belieben)
1/2 Frühlingszwiebel, gehackt
1/2 rote Paprikaschote, gehackt
2 EL gehackter Schnittlauch (2,5 cm lang)
125 g gebratener Tofu, in kleine Stücke geschnitten
1 EL gehackte Korianderblätter *(bai pak chee)*

Das Öl in einem Fritiertopf oder einem Wok auf 190 °C erhitzen und die Reisnudeln darin knusprig ausbacken. Die Nudeln herausnehmen und beiseite stellen.

Die Zutaten für die Sauce in einer großen schweren Pfanne verrühren und bei mittlerer Temperatur 4 Minuten erhitzen, bis die Sauce eine sirupartige Konsistenz hat. Falls verwendet, die verquirlten Eier in einer kleinen Pfanne braten. Das fertige Omelett vorsichtig herausnehmen und in feine Streifen schneiden.

Die Nudeln in die Pfanne mit der Sauce geben, alles rasch durchheben und die Garnitur darüberstreuen.

Für 4 Personen *Abbildung S. 49*

Bangkok und Zentrales Tiefland

PO PIA SOD
Frische gedämpfte Frühlingsrollen

Diese Frühlingsrollen werden nicht in Fett ausgebacken.

12 Teighüllen für Frühlingsrollen
12 Blätter grüner Salat, in Quadrate geschnitten
3 chinesische Würste, in 1 cm große Würfel geschnitten
150 g gebratener Tofu (siehe Glossar)
1 Salatgurke, geschält und in 1 cm breite Streifen geschnitten
200 g Bohnensprossen, blanchiert
1 kg Spinat, blanchiert
125 ml Erdnußsauce *(nam jim satay;* S. 238)

Die Teigblätter für die Frühlingsrollen dämpfen. Eine Teighülle auf der Arbeitsfläche ausbreiten und ein Salatblatt auf die untere Hälfte legen. Jeweils ein Zwölftel der chinesischen Wurst, des Tofus, der Salatgurke, der Bohnensprossen und des Spinats auf dem Salatblatt verteilen. Die untere Hälfte der Teighülle aufrollen, dann die beiden Seiten nach innen schlagen und das Ganze zusammenrollen. Mit den restlichen Teighüllen in gleicher Weise verfahren.

Die Frühlingsrollen in Scheiben schneiden und mit Erdnußsauce *(nam jim satay;* S. 238) oder einer anderen Sauce servieren.

Ergibt 12 Frühlingsrollen

Frische gedämpfte Frühlingsrollen (links) *und Fritierte Frühlingsrollen* (rechts, Rezept S. 52)

Bangkok und Zentrales Tiefland

Po Pia Taud
Fritierte Frühlingsrollen

Diese Frühlingsrollen sind als Imbiß sehr beliebt; sie eignen sich aber auch sehr gut als Vorspeise zu jedem thailändischen Essen.

2 EL Öl
1 TL gehackter Knoblauch *(kratiem)*
250 g Schweinehackfleisch
4 kleine Möhren (etwa 150 g), grob geraspelt
4 Stangen Bleichsellerie, gehackt
60 ml Fischsauce *(nam pla)*
1 EL Maggi-Würze
2 EL Zucker
Frisch gemahlener weißer Pfeffer
100 g Bohnensprossen
20 Teigblätter für Frühlingsrollen
2 Eigelb, verquirlt
750 ml Öl, zum Fritieren

In eine große schwere Pfanne 2 Eßlöffel Öl geben und erhitzen. Hackfleisch mit dem Knoblauch hinzufügen und sautieren, bis das Fleisch gar ist.

Möhren, Bleichsellerie, Fischsauce, Maggi, Zucker und Pfeffer dazugeben. Alles bei hoher Temperatur 1 Minute erhitzen, um die Sauce zu reduzieren. Die restliche Flüssigkeit aus der Pfanne abgießen.

Die Füllung abkühlen lassen, dann die Bohnensprossen untermischen.

Ein Teigblatt wie eine Raute auf die Arbeitsfläche legen, so daß eine Ecke nach unten zeigt. Auf den unteren Bereich 2 Eßlöffel Füllung setzen. Die Ecke nach oben klappen und die Teighülle einmal um die Füllung rollen. Die Seiten nach innen schlagen, das Teigblatt im oberen Bereich mit Eigelb bestreichen und zusammenrollen. Mit den übrigen Teighüllen ebenso verfahren.

Das Öl auf 180 °C erhitzen und die Frühlingsrollen partienweise ausbacken, bis sie rundum goldbraun sind.

Mit einer süß-sauren oder einer anderen Sauce (S. 236–245) servieren.

Ergibt 20 Frühlingsrollen *Abbildung S. 51*

Bangkok und Zentrales Tiefland

Mee Ga-Thi
Reisnudeln mit Garnelen, Schweinefleisch und Kokosmilch

In Bangkok und der näheren Umgebung wird dieses Nudelgericht von Straßenhändlern angeboten.

500 g Reis-Fadennudeln *(sen mee)*
2 EL Öl
250 g Tomaten, in Achtel geschnitten
500 g Garnelen, aus der Schale gelöst und den Darm entfernt
250 g Schweinefleisch, in 2,5 cm breite Streifen geschnitten
750 ml Kokosmilch
60 ml gelbe Bohnensauce *(tao jeow)*
5 Schalotten, in Streifen geschnitten
100 g Tofu, in 2,5 cm große Würfel geschnitten
2 EL Fischsauce *(nam pla)*
125 g Zucker
500 g Bohnensprossen
1 Bund Schnittlauch, gehackt, zum Garnieren

Reisnudeln mit Garnelen, Schweinefleisch und Kokosmilch

Die Fadennudeln etwa 10 Minuten in warmem Wasser einweichen. Dann abgießen und beiseite stellen.

Eine große schwere Pfanne erhitzen. Öl und Tomaten hinzufügen und 5 Minuten bei mittelhoher Temperatur garen. Die Nudeln dazugeben und garen, bis sie weich sind. In einer großen Servierschüssel beiseite stellen.

Die restlichen Zutaten – mit Ausnahme der Schnittlauchröllchen – in einer großen schweren Pfanne 5 Minuten bei mittelhoher Temperatur erhitzen und dann über die Nudeln geben. Mit Schnittlauch garnieren.

Für 6–8 Personen

Bangkok und Zentrales Tiefland

Pad Thai
Pfannengerührte Nudeln auf thailändische Art

Dies ist eines der bekanntesten Nudelgerichte Thailands.

250 g Reis-Fadennudeln *(sen lek)*, eingeweicht
3 EL Öl
3 Knoblauchzehen *(kratiem)*, gehackt
4 EL getrocknete Garnelen
60 ml Fischsauce *(nam pla)*
60 g Zucker
2 EL Tamarindensaft *(ma-kaam piag;* siehe Glossar)
1 EL Paprikapulver
100 g Tofu, gewürfelt und gebraten (siehe Glossar)
2 EL kleingeschnittene getrocknete weiße Rüben, ungesalzen
1 Ei, verquirlt
4 EL gehackter Schnittlauch (2,5 cm lang)

Pfannengerührte Nudeln auf thailändische Art

60 g geröstete Erdnußkerne, gemahlen
100 g Bohnensprossen

ZUM GARNIEREN

50 g Bohnensprossen
4 EL gehackter Schnittlauch
1/4 kleine Bananenblüte, in Streifen geschnitten
1/2 Limette, in Spalten geschnitten

Eine große Pfanne erhitzen und das Öl hineingeben. Knoblauch und Garnelen zufügen und unter Rühren braten. Nudeln dazugeben und unter Rühren braten, bis sie durchsichtig werden.

Fischsauce, Zucker, Tamarindensaft und Paprika hinzufügen. Unter Rühren braten, bis alles gut vermischt ist. Tofu, weiße Rüben und verquirltes Ei unterrühren.

Auf hohe Temperatur heraufschalten und alles unter behutsamem Rühren garen, bis das Ei gestockt ist. Die Zutaten dann gründlich vermischen und noch etwa 2 Minuten bei mittelhoher Temperatur erhitzen, bis die Flüssigkeit weitgehend reduziert ist.

Schnittlauch und gemahlene Erdnüsse untermischen und das Nudelgericht in einer Servierschüssel anrichten. Mit Bohnensprossen, Schnittlauch, Bananenblüte und Limettenspalten garnieren und servieren.

Für 4 Personen

Kokosreis

Nordthailand

KHAO SOI
Chiang-Mai-Nudeln

Diese frischen Eiernudeln mit Curry sind im Norden Thailands ein beliebtes Gericht.

2 EL Öl
3 Knoblauchzehen *(kratiem),* gehackt
3 Schalotten, gehackt
1 l Kokosmilch
2 EL Currypulver
1 EL rote Currypaste *(nam prik gaeng ped;* S. 236)
250 g Rindfleisch, in 2,5 cm große Würfel geschnitten
125 ml Fischsauce *(nam pla)*
60 g Zucker
1/2 TL Kurkuma
1 EL Limettensaft
750 ml Wasser
200 g frische dünne Eiernudeln *(ba mee)*
1 Frühlingszwiebel, gehackt
1 EL gehackte Korianderblätter *(bai pak chee)*

ZUM GARNIEREN

1/2 Limette, in Spalten geschnitten
100 g eingelegter chinesischer Senfkohl *(bok choy;* siehe Glossar), in Scheiben geschnitten

Einen großen Topf erhitzen und das Öl hinzufügen. Im heißen Öl Knoblauch und Schalotten 30 Sekunden unter Rühren braten. Dann Kokosmilch, Curry, rote Currypaste und gewürfeltes Rindfleisch hinzufügen. Zum Kochen bringen, auf mittlere Temperatur herunterschalten und alles ungefähr 30 Minuten köcheln lassen. Fischsauce, Zucker, Kurkuma sowie Limettensaft unterrühren und die Zutaten noch 10 Minuten leise köcheln lassen.

In einem mittelgroßen Topf das Wasser zum Kochen bringen. Die frischen Nudeln hinzufügen und 1 Minute kräftig kochen lassen. Dann abgießen und in eine Servierschüssel geben.

Die Currymischung über die Nudeln gießen. Mit Frühlingszwiebeln und Korianderblättern bestreuen und Limetten und Senfkohl dekorativ am Rand der Schüssel anrichten.

Für 4 Personen

Linke Seite: *Chiang-Mai-Nudeln*

Bangkok und Zentrales Tiefland

KHAO MAN
Kokosreis

Kokosreis serviert man gewöhnlich mit Papayasalat (»som tam Esan«; S. 172) *und getrockneten Garnelen. Diese Zubereitungsart gehört zur feinen Thai-Küche und wird ausschließlich mittags serviert.*

500 g Duftreis
250 ml Wasser
750 ml Kokosmilch
1 TL Salz
2 EL Zucker

Den Reis unter fließendem Wasser abspülen, bis das Wasser klar bleibt. Wasser, Kokosmilch, Salz und Zucker in einen großen Topf geben. Den Reis hinzufügen und alles bei starker Hitze zum Kochen bringen; dabei gelegentlich umrühren, damit der Reis nicht am Topfboden klebenbleibt.

Die Temperatur herunterschalten, den Deckel auflegen und den Reis köcheln lassen, bis er gar ist.

Für 6–8 Personen

Bangkok und Zentrales Tiefland

GUAY TEOW RAAD NAA
Bandnudeln mit Schweinefleisch und Gemüse

Dieses Rezept ähnelt westlichen Bandnudelgerichten. Es ist einfach in der Zubereitung und läßt sich je nach Region durch andere Fleisch- und Gemüsekombinationen abwandeln.

MARINADE

1 EL Maisstärke
1 Ei
2 TL Sesamöl
1/2 TL frisch gemahlener weißer Pfeffer
1 EL Maggi-Würze

250 g mageres Schweinefleisch, in feine Streifen geschnitten
250 g Reis-Bandnudeln *(sen yai)* oder andere Nudeln
60 ml Öl
2 EL süße Sojasauce
1 EL zerdrückter Knoblauch *(kratiem)*
250 ml Wasser
3 EL Fischsauce *(nam pla)*
2 EL Zucker
2 EL Maisstärke, mit etwas Wasser angerührt
100 g Brokkoliröschen
1 kleine Möhre, in Scheiben geschnitten
1/4 rote Paprika, in Streifen geschnitten
50 g Zuckererbsen
50 g Strohpilze (Dose)
1 Frühlingszwiebel, in 2,5 cm lange Stücke geschnitten

Die Zutaten für die Marinade vermischen und über das Schweinefleisch geben. Die Fleischstreifen gründlich in der Marinade wenden und 10 Minuten durchziehen lassen. Die Nudeln für 10 Minuten in warmes Wasser legen, bis sie weich sind. Dann abgießen.

Eine große schwere Pfanne erhitzen und die Hälfte des Öls hineingeben. Dann die Nudeln und die süße Sojasauce hinzufügen und unter ständigem Rühren braten, damit die Nudeln nicht am Pfannenboden klebenbleiben. Herausnehmen und beiseite stellen. In einem großen Topf im restlichen Öl Knoblauch anbraten, dann Wasser, Fischsauce und Zucker hineingeben. Das marinierte Schweinefleisch hinzufügen und alles zum Kochen bringen. Die Flüssigkeit mit angerührter Maisstärke binden.

Die verbliebenen Zutaten dazugeben, alles zum Kochen bringen und noch 3 Minuten köcheln lassen. Die Gemüse-Fleisch-Mischung über die Nudeln geben und servieren.

Für 4 Personen

Bangkok und Zentrales Tiefland

GUAY TEOW LOOK-CHIN
Nudeln mit Fleischbällchen

Dieses herzhafte Nudelgericht läßt sich auch als eigenständige Mahlzeit servieren. Die Fleischklößchen kann man entweder nach dem Rezept für Glasnudelsuppe (S. 46) selbst zubereiten oder in einem asiatischen Lebensmittelgeschäft fertig kaufen.

3 EL Öl
6 Knoblauchzehen *(kratiem)*, gehackt
500 g Nudeln aus Weizenmehl, gegart
500 g Bohnensprossen, blanchiert
2 Stangen Bleichsellerie, gehackt und blanchiert

SAUCE

1,5 l Wasser
500 g Fleischklößchen (S. 46)
250 g Rindfleisch, in sehr feine Streifen (etwa 3 mm) geschnitten
8 Knoblauchzehen *(kratiem)*, gehackt
2 EL gehackte Korianderwurzeln *(raak pak chee)*
2 EL gehackte Korianderblätter *(bai pak chee)*
1/2 TL weiße Pfefferkörner

Nudeln mit Fleischbällchen (oben) *und Bandnudeln mit Schweinefleisch und Gemüse* (unten)

6 getrocknete Sternanisfrüchte (etwa 8 Samenkapseln je Frucht)
6 Kardamomsamen
2 Stangen Zimt
1 TL Salz
2 EL Maggi-Würze, 2 EL süße Sojasauce
60 ml helle Sojasauce
90 g Palmzucker *(nam taan peep)*
Gewürzsäckchen aus Musselin

Die 6 gehackten Knoblauchzehen in dem Öl goldbraun braten. Aus der Pfanne nehmen und beiseite stellen.

Die Nudeln in eine Servierschüssel füllen. Bohnensprossen und Bleichsellerie darüberstreuen. Das Wasser zum Kochen bringen. Fleischklößchen und Rindfleischstreifen hinzufügen. Rohen Knoblauch, Koriander, Pfefferkörner, Sternanis, Kardamom und Zimt in ein Stück Musselin binden und mit in den Topf geben. Alles 20 Minuten köcheln lassen, dann das Gewürzsäckchen herausnehmen. Die verbliebenen Zutaten unterrühren und die Mischung über die Nudeln schöpfen. Mit dem gebratenen Knoblauch bestreuen.

Für 6–8 Personen

Nudelsuppe mit Meeresfrüchten

Bangkok und Zentrales Tiefland

YEN TA FO
Nudelsuppe mit Meeresfrüchten

Dieses schmackhafte Nudelgericht, das zur Mittagszeit in vielen Restaurants und von Straßenhändlern angeboten wird, kann auch als eigenständige Mahlzeit serviert werden. Das Rezept ist gut geeignet, um übriggebliebene »won-tans«, Fischbällchen und Fischküchlein zu verwerten. Man bekommt diese Zutaten aber auch in asiatischen Lebensmittelgeschäften fertig zubereitet.

8 *won-tans*
250 ml Öl zum Fritieren
4 Knoblauchzehen *(kratiem)*, gehackt

SUPPE
1,5 l Wasser
250 g mageres Schweinefleisch am Stück
1 TL Salz
250 g Fischbällchen
125 g Kalmar, geputzt und in Ringe geschnitten
125 g Fischküchlein, in Streifen geschnitten

500 g Nudeln aus Weizenmehl
500 g Sumpfkohl oder Spinat, in 10 cm lange Streifen geschnitten und blanchiert
125 ml Fischsauce *(nam pla)*
125 ml Chillies in Essig *(prik dong;* S. 241)
125 g Zucker
250 ml Tomaten-Ketchup
8 Stücke ausgebackene Speckschwarten *(kaep moo;* S. 74)

Das Öl auf 180 °C erhitzen und die *won-tans* etwa 2 Minuten ausbacken, bis sie goldbraun sind. Beiseite stellen.

In einer kleinen schweren Pfanne 2 Eßlöffel des Öls erhitzen und den Knoblauch goldbraun braten. Den Knoblauch herausnehmen und beiseite stellen.

Das Wasser zum Kochen bringen und das Schweinefleisch etwa 15 Minuten köcheln lassen, bis es gar ist. Das Fleisch herausnehmen, in dünne Streifen schneiden und beiseite stellen.

Salz, Fischbällchen, Kalmar und kleingeschnittene Fischküchlein in die Fleischbrühe geben und alles zum Kochen bringen.

Während das Schweinefleisch gart, die Nudeln in reichlich Wasser kochen – sie sollen noch bißfest sein. Die Nudeln abgießen und gleichmäßig auf acht Portionsschalen verteilen. Blanchierten Kohl oder Spinat ebenfalls in acht Portionen teilen und auf die Nudeln geben.

In jede Schale je 1 Eßlöffel Fischsauce, Essig, Zucker und 2 EL Ketchup geben. Die Zutaten vermischen und jeweils ein Achtel der Suppe und der Fleischstreifen hinzufügen. Ausgebackene *won-tans* und Speckschwarte auf die Suppenschalen verteilen. Den gebratenen Knoblauch darüberstreuen und servieren.

Für 8 Personen

Bangkok und Zentrales Tiefland

KANOM JEEN NAM PRIK
Nudeln in süßer Currysauce

Religiöse und private Feste sind ein wesentlicher Bestandteil des Lebens in Thailand. Dieses Gericht wird gerne bei Hochzeiten und Einzugspartys serviert.

250 g getrocknete Mungobohnen, über Nacht eingeweicht
1,5 l Wasser
500 g getrocknete oder frische Fadennudeln aus Weizenmehl
200 g Garnelenfleisch
1 l Kokosmilch
60 ml rote Currypaste *(nam prik gaeng ped;* S. 236)
125 ml Fischsauce *(nam pla)*
60 g Zucker
60 ml Limettensaft
2 Kaffir-Limetten *(ma-grood)*, halbiert
1 Frühlingszwiebel, in 2,5 cm große Stücke geschnitten
10 Knoblauchzehen *(kratiem)*, in Scheiben geschnitten und in Öl goldbraun gebraten
50 g Sumpfkohl oder Spinat, gehackt und blanchiert
1/4 Bananenblüte, längs in feine Streifen geschnitten
4 EL getrocknete thailändische Chillies *(prik khee noo haeng)*, in Öl goldbraun gebraten

Die Mungobohnen abgießen und über kochendem Wasser etwa 15 Minuten dämpfen, bis sie weich sind. Herausnehmen und beiseite stellen.

Das Wasser zum Kochen bringen und die Nudeln kochen. Abgießen und mit kaltem Wasser abspülen. Die Nudeln zu kleinen Bündeln aufrollen und auf einer Servierplatte anrichten.

In einem Mörser die gedämpften Mungobohnen zusammen mit dem Garnelenfleisch zu einer glatten Paste zerreiben.

In einem großen Topf Kokosmilch, rote Currypaste, Fischsauce, Zucker und Bohnen-Garnelen-Paste zum Kochen bringen. Limettensaft und Limetten hinzufügen und die Flüssigkeit erneut zum Kochen bringen.

Frühlingszwiebeln und die Hälfte des gebratenen Knoblauchs unterrühren. Sumpfkohl, Bananenblüte, Chillies und den restlichen gebratenen Knoblauch auf den Nudeln verteilen.

Die Currysauce über die Nudeln geben und servieren.

Für 4 Personen

Rechte Seite: *Nudeln in süßer Currysauce* (oben) *und Pfannengerührte Bandnudeln* (unten, Rezept S. 60)

Bangkok und Zentrales Tiefland

GUAY TEOW PAD SE-IEW
Pfannengerührte Bandnudeln

Dieses köstliche Nudelgericht ist in Bangkok als leichtes Mittagessen sehr geschätzt.

MARINADE

1 Knoblauchzehe *(kratiem),* gehackt
1 Ei, verquirlt
1 EL Maisstärke
1 EL Wein
1 EL Fischsauce *(nam pla)*
1 EL Austernsauce
1 EL Zucker
1 TL Sesamöl
1/2 TL frisch gemahlener weißer Pfeffer

250 g Rindfleisch, in feine Streifen geschnitten
250 g frische Reisnudeln *(sen yai),* 1 cm breit
2 EL Öl
1 EL Fischsauce *(nam pla)*
1 EL Zucker
1 EL Austernsauce
1 EL süße Sojasauce
100 g Brokkoliröschen
4 EL Möhren, in Scheiben geschnitten

Die Zutaten für die Marinade verrühren. Die Rindfleischstreifen hinzufügen und 10 Minuten durchziehen lassen. Die Nudeln in einem großen Topf mit kochendem Wasser garen.

Das Rindfleisch in dem Öl unter Rühren braten, bis es gar ist. Die Nudeln sowie die verbliebenen Zutaten hinzufügen. Das Ganze erhitzen, bis die Flüssigkeit eingekocht ist.

Für 4 Personen *Abbildung S. 59*

Bangkok und Zentrales Tiefland

POO JAA
Gefüllte Meereskrebse

Die gefüllten Krebspanzer sind ein elegantes Gericht für Partys.

4 große Krebspanzer, gesäubert und jeweils in 2 Hälften geteilt, oder 8 kleine Krebspanzer, gesäubert
500 g Krebsfleisch *(crab meat)*
500 g Schweinehackfleisch
6 Knoblauchzehen *(kratiem),* gehackt
1/2 TL frisch gemahlener weißer Pfeffer
3 EL Maggi-Würze
2 EL Fischsauce *(nam pla)*
6 Eier, verquirlt
1 l Öl zum Fritieren

Die gesäuberten Krebspanzer trockentupfen. Alle übrigen Zutaten – mit Ausnahme der Eier und des Öls – vermengen.

Die Krebspanzer mit dieser Mischung füllen und in den Dämpfeinsatz eines Kochtopfs legen. Die Krebse etwa 20 Minuten dämpfen, bis die Füllung gar ist. Dann herausnehmen.

Das Öl in einer Friteuse auf 180 °C erhitzen. Die gefüllten Krebse in das verquirlte Ei tauchen und goldbraun ausbacken.

Für 4 Personen

Gefüllte Meereskrebse (oben) *und Gegrillte Miesmuscheln mit Chilisauce* (unten, Rezept S. 62)

Südthailand

HOI MAENG POO POW
Gegrillte Miesmuscheln mit Chilisauce

Das Grillen über Holzkohle ist eine beliebte Garmethode für Meeresfrüchte. Da es sich um eine sehr einfache Zubereitungstechnik handelt, sind es stets die Saucen, die solchen Gerichten ihr einzigartiges Aroma verleihen.

1 kg Miesmuscheln

SAUCE

6 Knoblauchzehen *(kratiem)*, feingehackt
8 grüne thailändische Chillies *(prik khee noo)*, feingehackt
125 ml Limettensaft
3 EL Zucker
2 EL gehackte Korianderwurzel *(raak pak chee)*
2 EL gehackte Minze
2 EL in feine Ringe geschnittene Frühlingszwiebel

Die Miesmuscheln gründlich säubern und entbarten. Sie dann über glühender Holzkohle grillen, bis sie sich öffnen. Die Muscheln wenden und auf der zweiten Seite grillen, bis das Muschelfleisch durch und durch heiß ist.

Alle Zutaten für die Sauce verrühren und zu den heißen Muscheln reichen.

Die Muscheln werden bei Tisch aus den Schalen gelöst und vor dem Verzehr in die Sauce getunkt.

Für 4 Personen *Abbildung S. 60–61*

Garnelenküchlein (oben) *und Salat von getrockneten Garnelen* (unten)

Südthailand

GOONG HAENG YAM
Salat von getrockneten Garnelen

Wenn man eine leichte Mahlzeit zubereiten möchte, kann man getrocknete Garnelen ausgezeichnet als Ersatz für Fleisch verwenden. Häufig werden sie zusammen mit einer Reissuppe oder auch nur mit Reis serviert.

250 g getrocknete Garnelen
4 Schalotten, in Scheiben geschnitten
2 Knoblauchzehen *(kratiem)*, in Scheiben geschnitten
1 EL in feine Ringe geschnittene grüne thailändische Chillies *(prik khee noo)*
3 EL Fischsauce *(nam pla)*
60 ml Limettensaft
1 EL Zucker

Die getrockneten Garnelen 10 Minuten in Wasser einweichen, dann abgießen.

Die Garnelen mit den restlichen Zutaten vermischen und auf einer Servierplatte anrichten.

Für 4 Personen

Bangkok und Zentrales Tiefland

TAUD MAN GOONG
Garnelenküchlein

Dieses Gericht wird gewöhnlich nicht von den Straßenhändlern in Bangkok verkauft, sondern häufig in Restaurants und Privathaushalten serviert.

500 g Garnelen, aus der Schale gelöst und den Darm entfernt
3 EL rote Currypaste *(nam prik gaeng ped;* S. 236)
2 Eier, verquirlt
3 EL Fischsauce *(nam pla)*
30 g Maisstärke
1 l Öl zum Fritieren

Die Garnelen zusammen mit den übrigen Zutaten – außer dem Öl – in der Küchenmaschine zu einer glatten Paste verarbeiten.

Das Öl auf 190 °C erhitzen. Aus der Garnelenmischung 24 Küchlein von 5 cm Durchmesser und 1 cm Dicke formen. Die Küchlein im heißen Öl ausbacken, bis sie goldbraun und aufgegangen sind.

Mit Gurkensalat *(tam taeng;* S. 176) servieren.

Für 4 Personen

Bangkok und Zentrales Tiefland

PLA DOOK FOO NAM PRIK MA-MUANG
Fritierter Wels mit Mangosauce

Fritierter Wels wird häufig als Vorspeise gereicht. Die Mangosauce paßt hervorragend zu dem knusprig ausgebackenen Fisch.

1 Wels (etwa 750 g), gesäubert, Kopf nicht abgetrennt
1 Ei, verquirlt
30 g Maisstärke
750 ml Öl zum Fritieren

MANGOSAUCE

70 g grüne Mango, in feine Streifen geschnitten
4 EL Schalotten, in Scheiben geschnitten
2 EL gehackte grüne thailändische Chillies *(prik khee noo)*
3 EL Fischsauce *(nam pla)*
2 EL Limettensaft
2 EL Palmzucker *(nam taan peep)*

Krauser Kopfsalat zum Garnieren

Den Wels zunächst dämpfen oder grillen, bis er gar ist.

Zu beiden Seiten der Rückengräte etwas Haut mit den Zinken einer Gabel abschaben, um die Oberfläche aufzurauhen. Den Fisch anschließend mit verquirltem Ei bestreichen und in der Maisstärke wenden.

Das Öl in einer hohen schweren Pfanne auf 180 °C erhitzen. Den Fisch fritieren, bis er goldgelb und knusprig ist. Dann herausnehmen und beiseite stellen.

In einer Schüssel alle Zutaten für die Mangosauce gründlich vermischen.

Salatblätter auf eine Servierplatte legen. Den Fisch darauf anrichten und zusammen mit der Mangosauce reichen.

Für 4 Personen

Fritierter Wels mit Mangosauce

Südthailand

PLA MUK YANG
Kalmar vom Holzkohlengrill

In vielen Städten dieser Region lockt der Duft meisterhaft gegrillter Kalmare die Kunden zu den Ständen der Straßenverkäufer. Das Aroma der Tintenfische läßt sich durch die verschiedensten Saucen zur Geltung bringen.

1 ganzer Kalmar (etwa 500 g)
2 EL Fischsauce *(nam pla)*
1 EL Sojasauce

SAUCE

6 Knoblauchzehen *(kratiem)*, gehackt
1 EL gehackte Korianderblätter *(bai pak chee)*
1 EL gehackte Zwiebel
3 EL Fischsauce *(nam pla)*
3 EL Limettensaft
1 EL Palmzucker *(nam taan peep)*

Den Kalmar aufschneiden und die Eingeweide entfernen, ohne dabei den Tintensack zu verletzen, dann die dünne Haut entfernen. Fischsauce und Sojasauce verrühren.

Den Tintenfisch auf jeder Seite 2 Minuten über glühender Holzkohle garen und ihn dabei immer wieder mit Sauce bestreichen, damit er eine schöne Farbe annimmt und Aroma bekommt.

Die Zutaten für die Sauce in einer Schüssel verrühren. Den gegrillten Kalmar in 2,5 cm große Stücke schneiden und mit der Sauce servieren.

Für 4 Personen

Bangkok und Zentrales Tiefland

KANOM PANG NAA GOONG
Garnelentoast

Dieser Toast ist eine herrliche Vorspeise oder ein köstlicher Imbiß. Dazu können Sie als besondere Ergänzung eine Sauce Ihrer Wahl reichen.

BELAG

250 g Garnelenfleisch, gehackt
250 g Schweinehackfleisch
4 Eigelb
1 EL Maisstärke
4 Knoblauchzehen *(kratiem)*, gehackt
Frisch gemahlener weißer Pfeffer
1 EL gehackte Korianderblätter *(bai pak chee)*

8 Scheiben Toastbrot, diagonal halbiert
1 l Öl zum Fritieren

Die Zutaten für den Belag vermischen und das Toastbrot gleichmäßig damit bestreichen.

Das Öl auf 180 °C erhitzen. Den Toast fritieren, bis der Aufstrich gar ist und das Brot eine goldbraune Farbe angenommen hat; die Scheiben zwischendurch wenden.

Mit einer pikanten oder süß-sauren Sauce (S. 234–247) Ihrer Wahl servieren.

Für 8 Personen

Nudeln in Fisch-Curry-Sauce (links, Rezept S. 66), *Garnelentoast* (oben) *und Kalmar vom Holzkohlengrill* (rechts)

Geschmorte Miesmuscheln

Bangkok und Zentrales Tiefland

HOI MA-LAENG POO OB
Geschmorte Miesmuscheln

Miesmuscheln gehören zu den bevorzugten Schaltieren der Thai-Küche. Bei diesem Rezept verleiht Zitronengras den Muscheln ein frisches, angenehm säuerliches Aroma.

2 kg Miesmuscheln, gesäubert und entbartet
3 Stengel Zitronengras *(ta-krai)*, gehackt
5 Schalotten, gehackt
1 Bund Basilikum *(bai horapa;* siehe Glossar)
4 grüne Jalapeño-Chillies *(prik chee fa)*, in Ringe geschnitten
2 EL Fischsauce *(nam pla)*
2 EL Limettensaft

Alle Zutaten in eine große schwere Pfanne geben und gründlich durchrühren. Den Deckel auflegen und die Muscheln etwa 5 Minuten schmoren, bis sie sich öffnen und heiß sind. Auf einer Platte anrichten und servieren.

Für 4 Personen

Bangkok und Zentrales Tiefland

KANOM JEEN NAM YAA
Nudeln in Fisch-Curry-Sauce

»Nam yaa« ist eine heilkräftige Suppe mit Kräutern wie Zitronengras, »krachai« (siehe Glossar), Galgant und Knoblauch. Alle diese Zutaten finden auch in diesem Gericht Verwendung, so daß es sehr gesund sein soll.

500 g Fadennudeln aus Weizenmehl

FISCH-CURRY-SAUCE

1 kg frischer Fisch oder 500 g Thunfisch aus der Dose
1,5 l Wasser
6 EL gehackter *krachai* (siehe Glossar)
8 Knoblauchzehen *(kratiem)*, gehackt
2 EL Garnelenpaste *(gapi)*
8 Schalotten, gehackt
6 dünne Scheiben Galgantwurzel *(kha)*, gehackt (siehe Glossar)
3 EL gehacktes Zitronengras *(ta-krai)*
8 getrocknete Jalapeño-Chillies *(prik chee fa haeng)*,
in Wasser eingeweicht

1 l Kokosmilch
125 ml Fischsauce *(nam pla)*

GEMÜSE (Menge nach Belieben)
Frische grüne Bohnen
Frisches Basilikum *(bai horapa;* siehe Glossar)
Bohnensprossen
Sumpfkohl oder Spinat
Eingelegter chinesischer Senfkohl

In einem großen Topf Wasser zum Kochen bringen und die Nudeln kochen – sie sollen noch bißfest sein. Abgießen, abspülen und abtropfen lassen. Die Nudeln dann in 8 kleinen Bündeln auf einer Platte anrichten.

Sofern verwendet, den frischen Fisch in 5 cm große Stücke schneiden. Das Wasser zum Kochen bringen, den Fisch hinzufügen und 10 Minuten köcheln lassen. Herausnehmen, das Fleisch von den Gräten lösen, zerkleinern und beiseite stellen.

Krachai, Knoblauch, Garnelenpaste, Schalotten, Galgant, Zitronengras und Chillies in einem Mörser zu einer glatten Paste verarbeiten.

In einem großen Topf die Kokosmilch mit der Fischsauce und der Gewürzpaste zum Kochen bringen. Den zerkleinerten Fisch oder den Thunfisch hinzufügen und alles 5 Minuten köcheln lassen. Die Fisch-Curry-Sauce über die Nudeln schöpfen und das Ganze mit dem Gemüse umlegen.

Für 8 Personen *Abbildung S. 64–65*

Bangkok und Zentrales Tiefland

Taud Man Pla
Fischküchlein

»Taud ma pla« ißt man in vielen Regionen Thailands; der verwendete Fisch variiert allerdings je nach regionalem Marktangebot. In den Straßen von Bangkok werden Fischküchlein an Ständen frisch zubereitet und verkauft.

250 g Fischfilet von weißfleischigem Fisch, feingehackt
3 EL rote Currypaste *(nam prik gaeng ped;* S. 236)
2 EL Fischsauce *(nam pla)*
2 Eier, verquirlt
3 EL Maisstärke
1/4 TL Natron
6 Blätter von Kaffir-Limetten *(bai ma-grood)* oder von Basilikum *(bai horapa;* siehe Glossar), in sehr feine Streifen geschnitten
750 ml Öl zum Fritieren

Feingehackten Fisch, Currypaste, Fischsauce, Eier, Maisstärke und Natron in der Küchenmaschine oder mit den Händen vermengen. Wenn alles gut vermischt ist, die Limettenblätter unterarbeiten; falls dies von Hand erfolgt, immer wieder die Hände anfeuchten.

Aus der Fischmasse Küchlein von 2,5 cm Dicke und etwa 5 cm Durchmesser formen.

Das Öl auf 160 °C erhitzen und die Fischküchlein fritieren, bis sie rundum goldbraun sind.

Mit Gurkensalat *(tam taeng;* S. 176) servieren.

Für 4 Personen

Gedämpfte Muscheln mit pikanter Tamarindensauce (links, Rezept S. 68) *und Fischküchlein* (rechts)

Bangkok und Zentrales Tiefland

HOI KRAENG LUAK
Gedämpfte Muscheln mit pikanter Tamarindensauce

Das Aroma der Muscheln wird ausgezeichnet durch die süß-saure, scharfe Sauce ergänzt.

SAUCE

125 ml Tamarindensaft *(ma-kaam piag;* siehe Glossar)
90 ml Fischsauce *(nam pla)*
60 g Zucker
125 g geröstete Erdnußkerne, gemahlen
4 EL feingehackte, grüne thailändische Chillies *(prik khee noo)*
1 Bund Korianderblätter *(bai pak chee)*, gehackt

1 kg rotfleischige Archenmuscheln oder andere Muscheln in der Schale (siehe Glossar)
500 ml Wasser

Alle Zutaten für die Sauce in einem kleinen Topf zum Kochen bringen. Köcheln lassen, bis die Sauce um ein Viertel reduziert und eingedickt ist.

Die Muscheln mit dem Wasser in einen großen Topf geben. Das Wasser zum Kochen bringen. Die Muscheln garen, bis sie sich öffnen. Auf einer Servierplatte anrichten und die Sauce dazu reichen.

Für 4 Personen *Abbildung S. 67*

Bangkok und Zentrales Tiefland

KHAO MAN GAI
Huhn mit Reis

Reisgerichte wie dieses sind in Thailand als Imbiß zum Mitnehmen überaus beliebt. Obwohl es üblicherweise als Teil eines thailändischen Menüs serviert wird, eignet sich das Gericht auch ideal als leichtes Mittagessen oder schnelle Zwischenmahlzeit.

1,5 l Wasser
1 Poularde (etwa 1,5 kg)
1 TL Salz
700 g Duftreis
8 Knoblauchzehen *(kratiem)*, gehackt
1/2 TL frisch gemahlener weißer Pfeffer
4 EL in feine Streifen geschnittene Ingwerwurzel
1 TL Salz

SAUCE

60 ml gelbe Bohnensauce *(tao jeow)*
60 ml Limettensaft
4 EL gehackter Knoblauch *(kratiem)*
4 EL gehackte Ingwerwurzel
5 grüne thailändische Chillies *(prik khee noo)*, gehackt
60 ml helle Sojasauce
60 g Zucker

1/2 Salatgurke, in Scheiben geschnitten
2 Bund frischer Koriander *(bai pak chee)*

Das Wasser in einem großen Topf mit Dämpfeinsatz zum Kochen bringen. Die Poularde mit Salz einreiben und etwa 45 Minuten dämpfen, bis sie gar ist. Das Hühnerfleisch ablösen, in Scheiben schneiden und beiseite stellen. Von der Garflüssigkeit 1 l abmessen und in einen mittelgroßen Topf gießen. Die restliche Hühnerbrühe beiseite stellen.

Den Reis abspülen, abtropfen lassen und zur abgemessenen Hühnerbrühe in den Topf geben. Bei starker Hitze zum Kochen bringen und 2 Minuten kochen lassen. Knoblauch, Pfeffer, Ingwer und Salz unterrühren. Den Deckel auflegen und den Reis 10 Minuten köcheln lassen. Nach Bedarf weitere Hühnerbrühe angießen, falls der Reis die gesamte Flüssigkeit aufgenommen hat, bevor er gar ist. Den fertigen Reis durchrühren.

Die Zutaten für die Sauce gründlich verrühren. Das in Scheiben geschnittene Hühnerfleisch sowie den Reis auf einer Platte anrichten. Mit Gurkenscheiben und Korianderblättern garnieren. Die Sauce getrennt dazu reichen.

Für 6–8 Personen *Abbildung S. 70*

Südthailand

GAENG LUENG
Hellgelbes Fisch-Curry

In den Küstenregionen im Süden des Landes werden naturgemäß viele Fischgerichte serviert. Makrele gehört zu einer ganzen Reihe dieser Rezepte.

1 Makrele oder mehrere kleine Fische (etwa 500 g), gesäubert und in 2,5 cm dicke Steaks geschnitten
1,5 l Wasser
5 Schalotten
3 Knoblauchzehen *(kratiem)*
1 TL Kurkuma
1 EL Garnelenpaste *(gapi)*
1 TL Salz
2–5 grüne thailändische Chillies *(prik khee noo)*
2 EL Palmzucker
100 ml Tamarindensaft *(ma-kaam piag;* siehe Glossar) oder Limettensaft
60 g grüne Bohnen, in 2,5 cm lange Stücke geschnitten
50 g Bambussprossen, in 2,5 x 2,5 x 0,3 cm große Stücke geschnitten

Die Fischsteaks mit Küchenkrepp trockentupfen und beiseite stellen.

Im Mixer Schalotten, Knoblauch, Kurkuma, Garnelenpaste, Salz und Chillies mit 250 ml Wasser zu einer glatten Sauce verarbeiten.

Die Sauce in einen großen Topf gießen und weitere 1,25 l Wasser dazugeben. Zum Kochen bringen. Makrelensteaks, Fischsauce, Zucker, Tamarindensaft, Bohnen und Bambussprossen hinzufügen. Zum Kochen bringen, dann auf mittlere Temperatur herunterschalten und etwa 5 Minuten köcheln lassen, bis der Fisch gar ist. Mit gedämpftem Duftreis *(khao suay;* S. 98) servieren.

Für 4 Personen

Südthailand

PHLA HOI
Muschelsalat

Dieses Gericht, das man im Süden des Landes häufig als Vorspeise reicht, wird auch in den großen Städten Thailands serviert.

1 kg Miesmuscheln
4 EL in Stücke geschnittenes Zitronengras *(ta-krai)*
6 EL in Scheiben geschnittene Schalotten
1 EL in Streifen geschnittene Blätter von Kaffir-Limetten *(bai ma-grood)*
2 Bund frische Minze

Muschelsalat (oben) *und Hellgelbes Fisch-Curry* (rechts)

2 EL gehackte Korianderblätter *(bai pak chee)*
4 EL gehackte Frühlingszwiebeln
5 grüne Jalapeño-Chillies *(prik chee fa)*, gehackt
3 EL Fischsauce *(nam pla)*
3 EL Limettensaft
Krauser Kopfsalat

In einem großen Topf Wasser zum Kochen bringen. Die Muscheln hinzufügen und 2 Minuten garen. In kaltem Wasser abschrecken und das Muschelfleisch aus den Schalen lösen. Die Schalen wegwerfen.

Das Muschelfleisch in eine Schüssel geben und mit den Kräutern und Gemüsen – außer dem grünen Salat – vermischen. Zum Schluß Fischsauce und Limetensaft darübergeben und nochmals durchheben.

Eine Servierschale mit den Salatblättern auslegen und den Muschelsalat darauf anrichten.

Für 4 Personen

Nordthailand

PEAK GAI YANG
Gegrillte Hühnerflügel

Dies ist ein bekanntes Grillrezept. Der verführerische Duft, der entsteht, wenn das Geflügel auf dem Holzkohlengrill bräunt, macht es bei den Kunden der Straßenverkäufer in Thailand überaus beliebt.

MARINADE

1 TL Salz
4 EL gehacktes Zitronengras *(ta-krai)*
8 Knoblauchzehen *(kratiem)*, gehackt
1/2 TL frisch gemahlener weißer Pfeffer
4 EL gehackte Korianderwurzel *(raak pak chee)*
1 TL Kurkuma

8 Hühnerflügel

Die Zutaten für die Marinade vermischen und die Hühnerflügel über Nacht darin ziehen lassen.

Die marinierten Hühnerflügel 5–7 Minuten auf jeder Seite grillen, bis sie goldbraun und gar sind.

Mit gedämpftem Klebreis *(khao neow;* S. 98) servieren.

Für 4 Personen

Nordthailand

NUEA SAWAN
Himmlisches Rindfleisch

Bei diesem Rezept wird das Rindfleisch zunächst sautiert, damit es nicht mehr feucht ist, und anschließend in Öl knusprig ausgebacken. Es schmeckt einfach köstlich.

MARINADE

3 EL Fischsauce *(nam pla)*
1 EL Sojasauce
1 TL gemahlene Koriandersamen *(pak chee pon;* siehe Glossar)
3 EL Zucker

500 g Rinderfilet, in feine Streifen geschnitten
500 ml Öl zum Fritieren

Die Zutaten für die Marinade verrühren und das Rindfleisch etwa 10 Minuten marinieren.

Eine schwere Pfanne erhitzen und ein wenig Öl hineingeben. Das Rindfleisch mit der Marinade hinzufügen und das Fleisch braten, bis die Marinade reduziert ist.

Das restliche Öl in einer zweiten Pfanne erhitzen und die Rindfleischstreifen in kleinen Portionen bei mittlerer Temperatur fritieren, bis sie zur Oberfläche aufsteigen. Mit gedämpftem Klebreis *(khao neow;* S. 98) servieren.

Für 4 Personen

Nordthailand

KHAO NEOW NUEA
Klebreis mit Rindfleisch

Das Rindfleisch wird in der Sonne getrocknet und dann fritiert. Besonders köstlich schmeckt es mit dem Klebreis aus Nordthailand als Beilage.

Linke Seite: *Gegrillte Hühnerflügel* (links) *und Huhn mit Reis* (rechts, Rezept S. 68)

Klebreis mit Rindfleisch (oben) *und Himmlisches Rindfleisch* (unten)

125 ml Fischsauce *(nam pla)*
3 EL Zucker
2 EL gemahlene Koriandersamen *(pak chee pon;* siehe Glossar)
1 kg zartes Rindfleisch, in 10 x 10 cm große Scheiben geschnitten
750 ml Öl zum Fritieren
500 g Klebreis *(khao neow;* S. 98), gedämpft

Fischsauce, Zucker und gemahlenen Koriander verrühren. Das Rindfleisch hinzufügen und 20 Minuten durchziehen lassen. Die Stücke dann auf ein Gitter legen und zum Trocknen für einen halben Tag in die Sonne stellen.

Man kann das Rindfleisch 25 Minuten bei 160 °C im Backofen garen.

Das Öl auf 180 °C erhitzen und das Rindfleisch 2–3 Minuten fritieren. Sofort servieren und den Klebreis dazu reichen.

Für 6–8 Personen

Bangkok und Zentrales Tiefland

NUEA SATAY
Rindfleischspieße

Fleischspieße in allen möglichen Varianten gehören zu den bekanntesten thailändischen Vorspeisen.

MARINADE
100 ml Kokosmilch
2 EL frische Korianderblätter *(bai pak chee)*
3 EL Zucker
1 EL Currypulver
100 ml Fischsauce *(nam pla)*
1 EL Öl

250 g Rindersteak, in 7,5 cm lange und 2,5 cm breite Streifen geschnitten

Die Zutaten für die Marinade in einer großen Schüssel vermischen. Die Rindfleischstreifen nacheinander in die Marinade tauchen und auf einen Teller legen. Zugedeckt für 15 Minuten in den Kühlschrank stellen. Jeden Fleischstreifen der Länge nach auf ein 20 cm langes Holzspießchen fädeln. Die Spieße auf jeder Seite 5 Minuten grillen oder in der Pfanne braten, beim Wenden mit Marinade bestreichen. Mit Erdnußsauce (S. 238) servieren.

Für 4 Personen

Bangkok und Zentrales Tiefland

GUAY TEOW NUEA SAB
Reisnudeln mit Hackfleisch

Diese einfache, aber köstliche Vorspeise kann auch als leichte Mahlzeit serviert werden.

500 g Bandnudeln aus Reismehl *(sen yai)*, gegart
3 EL süße Sojasauce
3 EL Öl
500 g Rinderhackfleisch
8 Knoblauchzehen *(kratiem)*, gehackt
4 EL feingehackte Korianderblätter
1/2 TL frisch gemahlener weißer Pfeffer
1 Tomate, in Achtel geschnitten
1 Zwiebel, in Streifen geschnitten
60 ml Fischsauce *(nam pla)*
2 EL Austernsauce
1 EL Maggi-Würze
3 EL Zucker
2 EL Maisstärke, in 60 ml Wasser angerührt
Krauser Kopfsalat

Die Nudeln mit der süßen Sojasauce bestreichen. In einer großen schweren Pfanne 2 Eßlöffel Öl erhitzen. Die Nudeln hinzufügen und unter ständigem Rühren braten, bis sie heiß sind. Aus der Pfanne nehmen und beiseite stellen.

Das restliche Öl in die Pfanne geben. Rinderhackfleisch und Knoblauch hinzufügen und unter Rühren braten, bis das Hackfleisch gar ist. Bis auf die Maisstärke und den Salat die übrigen Zutaten dazugeben. Alles zum Kochen bringen und unter ständigem Rühren mit der Maisstärke binden.

Eine Servierschüssel mit Salatblättern auslegen. Die Nudeln hineinfüllen, mit der Hackfleischsauce übergießen und servieren.

Für 6–8 Personen

Reisnudeln mit Hackfleisch (oben) *und Rindfleischspieße* (unten)

Gebratenes Hackfleisch auf thailändische Art (oben) *und Tapioka-Bällchen mit Hackfleischfüllung* (unten)

Nordthailand

NAEM SOD
Gebratenes Hackfleisch auf thailändische Art

Zu diesem Hackfleisch schmeckt am besten ein frischer Gemüse- oder Blattsalat.

250 g Schweineschwarte
250 g Schweinehackfleisch
4 Knoblauchzehen *(kratiem),* in Scheiben geschnitten
4 EL feingehackte Ingwerwurzel
80 g geröstete Erdnußkerne
4 EL getrocknete thailändische Chillies *(prik khee noo haeng),* gebraten
60 ml Fischsauce *(nam pla)*
60 ml Limettensaft
4 EL gehackte Frühlingszwiebeln
4 EL gehackte Korianderblätter *(bai pak chee)*

Das Wasser in einem mittelgroßen Topf zum Kochen bringen. Die Schweineschwarte hinzufügen und etwa 40 Minuten köcheln lassen, bis sie weich ist.

Die Schwarte herausnehmen und etwas abkühlen lassen. Dann in sehr feine Streifen schneiden.

Das Hackfleisch in einer schweren Pfanne bei mittelhoher Temperatur etwa 4 Minuten braten, bis es gar ist; dabei ständig rühren, damit es auseinanderfällt.

Schweineschwarte und Hackfleisch mit den restlichen Zutaten – außer den Frühlingszwiebeln und den Korianderblättern – vermischen. Auf einer Servierplatte anrichten und mit Frühlingszwiebeln und Korianderblättern bestreuen.

Nach Belieben garnieren und mit grünem Salat servieren.

Für 4–6 Personen

Bangkok und Zentrales Tiefland

SA-KOO SAI MOO
Tapioka-Bällchen mit Hackfleischfüllung

2 EL Öl
10 Knoblauchzehen *(kratiem),* gehackt
500 g Schweinehackfleisch
3 EL Fischsauce *(nam pla)*
60 g Zucker
4 EL gehackte weiße Rüben, gesalzen
250 g geröstete Erdnußkerne, gemahlen
250 g Tapioka-Sago
60 g Maisstärke

BEILAGEN

Krauser Kopfsalat
Grüne thailändische Chillies *(prik khee noo),* gehackt
Korianderblätter *(bai pak chee)*

Den Knoblauch in dem Öl 30 Sekunden braten. Die Hälfte des Knoblauchs herausnehmen und beiseite stellen.

Das Hackfleisch zum restlichen Knoblauch in die Pfanne geben und unter Rühren braten, bis es gar ist. Fischsauce, Zucker, gehackte weiße Rüben und gemahlene Erdnußkerne hinzufügen. Alles gründlich vermischen und bei heruntergeschalteter Temperatur unter Rühren erhitzen, bis die Flüssigkeit eingekocht ist. Abkühlen lassen.

Den Tapioka-Sago mit warmem Wasser übergießen und etwa 30 Minuten quellen lassen. Abgießen. Die Maisstärke hinzufügen und mit den Händen unterarbeiten, so daß eine weiche Masse entsteht.

Die Hände anfeuchten. Etwa 1 Eßlöffel Tapioka-Masse abnehmen und zu einem Kreis von 5 cm Durchmesser formen. 1 Teelöffel Hackfleischfüllung daraufsetzen und die Tapioka-Masse um die Füllung herum zu einem Bällchen formen. In dieser Weise fortfahren, bis die gesamte Tapioka-Masse aufgebraucht ist.

Die Tapioka-Bällchen in kochendes Wasser geben und 3–4 Minuten garen, bis sie leicht durchscheinend sind. Abtropfen lassen.

Die Tapioka-Bällchen auf dem grünen Salat anrichten. Chillies, Korianderblätter und zurückgestellten Knoblauch dazu reichen.

Ergibt etwa 24 Stück

Nordthailand

KAEP MOO
Ausgebackene Schweineschwarte

500 g Schweineschwarte, in 5 x 5 cm große Quadrate geschnitten
1 TL Salz
1 l Öl zum Fritieren

Die Schweineschwarte in kochendes Wasser geben und etwa 40 Minuten köcheln lassen, bis sie weich ist. Abgießen und mit dem Salz einreiben. Die Schweineschwarte auf ein Gitter legen und etwa 30 Minuten bei 180 °C (Gasherd Stufe 2–3) im Backofen braten, bis sie trocken ist.

Das Öl auf 190 °C erhitzen und die Schweineschwarte knusprig ausbacken. Mit einer pikanten Sauce (S. 236–245) reichen.

Für 4 Personen

Rechte Seite: *Ausgebackene Schweineschwarte* (links), *Schweinenacken vom Holzkohlengrill* (oben, Rezept S. 76) *und Gebratene Würste nach nordöstlicher Art* (unten, Rezept S. 76)

Nordostthailand

SAI GROG TAUD
Gebratene Würste nach nordöstlicher Art

Würste nach nordöstlicher Art (S. 140) werden häufig gebraten und mit verschiedenen Gemüsen serviert, die eine perfekte geschmackliche Ergänzung zu der pikanten Wurst sind.

250 ml Öl
500 g Würste nach nordöstlicher Art *(sai grog Esan;* S. 140)

BEILAGEN

60 g geröstete Erdnußkerne
4 EL in Scheiben geschnittene Ingwerwurzel
4 EL gehackte Frühlingszwiebeln
4 EL in Stücke geschnittenes Zitronengras *(ta-krai)*
4 EL in Ringe geschnittene grüne thailändische Chillies *(prik khee noo)*

Das Öl in eine große schwere Pfanne gießen und bei mittelhoher Temperatur auf ungefähr 180 °C erhitzen.

Die Hälfte der Würste in die Pfanne geben und etwa 6 Minuten braten; die Würste zwischendurch herumdrehen, damit sie gleichmäßig garen. Die übrigen Würste in gleicher Weise braten.

Die Würste in Stücke schneiden und auf eine Servierplatte legen. Die vermischten Beilagen neben den Würsten anrichten.

Für 4 Personen *Abbildung S. 75*

Nordostthailand

KAW MOO YANG
Schweinenacken vom Holzkohlengrill

Bei diesem einfachen Rezept kommt das Aroma des gegrillten Fleisches durch die Sauce besonders gut zur Geltung.

500 g Schweinenacken am Stück

MARINADE

6 Knoblauchzehen *(kratiem),* gehackt
3 EL gehackte Korianderwurzel *(raak pak chee)*
1 TL frisch gemahlener weißer Pfeffer
2 EL Zucker
2 EL Sojasauce
2 EL Fischsauce *(nam pla)*

SAUCE

2 EL Fischsauce *(nam pla)*
1 EL feingehackte grüne thailändische Chillies *(prik khee noo)*
1 EL in feine Scheiben geschnittener Knoblauch *(kratiem)*
2 EL Limettensaft
1 EL feingehackte Schalotte
1 EL gehackte Korianderblätter *(bai pak chee)*
1 EL gehackte Frühlingszwiebel

Die Zutaten für die Marinade verrühren. Das Schweinefleisch darin wenden und 15 Minuten stehenlassen.

Das marinierte Fleisch 10 Minuten auf jeder Seite grillen oder 30 Minuten bei 180 °C (Gasherd Stufe 2–3) im Backofen braten. In der Zwischenzeit die Zutaten für die Sauce vermischen.

Das Fleisch in Scheiben schneiden und auf einer Platte anrichten. Die Sauce dazu reichen.

Für 4 Personen *Abbildung S. 75*

Bangkok und Zentrales Tiefland

KHAO MOO DAENG
Schweinefleisch mit Reis und Erdnußsauce

Bei diesem Gericht wird der Marinade für das Schweinefleisch rote Lebensmittelfarbe zugefügt. Die Kombination von weißem Duftreis und rotem Schweinefleisch ist optisch besonders reizvoll.

1 kg Schweinefleisch, in 5 x 15 cm große Stücke geschnitten

MARINADE

6 Knoblauchzehen *(kratiem),* zerdrückt
1/2 TL frisch gemahlener weißer Pfeffer
250 ml Sojasauce
100 g brauner Zucker
1 TL rote Lebensmittelfarbe

SAUCE

2 EL Öl
1 EL gehackte Knoblauchzehen *(kratiem)*
1/2 TL Salz
125 g geröstete Erdnußkerne, gehackt
125–250 ml Bratensaft vom Schweinefleisch
2 EL Maisstärke, in 3 EL Wasser angerührt

400 g Duftreis *(khao suay,* S. 98), gedämpft
1/2 Salatgurke, in Scheiben geschnitten
6–8 Frühlingszwiebeln
1 Bund frischer Koriander *(bai pak chee)*
125 ml Chillies in Essig *(prik dong;* siehe S. 241)

In einer großen Schüssel die Zutaten für die Marinade verrühren. Dann das Schweinefleisch hineingeben und 30 Minuten darin ziehen lassen. Die Fleischstücke anschließend auf den Grillrost legen und die restliche Marinade in die Fettpfanne darunter geben. Die Fleischstücke 45 Minuten bei 180 °C im Backofen braten.

Vom Bratensaft einen Teil des Fetts abschöpfen und die Flüssigkeit nötigenfalls einkochen, um das Aroma zu verstärken.

Zur Zubereitung der Sauce eine kleine schwere Pfanne erhitzen und das Öl hineingeben. Den Knoblauch goldbraun braten. Geröstete Erdnußkerne und Bratensaft hinzufügen. Falls nötig, mit etwas Salz abschmecken. Die Sauce mit der angerührten Maisstärke binden und zum Kochen bringen. Von der Kochstelle nehmen.

Das Schweinefleisch in Scheiben schneiden. Den Reis auf Portionstellern anrichten. Das Schweinefleisch gleichmäßig darauf verteilen und mit etwas Sauce überziehen. Mit Gurkenscheiben, Frühlingszwiebeln und Korianderblättern garnieren. Die Chillies in Essig dazu reichen. Man kann auch Fleisch und Sauce mit der Garnierung auf einer Platte anrichten und den Reis in einer Schüssel auftragen.

Für 6–8 Personen

Schweinefleisch mit Reis und Erdnußsauce

Nordthailand

SAI OUA
Chiang-Mai-Würste

Der Norden Thailands ist bekannt für seine vielen verschiedenen Wurstrezepte.

500 g Schweinehackfleisch
1 TL Salz
4 EL zerdrückter Knoblauch *(kratiem)*
4 EL gehackte Korianderblätter *(bai pak chee)*
1/4 TL eingelegte grüne Pfefferkörner (Dose)
60 ml Limettensaft
1 EL gehacktes Zitronengras *(ta-krai)*
1/2 TL gemahlene Galgantwurzel *(kha pon)*
1 EL gehackte Schalotte
1 EL Garnelenpaste *(gapi)*
1 TL feingehackte grüne thailändische Chillies *(prik khee noo)*
Wurstdarm für 500 g Fleischfülle

Das Hackfleisch mit den übrigen Zutaten vermengen und nicht zu fest in den Wurstdarm füllen. Würste von 10 cm Länge abbinden und über Nacht in den Kühlschrank legen.

Die Würste etwa 4–5 Minuten auf jeder Seite braten oder grillen, bis sie gar sind. Mit Klebreis *(khao neow;* S. 98) servieren.

Für 4–6 Personen

Bangkok und Zentrales Tiefland

BA-MEE MOO DAENG
Eiernudeln mit Schweinefilet

Das Schweinefleisch kann auch mit anderen Beilagen serviert werden.

1 kg Schweineknochen

MARINADE

4 Knoblauchzehen *(kratiem)*, gehackt
1/2 TL frisch gemahlener weißer Pfeffer
4 EL feingehackte Korianderblätter *(bai pak chee)*
250 ml Sojasauce
125 g Zucker
1 TL rote Lebensmittelfarbe

1 kg Schweinefilet, in dünne, lange Streifen geschnitten
500 g frische Eiernudeln *(ba mee)*
500 g Chinesischer Blätterkohl *(bok choy)*, in Stücke geschnitten und blanchiert
100 g Bohnensprossen, blanchiert
125 ml Fischsauce *(nam pla)*

Die Schweineknochen in 2 l Salzwasser köcheln lassen. Die Brühe durch ein Sieb gießen und das Fett abschöpfen.

Die Zutaten für die Marinade verrühren und das Schweinefleisch 1 Stunde darin ziehen lassen. Anschließend 20–30 Minuten bei 180 °C (Gasherd Stufe 2–3) im Backofen braten. Abkühlen lassen und in Scheiben schneiden. Die Eiernudeln zum Garen kurz kochen, dann abgießen. Nudeln, *bok choy* und Bohnensprossen gleichmäßig auf acht Portionsschalen verteilen. In jede Schale 1 Teelöffel Fischsauce geben. Das Schweinefleisch darauflegen und jede Portion mit 250 ml Brühe übergießen.

Für 8 Personen

Chiang-Mai-Würste (links) *und Eiernudeln mit Schweinefilet* (rechts)

Schweinswürste in Bananenblättern

Bangkok und Zentrales Tiefland

KHAO KA MOO
Schweinefleisch in duftender Sauce mit Reis

Sternanis, Kardamom und Zimt verleihen der köstlichen Sauce, in der das Schweinefleisch gegart wird, ihr besonderes Aroma.

SAUCE

1 l Wasser
250 ml helle Sojasauce
125 ml süße Sojasauce
60 ml Maggi-Würze
2 EL brauner Zucker
1 TL Salz
6 Knoblauchzehen *(kratiem)*, gehackt
1 TL frisch gemahlener weißer Pfeffer
4 EL Korianderblätter *(bai pak chee)*
1/8 TL gemahlener Kardamom
1/8 TL Zimtpulver
4 getrocknete Sternanisfrüchte

1 kg Schweinefleisch aus der Keule (mit Schwarte)
400 g Duftreis *(khao suay;* S. 98), gekocht
2 Bund frischer Koriander *(bai pak chee)*

Alle Zutaten für die Sauce in einem großen Topf vermischen. Zum Kochen bringen und das Schweinefleisch hineinlegen.

Bei schwacher Hitze etwa 1 Stunde köcheln lassen, bis das Fleisch zart ist.

Das gegarte Fleisch aus dem Topf nehmen und zum Servieren in dünne Scheiben schneiden.

Den gekochten Reis auf Portionstellern anrichten und jeweils einige Scheiben Fleisch darauflegen. Etwas Sauce darüberschöpfen und mit Korianderblättern garnieren.

Für 6–8 Personen

Nordthailand

NAEM
Schweinswürste in Bananenblättern

Überall auf Straßenmärkten von Bangkok werden diese ursprünglich aus Nordthailand stammenden Würste verkauft, die in kleinen Körbchen aus Bananenblättern serviert werden. Man ißt dazu Gemüse und Klebreis.

WURSTMASSE

500 g Schweineschwarte
4 EL ganze grüne thailändische Chillies *(prik khee noo)*
60 ml Limettensaft
1/4 TL Nitritpökelsalz
8 Knoblauchzehen *(kratiem)*, gehackt
1/4 TL Salz
50 g Klebreis *(khao neow;* S. 98), gedämpft

250 g Bananenblätter

BEILAGEN

2 Limetten, in Scheiben geschnitten
4 EL feingeschnittene Frühlingszwiebeln
4 EL feingeschnittene rote Jalapeño-Chillies *(prik chee fa daeng)*
4 EL Minzeblätter
40 g geröstete Erdnußkerne

Die Schweineschwarte 20 Minuten in kochendem Wasser garen, dann in kurze, dünne Streifen schneiden.

Mit den übrigen Zutaten für die Wurstmasse vermengen und 30 Minuten stehenlassen.

In der Zwischenzeit die Bananenblätter zu acht Quadraten von 15 cm Seitenlänge schneiden.

Aus der Fleischmasse acht 2,5 x 10 cm große Würste formen.

Die Würste fest in die Bananenblätter wickeln; die Blätter parallel zu den Blattrippen aufrollen und darauf achten, daß sie die Wurstmasse fest umschließen, damit keine Luft daran gelangen kann. Die Enden fest mit Küchengarn zusammenbinden.

Die Würste für 5–7 Tage an einem kühlen Platz abhängen lassen oder in den Kühlschrank legen.

Zum Servieren kleine Körbchen aus Bananenblättern anfertigen und die ausgewickelten Schweinswürste mit den Beilagen darin anrichten. Man kann auch eine Servierplatte mit grünem Salat auslegen und die Würste sowie die Beilagen darauf anrichten.

Für 4–6 Personen

Rechte Seite: *Schweinefleisch in duftender Sauce*

Nordthailand

KANOM JEEN NAM NGEOW
Nudel-Curry mit Schweinerippchen

Nudeln sind in Thailand als Nahrungsmittel fast ebenso beliebt wie Reis, und man bereitet eine Vielzahl köstlicher Gerichte daraus zu. Nudel-Curry ist eine überaus sättigende Mahlzeit.

3 EL Öl
8 Knoblauchzehen *(kratiem)*, gehackt
60 ml rote Curry-Paste *(nam prik gaeng ped;* S. 236)
1 kg Schweinerippchen, in 2,5 x 2,5 cm große Stücke gehackt
2 EL gelbe Bohnensauce *(tao jeow)*
2 Tomaten, in Würfel geschnitten
1/4 TL Kurkuma
90 ml Fischsauce *(nam pla)*
1 l Wasser
250 g Eiernudeln *(ba mee)*, gekocht
1 Frühlingszwiebel, gehackt
4 EL Korianderblätter *(bai pak chee)*

GEMÜSE

100 g Bohnensprossen
100 g frische grüne Bohnen, in Stücke von 5 cm Länge geschnitten
150 g eingelegtes Gemüse, gehackt

Eine kleine schwere Pfanne erhitzen und 2 Eßlöffel Öl hineingeben. Den Knoblauch goldbraun braten, herausnehmen und beiseite stellen.

Einen großen Topf erhitzen, das restliche Öl hineingeben und die Curry-Paste 3 Minuten bei mittlerer Temperatur erhitzen. Schweinerippchen und Bohnensauce hinzufügen und die Rippchen 3 Minuten bräunen.

Tomaten, Kurkuma, Fischsauce und Wasser dazugeben und alles bei mittlerer Temperatur etwa 15 Minuten köcheln lassen, bis das Fleisch gar ist.

Die Nudeln auf Portionsschalen verteilen und etwas Sauce darüberschöpfen. Frühlingszwiebel, Korianderblätter und das Gemüse gleichmäßig auf die Schalen verteilen, weitere Sauce darüberschöpfen und servieren.

Den gebratenen Knoblauch getrennt dazu reichen; er kann dem Nudel-Curry bei Tisch als zusätzliche Würze hinzugefügt werden.

Für 4–6 Personen

Bangkok und Zentrales Tiefland

KHAO PAD MOO BAI GA-PROW
Gebratener Reis mit Schweinefleisch und Basilikum

Gebratener Reis wird in Thailand sehr gerne gegessen. Diesem Gericht verleihen die würzigen Basilikumblätter ein besonderes Aroma, und die Chillies sorgen für die nötige Schärfe.

3 EL Öl
250 g mageres Schweinefleisch, in dünne Scheiben geschnitten
3 Knoblauchzehen *(kratiem)*, gehackt
50 g grüne Jalapeño-Chillies *(prik chee fa)*, in Ringe geschnitten
4 EL in Streifen geschnittene Zwiebeln
400 g Reis, gekocht
90 ml Fischsauce *(nam pla)*
2 EL Zucker
1 EL süße Sojasauce
1/4 TL frisch gemahlener weißer Pfeffer
2 Bund Basilikum *(bai ga-prow;* siehe Glossar)
1 kleine Tomate, in Achtel geschnitten
1/4 Salatgurke, in Scheiben geschnitten
4 Frühlingszwiebeln, in 20 cm lange Stücke geschnitten
1 Möhre, in dünne Scheiben geschnitten

Eine große schwere Pfanne erhitzen und das Öl hineingeben. Schweinefleisch, Knoblauch, Chillies und Zwiebeln hinzufügen und 30 Sekunden anbraten.

Reis, Fischsauce, Zucker, Sojasauce und Pfeffer dazugeben und unter Rühren erhitzen.

Eine Handvoll Basilikumblätter in die Pfanne geben und behutsam unter die Mischung heben. Das Reisgericht auf einer Servierplatte anrichten und mit Tomatenachteln, Salatgurke, Möhrenscheiben, Frühlingszwiebeln und Basilikumzweigen garnieren. Sofort servieren.

Für 4 Personen

Nudel-Curry mit Schweinerippchen (links) *und Gebratener Reis mit Schweinefleisch und Basilikum* (rechts)

NORDOSTTHAILAND

LUCA INVERNIZZI TETTONI/PHOTOBANK

Nordostthailand

Im Sommer 1966 kam ein junger amerikanischer Student, Sohn eines früheren Botschafters der USA, zufällig durch ein unbekanntes kleines Dorf namens Ban Chiang in der nordöstlichen Provinz Udon Thani. Es wurde dort gerade eine Straße gebaut, und zwischen dem am Straßenrand aufgefahrenen Schutt fiel dem Studenten eine große Zahl ungewöhnlicher Tonscherben auf: hellbraun und mit schwungvollen roten Mustern verziert. Er sammelte einige der Scherben ein und nahm sie mit nach Bangkok, wo er sie einer kunstverständigen Bekannten, einer Thai-Prinzessin, übergab; diese wiederum zeigte sie dem Repräsentanten eines amerikanischen Museums, der es für das beste hielt, die Tonscherben zur exakten Datierung in die Vereinigten Staaten zu schicken.

Dies war der Beginn eines der aufregendsten Kapitel der modernen Archäologie. Bei späteren Ausgrabungen durch das Thai Fine Arts Department und die Universität von Pennsylvania wurde offenbar, daß es in der nordöstlichen Hochebene Thailands eine außergewöhnliche prähistorische Kultur gegeben hatte, die fast bis in das Jahr 4000 v. Chr. zurückreichte. Man fand Belege für kunstvolle Bronzeverarbeitungstechniken, den Anbau von Reis, die Herstellung feiner Töpferwaren und möglicherweise auch von Textilien. Einige Archäologen, die an den Ausgrabungen teilnahmen, gelangten sogar zu der Überzeugung, daß die sogenannte Ban-Chiang-Kultur eine der »Wiegen der menschlichen Zivilisation« gewesen ist. Damit war die herkömmliche Annahme einer allmählichen Ausbreitung vom Mittleren Osten nach Asien in Zweifel gezogen.

Links: *Elefanten bei der alljährlichen Parade in Surin*
Seite 84–85: *Prasat Muang Tam in der Provinz Buri Ram wurde vor tausend Jahren von den Khmer erbaut.*
LUCA INVERNIZZI TETTONI/PHOTOBANK

JOHN HAY

Das freundliche Lachen einer Landarbeiterin

Rechte Seite: *Der Tempel von Prasat Hin Phimai, nahe Nakhon Ratchasima, wurde im späten elften und frühen zwölften Jahrhundert von den Khmer erbaut.*

Die Funde sind noch immer unvollständig, und es bleiben viele offene Fragen über die Bewohner von Ban Chiang: Wo kamen sie her, wohin verschwanden sie, und weshalb entwikkelte sich, trotz all ihrer Talente, offensichtlich niemals eine städtische Gesellschaft? Das bisherige Wissen reicht jedoch aus, um die alte These zu widerlegen, Südostasien sei – wie es ein französischer Historiker einmal ausdrückte – ein »kulturelles Notstandsgebiet« gewesen, und darüber hinaus der Region einen Hauch von Romantik zu verleihen.

Seit langem ist der Esan, wie der Nordosten von den Thais genannt wird, als Thailands chronisches Problemgebiet bekannt, ungeachtet der Tatsache, daß er beinahe ein Drittel der Gesamtfläche des Landes einnimmt und sieben der bevölkerungsreichsten Provinzen sowie die zweitgrößte thailändische Stadt, Khon Kaen, umfaßt. In vielen Gebieten ist der Boden unfruchtbar, und die Ernten reichen allenfalls zur Selbstversorgung der ansässigen Bauern aus. Lange Dürreperioden treten häufig auf; und wenn es einmal regnet, führt dies oftmals zu verheerenden Überschwemmungen, insbesondere im Bereich des Mekong, dem Grenzfluß zu Laos. Auch die Temperaturen weisen extreme Unterschiede auf: Es gibt Gegenden, wie etwa die Bergregion in der Provinz Loei, wo sie fast den Gefrierpunkt erreichen, und andere Regionen, wie die Provinz Udon Thani, wo sie bis auf über 40 °C ansteigen. Trotz beträchtlicher Fortschritte in jüngster Zeit zeigt sich in der Nordostregion wirkliche Not häufiger als in anderen Regionen Thailands, und viele Bewohner des Nordostens sind auch heute gezwungen, sich in Bangkok als schlechtbezahlte Bauarbeiter, Taxifahrer oder Hausangestellte zu verdingen.

Das war nicht immer so. In der Epoche der Ban-Chiang-Kultur – und wohl auch in der darauf folgenden Zeit – war der Nordosten dicht bewaldet und reich an Tieren. In historischer Zeit, zwischen dem neunten und dem zehnten Jahrhundert, war die Region ein bedeutsames Zentrum der Khmer-Kultur, deren Überreste heute zu den Hauptattraktionen für die Touristen gehören. So gilt etwa der große Tempel von Phimai, unweit der Provinzhauptstadt Nakhon Ratchasima, der durch eine Straße direkt mit Angkor verbunden war, als eines der schönsten Bauwerke der klassischen Khmer-Architektur. Der kürzlich restaurierte Prasat Phanom Rung, nahe der Dongrek-Berge an der Grenze zu Kambodscha, ist eine weitere imposante Ruine mit prachtvollen Steinfiguren und -friesen; eines dieser Stücke, das in den sechziger Jahren gestohlen worden war, wurde nach heftigen öffentlichen Protesten vor einigen Jahren von einem amerikanischen Museum zurückgegeben. Alles in allem gibt es mehr als dreißig Stätten dieser Art in Nordostthailand, und solange die Grenzen nach Kambodscha geschlossen bleiben, bieten sie die einzige Möglichkeit, die Kunst der Khmer außerhalb eines Museums besichtigen zu können.

Nach dem Niedergang der Khmer-Herrschaft im vierzehnten Jahrhundert entstanden Thai-Königreiche, zunächst mit Sukhothai und später für eine erheblich längere Zeit mit Ayutthaya als Hauptstadt. Obwohl die Nordostregion theoretisch diesen Königreichen unterstand und mitunter von ihren Kriegstruppen auf dem Weg nach Laos oder Kambodscha passiert wurde, war sie praktisch ebenso isoliert wie der äußerste Norden Thailands. Nach und nach kamen Einwanderer aus Laos und Kambodscha über die Grenze und brachten verschiedene Elemente ihrer Kulturen mit. Später kamen vietnamesische Flüchtlinge ins Land sowie Bergstämme und andere Minderheiten, die den Unruhen in Indochina entflohen. Wie im übrigen Thailand ließen sich auch viele Chinesen in den Städten nieder, wo sie Geschäfte eröffneten und ihren eigenen Beitrag zu der kulturellen Vielfalt leisteten.

Obwohl im Jahr 1900 eine Eisenbahnlinie von Bangkok nach Nakhon Ratchathani gebaut und 1926 in östlicher Richtung bis nach Ubon Ratchathani verlängert wurde und man 1922 einen Luftpostdienst einrichtete – den ersten in ganz Südostasien –, blieben die Verkehrsverbindungen in weiten Teilen des Nordostens bis in die jüngste Vergangenheit hinein schlecht. Bis Anfang der sechziger Jahre gab es so gut wie keine befestigten Straßen, nur ausgefahrene Pisten, die während der Regenzeit unpassierbar wurden, und wenige Bewohner der Hauptstadt kamen jemals in die abgelegeneren Provinzen. Als König Bhumibol Adulyadej und Königin Sirikit

Armreifen und Ketten aus der prähistorischen Ban-Chiang-Kultur sind im Suan-Pakaad-Palast-Museum in Bangkok ausgestellt.

LUCA INVERNIZZI TETTONI/PHOTOBANK

LUCA INVERNIZZI TETTONI/PHOTOBANK

LUCA INVERNIZZI TETTONI/PHOTOBANK

Eine Entenfarm

Mitte der fünfziger Jahre eine Reise durch die nordöstlichen Provinzen unternahmen, war dies das erste Mal, daß die Bevölkerung einen herrschenden Monarchen zu Gesicht bekam. Aber es war auch der Beginn ernsthafter Bemühungen, die Lebensbedingungen in der Region zu verbessern – eine Aufgabe, an der König Bhumibol bis heute weitergearbeitet hat.

Einer der Gründe, daß bis dahin keinerlei Entwicklung in der Region stattgefunden hatte, lag in den Vorurteilen gegenüber der Bevölkerung des Nordostens, insbesondere seitens der Bewohner von Bangkok. Als William Klausner, ein amerikanischer Anthropologe, 1955 verkündete, er wolle in einem Dorf im Nordosten völkerkundliche Forschung betreiben, rieten ihm mehrere Regierungsbeamte entschieden davon ab und warnten ihn, die Region sei abgelegen, das Essen ungenießbar, und die Frauen seien nicht besonders hübsch. Und als aufschlußreichste Kritik sagten sie, es sei kein *sanuk* – es mache keinen Spaß.

Viele Faktoren haben einen starken Einfluß auf das heutige Leben und die Kultur des Nordostens gehabt. Gewohnt, ihren eigenen Grund und Boden zu bestellen – und sei er noch so unfruchtbar –, verfügen die Menschen im Nordosten über einen stark ausgeprägten Unabhängigkeitssinn, den sie heftig verteidigen; es ist kein Zufall, daß viele der Autoren und Politiker in Thailand, die heute offen Kritik an ihrem Staat üben, aus dem Esan kommen. Darüber hinaus sind die Menschen im Nordosten überaus einfallsreich, wenn es darum geht, dem kargen Land ihren Lebensunterhalt abzutrotzen. Ihre fatalistische Veranlagung hilft ihnen, die Naturkatastrophen, von denen sie so oft heimgesucht werden, hinzunehmen, doch sind sie nicht im mindesten schwermütig oder grüblerisch. Wie überall in Thailand, hat man sich auch hier zahlreiche lokale Formen von Vergnügungen ausgedacht – vom Bau riesiger Raketen, die bei einer Zeremonie, die Regen bringen soll, abgefeuert werden, bis hin zu improvisierten Wettkämpfen zwischen zwei riesigen gehörnten Käfern, die in dieser Region heimisch sind. Die meisten Menschen leben noch immer in kleinen Dörfern und verlassen diese nur, wenn ihnen aufgrund ihrer wirtschaftlichen Lage keine andere Wahl bleibt; und selbst wenn sie ihr Geld schon jahrelang als Taxifahrer oder Hafenarbeiter in Bangkok verdienen, haben sie noch immer den Wunsch, später einmal in ihr Dorf zurückzukehren.

In den Provinzen am Mekong sprechen viele Bewohner ebenso fließend Lao wie Thai, und die Menschen im südlichen Teil sprechen Khmer. Die Küche des Nordostens spiegelt nicht nur den Einfluß dieser beiden Kulturen, speziell der laotischen, wider, sondern gleichzeitig auch eine Vergangenheit, in der Nahrungsmittel oftmals knapp waren. »Leute aus dem Esan essen alles«, sagen die Bewohner Bangkoks häufig, und diesen Eindruck könnte ein überheblicher Fremder durchaus haben, wenn er in einem der abgelegenen Dörfer zum Essen eingeladen wird, denn es ist ein Landstrich, wo kaum etwas ungenutzt bleibt, wie ungewöhnlich es auch sein mag. Gebratene Maden oder Heuschrecken werden gern als Zwischenmahlzeit gegessen, oder auch gegrillte Eidechsen, Ameiseneier, Schnecken-Curry oder ein getrockneter halbverwester Fisch, der einen stechenden Geruch ausströmt (und für seine vielen Anhänger außergewöhnlich köstlich schmeckt).

William Klausner fühlte sich – entgegen aller Warnungen – recht wohl in dem Dorf, für das er sich entschieden hatte, und heiratete schließlich sogar eine der Bewohnerinnen. Zunächst hatte er allerdings tatsächlich Probleme mit dem Essen. »Ich erfand meine eigenen gekochten Versionen für Speisen wie ... rohen fermentierten Fisch und den kalten Salat aus unreifen Papayas, fermentiertem Fisch, Chillies, Tomaten und Zwiebeln. Ich gewöhnte mich schon bald an den Klebreis, blieb aber mißtrauisch in bezug auf gekochte Seidenraupen,

Frösche, Grillen und rote Ameisen. Es wird oft gesagt, daß man sich das Herz eines Dorfbewohners nur erobern kann, wenn man seinen Dialekt spricht und seine Begeisterung für so beliebte Speisen wie ungekochten fermentierten Fisch teilt. Nachdem ich letzteren gekostet hatte, beschloß ich, mich voll auf meine sprachlichen Fähigkeiten zu konzentrieren«, schrieb er.

Derart exotische Spezialitäten sind aber eher die Ausnahme als die Regel, insbesondere in größeren Gemeinden, wo die Versorgungslage besser ist. Und so melden sich auch immer häufiger Kenner der thailändischen Kochkunst zu Wort, die die Küche des Nordostens für die beste im ganzen Land halten. Typische Esan-Gerichte findet man mittlerweile auf den Speisekarten der elegantesten Thai-Restaurants in Bangkok, und in vielen der bescheidenen Schenken in den Seitenstraßen sitzen heute wohlsituierte Gäste dicht gedrängt neben einfachen Taxifahrern. Wie in Laos und Nordthailand stellt Klebreis das Grundnahrungsmittel dar und wird entweder zusammen mit anderen Gerichten oder als Nachspeise in ausgehöhlten Bambusrohren mit Kokosmilch und schwarzen Bohnen gereicht. Da Fleisch in den Dörfern oftmals knapp ist, dienen vor allem Süßwasserfische und Garnelen als Eiweißlieferanten, entweder in der fermentierten Form, die William Klausner so wenig behagte, oder mit Kräutern und Gewürzen gegart. Eine der größten regionalen Delikatessen für alle, die am Mekong wohnen, ist ein riesiger Wels, *pla buk* genannt, der eine Länge von drei Metern und ein Gewicht von hundertfünfzig Kilogramm erreichen kann. Generell ist das Essen im Nordosten nicht nur pikant, sondern höllisch scharf, und Chillies werden hier weitaus großzügiger verwendet als in den meisten anderen Landesteilen – vielleicht als kulinarische Reaktion auf die harten Lebensbedingungen, vielleicht aber auch nur deshalb, weil früher einige der traditionellen Zutaten stark gewürzt werden mußten, um überhaupt genießbar zu sein.

JOHN HAY

An einem Straßenstand schützen bunte Schirme die zum Verkauf angebotenen Melonen vor der Sonne.

Bestimmte Speisen sind Festtagen vorbehalten, wie etwa das Nudelgericht *khaw pun.* Die Zubereitung der langen dünnen Nudeln aus Reismehl ist sehr zeitraubend, und man sagt, sie seien ein Sinnbild der geweihten Fäden brahmanischer Segnungszeremonien.

Aufgrund ihrer Abgeschiedenheit stellten die Bewohner des Nordostens früher die meisten Gegenstände des täglichen Bedarfs selbst in ihren Dörfern her, angefangen bei Kochtöpfen und Reiskörben bis hin zu Fischreusen und Textilien. Die

Ein Junge aus dem Nordosten hütet in der Abenddämmerung die Büffel seiner Familie.

MICHAEL FREEMAN

JOHN HAY

Frische Würste an einem Marktstand

Verarbeitung von Seide ist wohl das bedeutendste regionale Kunsthandwerk, insbesondere eine traditionelle *ikat*-Färbetechnik (ein Verfahren, bei dem die Stoffe vor dem Färben mit Bast, Blättern oder Wachsfäden umwickelt werden, damit die charakteristischen Muster entstehen), die in Thailand *mudmee* heißt. Sie wurde durch Königin Sirikit bekannt, für die der französische Couturier Pierre Balmain, der häufig für die Königin arbeitete, einmal eine gesamte Kollektion aus *mudmee*-Seide entworfen hat. Während die Seidenweberei und die Seidenraupenzucht in anderen Regionen durch westliche Einflüsse stark zurückgegangen waren, blieben sie im Nordosten weiterhin bedeutende Gewerbezweige und waren in großem Maß für die Wiederbelebung der thailändischen Seidenindustrie verantwortlich, die kurz nach dem Zweiten Weltkrieg einsetzte. Ein besonders aktives Webereizentrum war Pak Thong Chai, ein Dorf in unmittelbarer Nähe von Nakhon Ratchasima. Dort ließ auch der Amerikaner Jim Thompson, der maßgeblich an der Erneuerung der Seidenindustrie beteiligt war, die meisten der prachtvollen Seidenstoffe für die Broadway-Produktion »Der König und ich« anfertigen – ein Theaterstück, das der Fabrik internationales Ansehen einbrachte. Zu dieser Zeit, in den späten vierziger Jahren, dauerte die anstrengende Reise von Bangkok zu den Webern noch elf Stunden per Bahn und Bus; heute braucht man mit dem Flugzeug weniger als zwei Stunden. Die Firma, die Thompson damals in Pak Thong Chai gründete, ist auch heute noch die größte Handweberei für Seide der Welt.

Mehrere Faktoren führten dazu, daß der Nordosten schließlich eine Öffnung nach außen erfuhr. Eine wesentliche Rolle spielte Feldmarschall Sarit Thanarat, der selbst aus dieser Gegend stammte und, wie viele Menschen im Nordosten, enge Verwandte im benachbarten Laos hatte. Entschlossen trieb er die Entwicklung der Region voran, als er Ende der fünfziger Jahre an die Macht kam. Unter seiner Regierung wurde als thailändisch-amerikanisches Gemeinschaftsprojekt die »Straße der Freundschaft« gebaut, die Sara Buri, das nördlich von Bangkok liegt, mit Nakhon Ratchasima verband, so daß man erstmals in der Geschichte des Landes verhältnismäßig problemlos mit dem Auto zur Khorat-Hochebene gelangen konnte. Sarit förderte darüber hinaus zahlreiche andere Projekte, um den Lebensstandard im Nordosten zu verbessern, wie etwa die Elektrifizierung der ländlichen Gebiete, die Anlage dringend benötigter Wasserreservoirs sowie verstärkte Bewässerungsmaßnahmen.

Der Indochinakrieg beschleunigte den Bau weiterer Allwetterstraßen, um Militärgerät in sensible Gebiete entlang der kambodschanischen und laotischen Grenze bringen zu können. Während dieser Zeit wurden mehrere große amerikanische Militärstützpunkte errichtet, die Geld in die Region pumpten und ehemals verschlafene Provinzhauptstädte wie Ubon Ratchathani und Udon Thani praktisch über Nacht in florierende Zentren verwandelten. Wenngleich die Amerikaner – und damit auch ein Großteil des Geldes – nach Ende des Krieges wieder abzogen, hatte sich das Leben durch ihre Anwesenheit und die Neuerungen, die sie mitgebracht hatten, nachhaltig verändert.

Auch kommunistische Rebellen trugen dazu bei, daß die Regierung in Bangkok der Nordostregion mehr Aufmerksamkeit schenkte. Die im Esan herrschende Armut machte die Region zur Zielscheibe all derer, die versuchten, die Regierung zu destabilisieren, und Mitte der siebziger Jahre gab es im Nordosten wohl mehr Menschen, die öffentlich ihre Unzufriedenheit zum Ausdruck brachten, als irgendwo sonst in Thailand. Diesem Problem wurde durch einige aufgeklärte Militärkommandeure begegnet, unter ihnen auch General Prem Tinsulanonda, die erkannt hatten, daß sich die Unterstützung der Bevölkerung nur durch bessere Lebensbedingungen gewinnen ließ. Sie leiteten ein großangelegtes Entwicklungsprogramm ein, an dem bis heute gearbeitet wird.

König Bhumibol Adulyadej machte, wie schon erwähnt, bereits in den ersten Jahren seiner Regentschaft auf die Probleme des Nordostens aufmerksam und initiierte zahlreiche Projekte zur Förderung der Region. Heute unterhält die königliche Familie eine Residenz in Sakon Nakhon, von wo aus sie sich über die regionalen Aktivitäten informiert und regelmäßig Besuche zu abgelegenen Dörfern unternimmt. Ein anderer, neuerer Palast befindet sich in Phetchabun, im äußersten Westen Nordostthailands. Dieser Ort in den Bergen, der früher ein berüchtigtes Rebellenzentrum war, ist heute ein friedliches, malerisches Plätzchen mit Bauernhöfen und Obstplantagen, das die örtlichen Reiseprospekte als »die Schweiz von Thailand« anpreisen.

Als weiteres Zeichen des Erneuerungswillens im Nordosten wurde in Khon Kaen eine Universität eröffnet, die erste außerhalb der Hauptstadt Bangkok. Heute sind alle wichtigen Provinzstädte durch moderne Autostraßen miteinander verbunden, und es gibt regelmäßige Flugverbindungen innerhalb der Region. Unter der Bezeichnung »Grüner Esan« wird ein umfassendes Aufforstungsprogramm durchgeführt, und die Bauern beginnen zu begreifen, daß der Reisanbau – trotz der Tatsache, daß er seit alters her betrieben wird – nicht unbedingt das richtige für eine Region ist, die häufig unter Dürreperioden leidet. Früchte wie Sojabohnen, Gemüse und Obst sind den örtlichen Gegebenheiten schon eher angemessen und ermöglichen zumeist ein besseres Einkommen. Viele der in Thailand angebauten Avocados – Früchte, die man noch nicht allzulang auf den Märkten findet – werden auf dem Khorat-Plateau gezogen.

Der Tourismus nimmt zwar noch keinen großen Stellenwert in der örtlichen Wirtschaft ein, doch entdecken immer mehr Besucher, daß ihr Vorurteil, der Nordosten sei ein langweiliges Ödland ohne kulturelle oder landschaftliche Reize, nicht der Wahrheit entspricht. Obwohl die einstmals flächendeckenden Wälder weitgehend zerstört wurden, gibt es vor allem in den Bergregionen noch eine Reihe herrlicher Staatsforste. Der bekannteste ist der Khao Yai, der von Bangkok aus leicht zu erreichen ist. Dieser Nationalpark, der sich auf vier Provinzen erstreckt, nimmt eine Fläche von mehr als zweitausend Quadratkilometern ein, was etwa einem Zehntel der Gesamtfläche aller Nationalparks und Tierreservate in Thailand entspricht. Im Khao-Yai-Nationalpark ist die Luft erfrischend kühl, und die eindrucksvolle Landschaft mit immergrünen Tropenbäumen, einheimischen Orchideen und

LUCA INVERNIZZI TETTONI/PHOTOBANK

Die Seidenweberei ist ein wichtiger Gewerbezweig in Nordostthailand; am bekanntesten sind die im »mudmee«-Verfahren hergestellten Stoffe.

zahlreichen Wasserfällen beherbergt fast alle zweihundert geschützten Tierarten Thailands, so daß man dort, um nur einige zu nennen, Elefanten, Tiger, Rotwild und eine Vielfalt an Vögeln beobachten kann. 1987 wurde dort eine Herde von über fünfzig wilden Elefanten entdeckt – zur Freude der Naturschützer, die befürchtet hatten, daß es in Thailand keine Wildherde dieser Größe mehr gebe.

Ein anderer großer Nationalpark ist Phu Kradung in der Provinz Loei, der sich auf einer landschaftlich reizvollen Hochebene von sechzig Quadratkilometern Größe befindet. Obwohl es keine Straße gibt, die zu dem Plateau hinaufführt, und der Aufstieg eine anstrengende vierstündige Klettertour bedeutet, entwickelt sich der Park immer mehr zu einem beliebten Ferien- und Ausflugsziel für Naturfreunde und Studentengruppen aus Bangkok und anderen Orten.

Andere kommen der archäologischen Stätten wegen in den Nordosten, zu denen nicht nur die bereits erwähnten Khmer-Ruinen gehören, sondern auch neuere Entdeckungen wie Ban Chiang, das heute über ein ausgezeichnetes Museum verfügt, in dem zahlreiche Ausgrabungsfunde ausgestellt sind. Ein berühmter Felsentempel der Khmer, Khao Phra Viharn, wurde durch eine umstrittene Entscheidung des Internationalen Gerichtshofs in den fünfziger Jahren Kambodscha zugesprochen und ist von Thailand aus nicht mehr zugänglich; sollte sich die politische Situation verbessern und Besuchern wieder Zutritt gewährt werden, wird dieser Tempel zweifellos eine weitere Sehenswürdigkeit sein.

Dank der Werbekampagnen für den Nordosten hat das thailändische Fremdenverkehrsamt eine Reihe von traditionellen regionalen Festen in der breiten Öffentlichkeit bekannt gemacht. Eines davon ist die Elefantenparade, die jedes Jahr im November in der Provinz Surin stattfindet und bei der fast zweihundert Elefanten an einer vierstündigen Darbietung teilnehmen, die Tausende von Zuschauern anlockt. Die Bewohner von Surin sind seit jeher für ihr Geschick bei der Ausbildung von Elefanten bekannt, die sie früher in den Wäldern Kambodschas fingen; diese Quelle ist ihnen heute verschlossen, doch tauchen die geschäftstüchtigen *mahouts* (Elefantentrainer) aus Surin dennoch in vielen Teilen des Landes, einschließlich der Straßen von Bangkok, mit ihren Elefanten auf, um mit Vorführungen etwas Geld zu verdienen.

Raketenfeste finden in mehreren nordöstlichen Provinzen statt; das bekannteste ist das Raketenfest in der Provinz Yasothon. Man feiert es im Mai, kurz bevor die Reispflanzen gesetzt werden. Wenn die lebhaften Feierlichkeiten ihren Höhepunkt erreicht haben, werden riesige Raketen von beinahe neun Metern Länge abgefeuert, die reichliche Regenfälle bewirken sollen und den Dorfbewohnern eine gute Gelegenheit für *sanuk* (Spaß) bieten.

Ein ernsterer Anlaß ist *khao phansa* im Juli, der Beginn der dreimonatigen buddhistischen Fastenzeit, in der die Mönche ihre Tempel nicht verlassen dürfen. Die Feiern dazu werden zwar überall in Thailand begangen, doch ist Ubon Ratchathani, im Herzen des Nordostens, besonders bekannt für die riesigen, phantasievollen Kerzen, die von örtlichen Kunsthandwerkern geschnitzt und während der zweitägigen Feierlichkeiten stolz durch die Straßen getragen werden.

Nicht länger isoliert und nicht länger von den Behörden in der Hauptstadt ignoriert, ist der Nordosten heute ein Zentrum zielbewußter Aktivitäten – »die Region der Zukunft«, wie ein Regierungsbeamter kürzlich meinte, als es in einer Diskussion um die Rolle ging, die der Nordosten spielen werde, sobald in den Nachbarstaaten wieder Frieden und ökonomische Stabilität eingekehrt seien. Schon heute, nach Ablauf weniger Jahrzehnte, sind die traditionellen Bräuche und die Küche des Nordostens bekannter und geschätzter als jemals zuvor, und die Zeit, als der Begriff »Esan« vor allem negative Assoziationen weckte, scheint langsam dem Ende zuzugehen.

CURRYS UND HAUPTGERICHTE

JOHN HAY

Chillies auf einem Straßenmarkt in Bangkok

Currys und Hauptgerichte

Man sagt, daß es in Thailand zwei Jahreszeiten gebe: die heiße und die noch heißere. Wie also ließe sich das tropische Klima dieses Landes besser ertragen als mit einer Küche, deren würzige Schärfe dem Körper zu Abkühlung verhilft?

Die intensive Schärfe vieler Currys ist auf die thailändischen Chillies *(prik khee noo)* zurückzuführen. *Prik chee noo* werden beispielsweise zusammen mit den größeren grünen Jalapeño-Chillies für Thailands berühmtes Grünes Curry (*gaeng keow wan gai,* S. 124) verwendet. Die frische, limettengrüne Farbe des Gerichts ist allerdings äußerst trügerisch, denn sie läßt nicht erkennen, daß es sich um das schärfste aller thailändischen Currys handelt. Und schon manch einer hat arglos einen Bissen davon probiert – und dann nach Luft gerungen. Es kann aber auch süchtig machen und ein unwiderstehliches Verlangen nach mehr erzeugen. Darüber hinaus gibt es eine Vielzahl von Currys, die weniger feurig sind. Rotes Curry wird mit langen roten Chilischoten, Zitronengras und verschiedenen anderen Gewürzen und Kräutern zubereitet. Milder, aber ebenso schmackhaft sind einige Currys aus Zentralthailand, wie *panaeng*-Curry *(panaeng nuea),* und *Massaman*-Curry (*massaman nuea;* S. 137).

Der ideale Ausgleich zu der brennenden Schärfe von Chillies ist Reis, den man zu beinahe jedem Gericht serviert. Thailändischer Duftreis, ein Langkornreis bester Qualität, zeichnet sich durch sein herrliches Aroma und einen betörenden Duft aus.

Die Zubereitung aller Currys beginnt bei der Currypaste. Früher, als das Leben noch nicht so hektisch war, nahm man sich die Zeit, Currypasten selbst im Steinmörser herzustellen. Da jede Familie ihr eigenes Rezept hatte und das Mengenver-

Seite 94–95: *Grillhähnchen nach Art des Nordostens* (rechts, Rezept S. 124), *Grünes Curry mit Hühnerfleisch und Auberginen* (oben links, Rezept S. 124) *und Hühnerfleisch mit roter Currypaste* (unten links, Rezept S. 124)

Ein schnatterndes Meer von Enten auf einer der vielen Farmen, die Bangkoks Märkte beliefern.

LUCA INVERNIZZI TETTONI/PHOTO BANK

hältnis der einzelnen Zutaten je nach persönlichem Geschmack variierte, entstanden feine Unterschiede in den Rezepten, aber in allen Currys ist eine Zutat die gleiche – Chillies. Selbstgemachte Currypasten sind immer die besten, da sie aus frischen Zutaten hergestellt werden. Doch Thais, die in einer hektischen Großstadt leben, kaufen heute zumeist eine fertige Currypaste auf dem Markt.

Zum Herstellen einer traditionellen thailändischen Currypaste werden zunächst die getrockneten Gewürze, etwa Kreuzkümmel und Pfefferkörner, im Mörser zerstoßen. Jeder, der in ein thailändisches Dorf kommt, kann das rhythmische Stampfen hören, von dem dieser sehr zeitaufwendige Arbeitsgang begleitet ist. Anschließend fügt man die anderen Zutaten, wie frische oder getrocknete Chillies, Zitronengras, Knoblauch und Schalotten, hinzu und verarbeitet alles zu einer glatten Paste.

Im Gegensatz zu den Currys der indischen Küche, die gewöhnlich stundenlang köcheln müssen, sind die meisten thailändischen Currys einfach in der Zubereitung, da die Garzeit recht kurz ist. Massaman-Curry *(massaman nuea)* zählt zu den wenigen Ausnahmen dieser Regel.

Currys und andere Hauptgerichte der Thai-Küche greifen auf eine reiche Auswahl an Fisch, Meeresfrüchten, Gemüsen und Fleisch zurück. In den Küstenregionen Thailands gibt es Fisch, Meereskrebse, Garnelen und Muscheln im Überfluß. Und die Felder bringen ebenso reiche Ernten hervor. In ländlichen Gegenden fahren Händler in langen, schmalen Booten, die mit Obst und Gemüse beladen sind, durch die engen Kanäle und verkaufen ihre Waren. Auf diesen schwimmenden Märkten wird natürlich nicht nur Handel betrieben; sie bieten gleichzeitig die Möglichkeit, die Neuigkeiten des Tages zu besprechen. Sie sind deshalb auch ein wichtiger Bestandteil des gesellschaftlichen Lebens der Dorfbewohner.

Fisch, Meeresfrüchte und Fleisch werden zumeist auf dem Holzkohlengrill zubereitet, aber häufig auch gebraten oder mit Würzzutaten gedämpft und mit einfachen Dips oder Saucen serviert. Fisch und andere Meerestiere läßt man in Thailand an der Luft trocknen, um sie haltbar zu machen. An den vielen Verkaufsständen, die auf getrockneten Fisch spezialisiert sind, kann man von Tintenfischen bis hin zu Garnelen alles finden.

Die essentielle Zutat der Thai-Küche ist die Fischsauce *(nam pla),* sie wird aus fermentiertem Fisch und Salz hergestellt. Fischsauce, die das Aroma von Fleisch-, Fisch- und Gemüsegerichten verstärkt, ersetzt das Salz, daher wird sie in fast allen thailändischen Rezepten verwendet. Eine andere wichtige Aromazutat ist *gapi,* eine aus luftgetrockneten Garnelen hergestellte Paste.

Eine typische Thai-Mahlzeit besteht aus mindestens vier oder fünf Gerichten, die alle zusammen aufgetragen und als gleichrangig betrachtet werden. Jedes ausgewogene Mahl beinhaltet eine Suppe, ein Curry, ein Gemüse- oder Salatgericht, ein Fischgericht, eventuell ein Fleischgericht – und selbstverständlich Reis.

In Bangkok werden an Straßenständen die herrlichsten Currys angeboten.

JENNY MILLS

Gedämpfter Duftreis

Bangkok und Zentrales Tiefland

KHAO SUAY
Gedämpfter Duftreis

Mit seinem feinen Aroma ist Duftreis zu jedem Gericht eine perfekte Beilage.

500 g Duftreis
1 l Wasser

Den Reis unter kaltem Wasser abspülen, bis das Wasser klar bleibt. Gründlich abtropfen lassen. Zusammen mit dem Wasser in einen großen Topf geben und bei starker Hitze zum Kochen bringen.

Den Reis 3 Minuten kochen lassen, dann auf niedrige Temperatur herunterschalten und den Topf mit einem Deckel verschließen. 10 Minuten dämpfen. Die Hitze auf die kleinste Stufe reduzieren und den Reis weitere 10 Minuten dämpfen.

Für 6–8 Personen

Nordthailand

KHAO NEOW
Gedämpfter Klebreis

In Nord- und Nordostthailand wird Klebreis statt Duftreis zu vielen Speisen gereicht, und im ganzen Land bereitet man Süßspeisen daraus.

500 g Klebreis

Den Reis in einem Topf oder einer Schüssel mit kaltem Wasser bedecken. Die Körner zwischen den Händen reiben, um überflüssige Stärke zu entfernen, dann das trübe Wasser abgießen. Frisches Wasser auffüllen und den Vorgang wiederholen, bis das Wasser klar bleibt.

Den Reis mit Wasser bedeckt über Nacht stehenlassen. Um Zeit zu sparen, kann man ihn auch vor dem Dämpfen 3 Stunden in heißem Wasser einweichen.

Das Wasser abgießen und den Reis in einen Dämpfeinsatz oder einen Dämpfkorb aus Bambus geben, der mit einem Mulltuch ausgelegt ist. Den Dämpfkorb über kochendes Wasser in einen Topf setzen; darauf achten, daß der Korb das Wasser nicht berührt. Den Deckel auflegen und den Reis etwa 30 Minuten dämpfen.

Für 6–8 Personen

Bangkok und Zentrales Tiefland

KAI LOOK-KUEY
Eier mit Tamarindensauce

Eier sind ein beliebtes Nahrungsmittel in Thailand – ob gebraten, als Belag oder als wesentlicher Bestandteil zahlreicher Desserts. Bei diesem Rezept werden gekochte Eier in Öl fritiert und mit einer schmackhaften Tamarindensauce serviert. Falls Tamarindenpaste nicht erhältlich ist, kann man sie durch ein paar Tropfen Zitronensaft oder Reisessig ersetzen.

Gedämpfter Klebreis (oben) *und Eier mit Tamarindensauce* (unten)

6 Eier
500 ml Öl zum Fritieren
3 Schalotten, gehackt

TAMARINDENSAUCE

125 ml Tamarindensaft (*ma-kaam piag;* siehe Glossar)
125 ml Fischsauce *(nam pla)*
60 g Zucker

Die Eier in kochendem Wasser 5 Minuten garen.

Von der Kochstelle nehmen, abgießen und die Eier mit kaltem Wasser abschrecken.

Vorsichtig schälen, damit das Eiweiß nicht beschädigt wird, und beiseite stellen. Das Öl in einem großen Topf erhitzen. Die Eier trockentupfen und im heißen Öl goldbraun ausbacken. Herausnehmen und beiseite stellen.

Die Schalotten ebenfalls goldbraun fritieren, abtropfen lassen und beiseite stellen.

Die Zutaten für die Sauce verrühren. Zum Kochen bringen und 5 Minuten köcheln lassen.

Zum Servieren die Eier längs halbieren, mit der Sauce beträufeln und mit den fritierten Schalotten bestreuen.

Für 4 Personen

Bangkok und Zentrales Tiefland

GAENG KUA SAPPAROD
Ananas-Curry mit Garnelen

Frische Ananas verleiht der Currysauce ein herrliches süß-saures Aroma. Diese Sauce paßt auch ausgezeichnet zu Miesmuscheln oder Räucherlachs.

500 ml Kokosmilch (siehe Glossar)
4 Scheiben frische Ananas, gehackt und zerdrückt
2 EL rote Currypaste (*nam prik gaeng ped;* S. 236)
60 ml Fischsauce *(nam pla)*
1½ EL Zucker
250 g aus der Schale gelöste Garnelen

Alle Zutaten – mit Ausnahme der Garnelen – in einem großen Topf verrühren und zum Kochen bringen.

Die Garnelen hinzufügen und etwa 3 Minuten köcheln lassen, bis sie gar sind.

Mit gedämpftem Duftreis (*khao suay,* S. 98) servieren.

Für 4 Personen

Südthailand

POO NEUNG
Gedämpfter Meereskrebs mit scharfer Sauce

Sobald im Süden des Landes die Fischerboote im Hafen anlegen, versammeln sich die Einheimischen, um die frischen Meerestiere zu kaufen. Einfache Garmethoden bringen das natürliche Aroma der frischen Krebstiere besonders gut zur Geltung.

1 Meereskrebs (etwa 1 kg), gesäubert

SCHARFE SAUCE

8 Knoblauchzehen *(kratiem),* gehackt
10 grüne thailändische Chillies *(prik khee noo),* feingehackt
2 EL feingehackte Korianderwurzel *(raak pak chee)* und Korianderblätter *(bai pak chee)*
60 ml Fischsauce *(nam pla)*
60 ml Limettensaft
2 EL Zucker

Den gesäuberten ganzen Meereskrebs in einen großen Dämpftopf legen und 10 Minuten bei starker Hitze dämpfen (lebendfrische Tiere müssen zuvor – Kopf voraus – in sprudelnd kochendem Wasser getötet werden).

In der Zwischenzeit alle Zutaten für die Sauce in einer kleinen Schüssel verrühren. Panzer, Scheren und Beine des gegarten Krebses aufknacken und das Fleisch vor dem Verzehr in die Sauce tunken.

Für 2 Personen

Gedämpfter Meereskrebs mit scharfer Sauce (links), *Ananas-Curry mit Garnelen* (oben rechts) *und Muscheln mit Chilisauce* (unten rechts, Rezept S. 102)

Bangkok und Zentrales Tiefland

HOI LAI PAD NAM PRIK POW
Muscheln in Chilisauce

Dieses Rezept ist einfach zuzubereiten, und das Ergebnis ist köstlich. Schaltiere oder Miesmuscheln können zusätzlich oder auch anstelle von Herz- oder Venusmuscheln verwendet werden.

2 EL Öl
1 TL rote Currypaste (*nam prik gaeng ped;* S. 236)
1 kg Herz- oder Venusmuscheln in der Schale
2 EL Fischsauce *(nam pla)*
2 TL Zucker
1/4 grüne Paprikaschote, in Streifen geschnitten
1/4 rote Paprikaschote, in Streifen geschnitten
1 EL feingeschnittener Ingwer
4 EL Basilikum (*bai horapa;* siehe Glossar)

Eine große schwere Pfanne erhitzen und Öl sowie Currypaste hineingeben. Die Muscheln hinzufügen und 1 Minute sautieren.

Fischsauce, Zucker, rote und grüne Paprikastreifen, Ingwer und Basilikum dazugeben. Gründlich durchrühren, den Deckel auflegen und die Zutaten 6 Minuten bei mittlerer Hitze garen.

Für 2 Personen *Abbildung S. 101*

Bangkok und Zentrales Tiefland

HAW MOK
Gedämpfter Fisch in Bananenblättern

Wer dieses Rezept für eine größere Anzahl von Gästen zubereiten möchte, kann aus den Bananenblättern auch große Schiffchen falten und die Füllung in größeren Portionen dämpfen.

500 g Filets von weißfleischigen Fischen, in Stücke geschnitten

SAUCE

125 ml rote Currypaste (*nam prik gaeng ped;* S. 236)
500 ml Kokosmilch (siehe Glossar)
4 Eigelb
2 EL Fischsauce *(nam pla)*
2 EL Maisstärke
250 ml Kokossahne (siehe Glossar)
4 Eiweiß

1 großes Bananenblatt, in vier 20 x 20 cm große Stücke geschnitten

GEMÜSEMISCHUNG

3 Blätter in feine Streifen geschnittener Kopfsalat
1 Zucchini, in Scheiben geschnitten und blanchiert
1 Bund Basilikum (*bai horapa;* siehe Glossar)
2 grüne Jalapeño-Chillies *(prik chee fa),* in Ringe geschnitten
4 EL Korianderblätter *(bai pak chee)*

Die Zutaten für die Sauce verrühren. Die Fischstücke unterheben und zum Marinieren für etwa 15 Minuten in den Kühlschrank stellen. Kokossahne und Eiweiß mit einer Gabel verschlagen.

Die Bananenblätter mit einem feuchten Tuch abwischen. In der Mitte jeweils ein Viertel der Kopfsalatstreifen, der blanchierten Zucchinischeiben und der marinierten Fischstücke verteilen. Ein Viertel der Kokossahne-Eiweiß-Mischung darüberschöpfen. Mit Basilikum, Chillies und Korianderblättern bestreuen.

Die Seiten der Blatthüllen nach innen falten, die Enden umschlagen und mit einem Holzspießchen zusammenstecken. Die gefüllten Bananenblätter etwa 15 Minuten dämpfen oder 20 Minuten bei 180 °C (Gasherd Stufe 2–3) im Backofen garen.

Für 4 Personen

Bangkok und Zentrales Tiefland

PLA NEUNG KIAMBOUY
Gedämpfter Fisch mit eingelegten Pflaumen

Der salzige Geschmack der eingelegten Pflaumen verleiht dem gedämpften Fisch ein einzigartiges Aroma.

1 ganzer festfleischiger Fisch (etwa 500–750 g)
1/2 TL Salz
1/2 TL frisch gemahlener weißer Pfeffer
1 EL Fischsauce *(nam pla)*
1 EL Weißwein
3 ganze eingelegte Pflaumen, in kleine Stücke geschnitten
2 EL feingeschnittene Ingwerwurzel
2 grüne Jalapeño-Chillies *(prik chee fa),* in Ringe geschnitten
2 EL Limettensaft

Den Fisch säubern, den Kopf jedoch daran belassen. Den Fisch auf jeder Seite dreimal quer einschneiden.

Mit Salz und Pfeffer einreiben. Auf einen Dämpfeinsatz legen und alle übrigen Zutaten auf dem Fisch verteilen. In einen mit genügend Wasser gefüllten Dämpftopf setzen und den Deckel auflegen. Den Fisch etwa 30 Minuten dämpfen, bis er gar ist.

Für 4 Personen

Nordostthailand

GAENG NAW MAI
Bambussprossen-Curry

Dieses Curry mit frischem Fisch ist köstlich.

CURRYPASTE

6 Knoblauchzehen *(kratiem),* gehackt
8 Schalotten, gehackt
10 g grüne Jalapeño-Chillies *(prik chee fa),* in Ringe geschnitten
1 Stengel Zitronengras *(ta-krai),* gehackt
1 EL gehackte Galgantwurzel *(kha)*

500 g eingelegter Fisch (siehe Glossar)
500 ml Wasser
500 g Fischfilets von Süßwasserfischen, in 5 cm lange Streifen geschnitten
100 g gekochte Bambussprossen, in Scheiben geschnitten
2 EL Fischsauce *(nam pla)*
3 EL Tamarindensaft (*ma-kaam piag;* siehe Glossar)

Die Zutaten für die Currypaste im Mörser verreiben oder im Mixer pürieren. Beiseite stellen.

Den eingelegten Fisch 10 Minuten im Wasser kochen lassen. Die Flüssigkeit durch ein Sieb in einen Topf gießen, den eingelegten Fisch wegwerfen. Die Currypaste mit in den Topf geben und alles zum Kochen bringen. Die Fischstreifen und die übrigen Zutaten hinzufügen und das Curry köcheln lassen, bis der Fisch gar ist. In einer Servierschüssel auftragen.

Für 4 Personen

Rechte Seite: *Bambussprossen-Curry* (links), *Gedämpfter Fisch mit eingelegten Pflaumen* (unten) *und Gedämpfter Fisch in Bananenblättern* (oben rechts)

Bangkok und Zentrales Tiefland

PLA KAPONG KEEMOW
Fritierter Fisch mit Knoblauchsauce

Fische, die im Ganzen fritiert werden, bleiben schön saftig und bekommen eine herrlich knusprige Haut. Für dieses Rezept wird der Fisch mit einer Knoblauch-Chili-Sauce aromatisiert.

1 ganzer Fisch (etwa 500 g), küchenfertig (mit Kopf)
60 g Mehl
1 l Öl zum Fritieren

SAUCE

8 Knoblauchzehen *(kratiem)*, gehackt
4 EL gehackte grüne Jalapeño-Chillies *(prik chee fa)*
4 EL gehackte rote Jalapeño-Chillies *(prik chee fa daeng)*
4 EL gehackte Frühlingszwiebeln
4 EL gehackte Korianderwurzel *(raak pak chee)*

3 EL Öl
90 ml Fischsauce *(nam pla)*
3 EL Zucker
3 EL Limettensaft
1/4 TL frisch gemahlener weißer Pfeffer
6 Blätter von Kaffir-Limetten *(bai ma-grood)*, in der Mitte durchgebrochen)
1/2 Bund Basilikum (*bai horapa;* siehe Glossar)

Den Fisch auf beiden Seiten dreimal quer einschneiden. Dann im Mehl wenden. Auf diese Weise wird die Haut beim Fritieren besonders knusprig und bleibt am Pfannenboden nicht haften.

Das Öl in einem Wok oder einer Friteuse auf 180 °C erhitzen. Den Fisch vorsichtig hineinlegen und etwa 5 Minuten fritieren. Behutsam mit einem großen Spatel wenden und den Fisch weitere 5 Minuten im Öl ausbacken. Herausheben und auf einer Servierplatte warm halten.

Eine schwere Pfanne bei mittelhoher Temperatur erhitzen. Das Öl und die Zutaten für die Sauce hineingeben. Unter Rühren 3 Minuten garen.

Mit Fischsauce, Zucker, Limettensaft und Pfeffer würzen und alles noch 2 Minuten erhitzen. Limettenblätter und Basilikum unterrühren. Etwas Sauce auf dem Fisch verteilen, die restliche Sauce getrennt dazu reichen.

Für 2 Personen

Fritierter Fisch mit Knoblauchsauce

Meereskrebs mit Porree

Bangkok und Zentrales Tiefland

Poo Pad Ton Kratiem
Meereskrebs mit Porree

1 Meereskrebs (etwa 1 kg)
3 EL Sesamöl
4 Knoblauchzehen *(kratiem)*, gehackt
1 Stange Porree, längs halbiert und quer in Streifen geschnitten
2 EL Fischsauce *(nam pla)*
2 EL Zucker
1 Zwiebel, in Streifen geschnitten
1 Ei

Falls der Meereskrebs lebendfrisch ist, das Tier zuerst – mit dem Kopf voran – in sprudelnd kochendes Wasser werfen, um es zu töten. Den Krebs in der Mitte durchschneiden. Beine und Scheren mit einer Drehbewegung abtrennen und mit dem Rücken eines Küchenbeils oder eines schweren Messers anknacken.

Eine große schwere Pfanne erhitzen und Öl sowie Knoblauch hineingeben. Die Krebsstücke hinzufügen und 30 Sekunden unter Rühren braten. Die übrigen Zutaten – außer dem Ei – dazugeben und das Ganze weitere 30 Sekunden unter Rühren braten. Dann den Deckel auflegen und alles 3 Minuten dämpfen. Den Deckel abnehmen, das Ei in die Pfanne schlagen und rühren, bis es untergemischt und gestockt ist. Auf einer Servierplatte anrichten.

Für 2 Personen

Rechte Seite: *Gegrillter Roter Schnapper* (oben, Rezept S. 108) *und Gedämpfter Fisch auf ländliche Art* (unten)

Bangkok und Zentrales Tiefland

Pae-Sa Banrai
Gedämpfter Fisch auf ländliche Art

Fische und Meeresfrüchte werden bei dieser Garmethode vom Aroma der verwendeten Kräuter und Gewürze intensiv durchdrungen.

1 Roter Schnapper oder ein anderer weißfleischiger Fisch (etwa 1 kg)
2 EL Reiswein
1/2 TL Salz
1/2 TL frisch gemahlener weißer Pfeffer
3 EL Fischsauce *(nam pla)*
60 ml Limettensaft
2 Stengel Zitronengras *(ta-krai)*, in große Stücke geschnitten
4 EL Zwiebeln, in Streifen geschnitten
2 Knoblauchzehen *(kratiem)*, zerdrückt
2 Frühlingszwiebeln, halbiert
4 frische oder getrocknete thailändische Chillies *(prik khee noo)*, zerdrückt
4 EL süßes Basilikum (*bai horapa;* siehe Glossar)
4 EL feingeschnittene Galgantwurzel

Den Fisch auf beiden Seiten mehrmals quer einschneiden.

In einen Dämpfeinsatz legen und die übrigen Zutaten darauf verteilen. Den Fisch 25 Minuten dämpfen. Mit einer passenden Sauce (S. 234–247) servieren.

Für 4 Personen

Südthailand

PLA KAPONG POW
Gegrillter Roter Schnapper

Fisch, der auf diese Weise gegart wird, ist besonders aromatisch.

1 ganzer Roter Schnapper (etwa 1 kg), gesäubert

MARINADE
2 EL rote Currypaste (*nam prik gaeng ped;* S. 236)
450 ml Kokosmilch (siehe Glossar)
3 EL Fischsauce (*nam pla)*
2 EL Zucker
5 Blätter von Kaffir-Limetten (*bai ma-grood)*

Bananenblatt oder Alufolie zum Einwickeln des Fisches
Grüne und rote Paprikastreifen (zum Garnieren)
Blätter von Kaffir-Limetten (zum Garnieren)

Den Fisch auf jeder Seite dreimal quer einschneiden.

In einer großen Schüssel die Zutaten für die Marinade verrühren. Den Fisch 20 Minuten in die Marinade legen.

Den marinierten Fisch in ein Bananenblatt oder ein Stück Alufolie wickeln. Auf jeder Seite etwa 15 Minuten grillen oder bei 180 °C (Gasherd Stufe 2–3) im Backofen braten, bis der Fisch gar ist. Auf einer Servierplatte anrichten. Mit Paprikastreifen und Limettenblättern garnieren.

Für 4 Personen *Abbildung S. 107*

Bangkok und Zentrales Tiefland

GAAM POO OB WOON SEN
Im Ofen gegarte Krebsscheren

Dies ist ein klassisches Gericht, das gewöhnlich in dem zum Garen verwendeten Kochgeschirr serviert wird.

3 EL Öl
1 kg Krebsscheren, mit dem Rücken eines schweren Messers oder Küchenbeils angeknackt
6 Knoblauchzehen (*kratiem),* gehackt
1 TL frisch gemahlener schwarzer Pfeffer
2 EL Maggi-Würze
3 EL Fischsauce (*nam pla)*
2 EL Zucker
60 g Glasnudeln (*woon sen),* 5 Minuten in warmem Wasser eingeweicht
2 Stengel Koriander (*pak chee)* mit Wurzeln, gehackt
2 Frühlingszwiebeln, in 2,5 cm lange Stücke geschnitten
Korianderblätter (*bai pak chee)* zum Garnieren

Eine große schwere Pfanne erhitzen und das Öl hineingeben. Krebsscheren, Knoblauch, schwarzen Pfeffer, Maggi, Fischsauce und Zucker hinzufügen. Alles durchrühren und 1 Minute sautieren. Die Krebsscheren zusammen mit den übrigen Zutaten in einen Topf aus Metall oder Ton füllen.

Koriander und Frühlingszwiebeln darüberstreuen und den Deckel auflegen. Den Topf bei 180 °C (Gasherd Stufe 2–3) für 10 bis 15 Minuten in den Backofen stellen; darauf achten, daß die Flüssigkeit nicht vollständig verkocht. Kurz vor Ende der Garzeit die Glasnudeln untermischen.

Vor dem Servieren mit Korianderblättern garnieren.

Für 4 Personen

Im Ofen gegarte Krebsscheren (links) *und Garnelen-Curry* (rechts, Rezept S. 110)

Südthailand

GOONG PAD PONG GAREE

Garnelen-Curry

Bei diesem schnellen und einfachen Rezept wird der frische Geschmack der Garnelen hervorragend durch das feine Curryaroma ergänzt.

2 EL Öl
3 Knoblauchzehen *(kratiem)*, zerdrückt
500 g Garnelen, aus der Schale gelöst und den Darm entfernt (den Schwanz daran belassen)
1 TL Currypulver
2 EL Fischsauce *(nam pla)*
1 EL Austernsauce
1½ EL Zucker
4 EL in Streifen geschnittene grüne Paprikaschote
4 EL in Streifen geschnittene rote Paprikaschote
4 EL Basilikum (*bai horapa;* siehe Glossar)
4 EL in Streifen geschnittene Zwiebeln

Eine große schwere Pfanne erhitzen und das Öl hineingießen. Knoblauch und Garnelen 1 Minute sautieren. Die übrigen Zutaten hinzufügen und alles 2 Minuten garen.

Das Garnelen-Curry mit gedämpftem Duftreis (*khao suay;* S. 98) servieren.

Für 4 Personen *Abbildung S. 109*

Bangkok und Zentrales Tiefland

PLA RAD PRIK

Fritierter Fisch mit Chilisauce

Ein im ganzen servierter Fisch stellt immer den Höhepunkt einer Mahlzeit dar. Bei diesem Rezept ist die knusprige Fischhaut ein herrlicher Kontrast zum saftigen Fleisch.

1 ganzer Fisch (etwa 1 kg), gesäubert
1 EL Reiswein
60 g Mehl
1 l Öl zum Fritieren

SAUCE

3 EL Öl
6 Knoblauchzehen *(kratiem)*, zerdrückt
4 EL in Streifen geschnittene grüne Paprikschote
4 EL in Streifen geschnittene rote Paprikaschote
4 EL in Streifen geschnittene Zwiebeln
2 EL Korianderblätter *(bai pak chee)*
60 ml Fischsauce *(nam pla)*
2 EL Zucker
½ Bund Basilikum (*bai horapa;* siehe Glossar)

Den Fisch auf beiden Seiten dreimal quer einschneiden. Dann mit dem Reiswein beträufeln und im Mehl wenden.

Das Öl auf 180 °C erhitzen und den Fisch behutsam in das heiße Öl legen.

Den Fisch etwa 12 Minuten fritieren, bis er gar ist.

In der Zwischenzeit eine mittelgroße schwere Pfanne erhitzen und 3 Eßlöffel Öl hineingeben. Alle Zutaten für die Sauce – mit Ausnahme des Basilikums – hinzufügen. Die Sauce bei mittelhoher Temperatur 5 Minuten köcheln lassen. Dann das Basilikum unterrühren.

Den fritierten Fisch auf einer Platte anrichten und mit der Sauce übergießen.

Fischsauce mit Chillies (*nam pla prik;* S. 242) dazu reichen.

Für 4 Personen

Bangkok und Zentrales Tiefland

PLA MUK PAD PED

Pikanter Kalmar

Die Marinade aus Wein und Fischsauce verleiht dem Kalmar zusätzliches Aroma und macht sein Fleisch zarter.

500 g gesäuberter Kalmar

MARINADE

5 Knoblauchzehen *(kratiem)*, gehackt
2 EL Weißwein
⅛ TL frisch gemahlener weißer Pfeffer
1 EL Maisstärke
2 EL Fischsauce *(nam pla)*
1 EL Sojasauce
1 EL Zucker

2 EL Öl

ZUM GARNIEREN

Krauser Kopfsalat, Salatgurke, Tomate, Möhre, Korianderblätter *(bai pak chee)*

Das Kalmarfleisch zweimal in entgegengesetzter Richtung diagonal einritzen und in 5 cm große Rauten schneiden. Dann die Kalmarstücke mehrmals so einritzen, daß ein Rautenmuster entsteht.

Die Zutaten für die Marinade verrühren. Die Kalmarstücke unterheben und zum Marinieren 30 Minuten stehenlassen.

Eine große schwere Pfanne erhitzen, das Öl hineingießen und den Kalmar bei mittelstarker Hitze darin sautieren, bis sich alle Stücke leicht zusammenrollen. Mit den oben angegebenen Zutaten oder anderem dekorativ zurechtgeschnittenem Gemüse garnieren.

Für 4 Personen *Abbildung S. 112*

Bangkok und Zentrales Tiefland

PAD PLA KAPONG KUNCHAI

Pfannengerührter Roter Schnapper mit Bleichsellerie

3 EL Öl
500 g Filets vom Roten Schnapper, in 5 cm große Stücke geschnitten
2 Stangen Bleichsellerie, in Streifen geschnitten
4 Knoblauchzehen *(kratiem)*, zerdrückt
½ TL frisch gemahlener weißer Pfeffer
1 Frühlingszwiebel, in 2,5 cm lange Stücke geschnitten
3 EL Fischsauce *(nam pla)*
1 EL Maggi-Würze
Minzeblätter zum Garnieren

Das Öl in einem großen Topf erhitzen. Alle übrigen Zutaten – mit Ausnahme der Minze – hinzufügen. Kurz unter Rühren braten, dann den Deckel auflegen und alles 3 Minuten garen.

Mit Minzeblättern garniert servieren.

Für 4 Personen

Rechte Seite: *Fritierter Fisch mit Chilisauce* (oben) *und Pfannengerührter Roter Schnapper mit Bleichsellerie* (unten)

Pikanter Kalmar (links, Rezept S. 110) *und Gegrillte Languste mit süß-saurer Sauce* (rechts)

Bangkok und Zentrales Tiefland

GOONG POW NAM PLA WAN
Gegrillte Languste mit süß-saurer Sauce

Eine der besten Zubereitungsmethoden für Langusten ist das Garen auf dem Holzkohlengrill. Die süß-saure Tamarindensauce verleiht dem Gericht ein besonderes Aroma.

1 Languste (etwa 1 kg)
2 EL Öl
6 Schalotten, in Scheiben geschnitten

SAUCE

125 ml Fischsauce *(nam pla)*
125 ml Tamarindensaft (*ma-kaam piag;* siehe Glossar)
60 g Zucker

Zuerst die Languste – mit dem Kopf voran – in sprudelnd kochendes Wasser geben, um sie zu töten. Dann etwa 5 Minuten auf jeder Seite grillen, bis das Fleisch gar ist. In der Zwischenzeit eine kleine schwere Pfanne erhitzen und das Öl hineingeben. Die Schalotten darin unter Rühren braten, bis sie goldbraun sind, dann aus dem Öl nehmen.

In einer zweiten kleinen Pfanne Fischsauce, Tamarindensaft und Zucker 3 Minuten bei hoher Temperatur erhitzen, damit die Flüssigkeit etwas einkocht. In eine Servierschüssel füllen und die Schalotten hinzufügen.

Die gegrillte Languste der Länge nach halbieren. Nach Belieben die Beine aufknacken und das Schwanzfleisch auslösen. Die Sauce dazu reichen.

Für 4 Personen

Bangkok und Zentrales Tiefland

GOONG KRATIEM PRIK THAI
Knoblauch-Garnelen

Zu diesem pikanten Gericht sollte man neben der Garnitur aus Tomate und Gurke reichlich frisches Gemüse servieren.

MARINADE

8 Knoblauchzehen *(kratiem),* zerdrückt
2 EL gehackte Korianderwurzel *(raak pak chee)*
1 TL frisch gemahlener weißer Pfeffer
$^1/_2$ TL Salz
2 EL Fischsauce *(nam pla)*
$1^1/_2$ EL Zucker

500 g Garnelen, aus der Schale gelöst und den Darm entfernt (den Schwanz daran belassen)
3 EL Öl
1 Tomate, in Achtel geschnitten
1 Salatgurke, in Scheiben geschnitten

Die Zutaten für die Marinade gründlich miteinander verrühren. Die Garnelen unterheben und 10 Minuten stehenlassen. Eine mittelgroße schwere Pfanne erhitzen. Das Öl hineingießen und die marinierten Garnelen 4 Minuten sautieren. Auf einer Servierplatte anrichten und mit Tomate und Gurke garnieren.

Für 2 Personen

Rechte Seite: *Gebratener Reis mit Krebsfleisch* (oben links, Rezept S. 114), *Knoblauch-Garnelen* (oben rechts) *und Langustenfleisch mit Ingwersauce* (unten, Rezept S. 114)

Südthailand

Pad Goong Mang-Gorn
Langustenfleisch mit Ingwersauce

Im Süden Thailands wird die Languste als große Garnele betrachtet und deshalb »goong mang-gorn« (Drachengarnele) genannt.

1 gegarte Languste (etwa 750 g)
2 EL Öl
4 Knoblauchzehen *(kratiem)*, gehackt
6 Scheiben (etwa 2 EL) frische Ingwerwurzel
4 EL in Ringe geschnittene grüne Jalapeño-Chillies *(prik chee fa)*
1 Frühlingszwiebel, gehackt
1 Ei, verquirlt
1 TL frisch gemahlener Pfeffer
2 EL Austernsauce
1 EL Fischsauce *(nam pla)*
1 EL Zucker

Die Languste säubern. Die Scheren mit einer Drehbewegung vom Rumpf trennen. Schwanz und Brustpanzer in etwa 5 cm große Stücke teilen.

Eine große schwere Pfanne erhitzen und das Öl hineingießen. Alle Zutaten – außer der Languste – hinzufügen und 30 Sekunden unter Rühren braten. Dann die Langustenstücke dazugeben, den Deckel auflegen und alles bei mittelstarker Hitze etwa 2 Minuten garen. Auf einer Servierplatte anrichten und servieren.

Für 4 Personen *Abbildung S. 113*

Bangkok und Zentrales Tiefland

Khao Pad Poo
Gebratener Reis mit Krebsfleisch

Dies ist eine köstliche Beilage zu jedem Gericht. Die Sauce kann je nach persönlichem Geschmack mit mehr oder weniger Chillies zubereitet werden.

2 EL Öl
1 Knoblauchzehe *(kratiem)*, gehackt
300 g gegartes Krebsfleisch (oder Dosenware)
2 Eier, verquirlt
250 g Reis, gegart
2 EL Maggi-Würze
2 EL Fischsauce *(nam pla)*
2 EL Zucker
1 Frühlingszwiebel, gehackt

SAUCE

60 ml Fischsauce *(nam pla)*
5 grüne thailändische Chillies *(prik khee noo)*, feingehackt

GARNIERUNG

2 Frühlingszwiebeln
Korianderblätter *(bai pak chee)*

Eine große schwere Pfanne erhitzen und das Öl hineingießen. Knoblauch, Krebsfleisch und verquirlte Eier hinzufügen. Alles unter Rühren braten, bis das Ei gestockt ist. Reis, Maggi, Fischsauce und Zucker dazugeben und unter Rühren braten, bis die Mischung heiß ist. Die Frühlingszwiebel hinzufügen. Die Zutaten für die Sauce verrühren. Den Reis auf einer Servierplatte anrichten und garnieren. Die Sauce getrennt dazu reichen.

Für 4 Personen *Abbildung S. 113*

Bangkok und Zentrales Tiefland

Pad Ped Pla Lai
Aal-Curry

In der Pfanne gebratener frischer Aal ist fest und saftig. Das Rezept kann auch mit Meeresfrüchten oder festfleischigem anderem Fisch zubereitet werden.

3 EL Maiskeimöl
1 Aal (etwa 500 g), enthäutet, gesäubert und in 1 cm dicke Stücke geschnitten
2 EL rote Currypaste (*nam prik gaeng ped;* S. 236)
3 EL Fischsauce *(nam pla)*
1 Bund Basilikum (*bai horapa;* siehe Glossar)
4 EL in dünne Scheiben geschnittene *krachai*-Wurzel (siehe Glossar)
5 Blätter von Kaffir-Limetten *(bai ma-grood)*, in feine Streifen geschnitten

Das Öl in einer großen schweren Pfanne erhitzen. Aalstücke und Currypaste darin 30 Sekunden unter Rühren braten. Die restlichen Zutaten hinzufügen und alles weitere 5 Minuten garen.

Für 4 Personen

Aal-Curry

Fritierter Fisch mit Tamarindensauce

Bangkok und Zentrales Tiefland

GAENG SOM PAE-SA
Fritierter Fisch mit Tamarindensauce

Mit der knusprigen Fischhaut, dem festen, saftigen Fleisch und der säuerlichen Tamarindensauce, die mit Knoblauch und Zwiebeln geschmacklich abgerundet wird, vereint dieses Gericht die unterschiedlichsten Aromen und Zutatenkonsistenzen.

TAMARINDENSAUCE

5 große getrocknete Jalapeño-Chillies *(prik chee fa haeng)*
250 ml warmes Wasser
4 Knoblauchzehen *(kratiem)*
2 Zwiebeln, in Streifen geschnitten
1 TL Garnelenpaste *(gapi)*
125 ml Tamarindensaft (*ma-kaam piag;* siehe Glossar)
60 ml Fischsauce *(nam pla)*
3 EL Zucker

1 ganzer Fisch (500–750 g), nach Belieben den Kopf entfernt
1 TL Salz
1 l Öl zum Fritieren
5 Stengel Sumpfkohl (siehe Glossar) oder junger Spinat zum Garnieren
Grüne Jalapeño-Chillies *(prik chee fa)* zum Garnieren

Die getrockneten Chillies 10 Minuten in warmem Wasser einweichen.

Für die Sauce die Chillies mit dem Einweichwasser und allen übrigen Saucenzutaten in den Mixer geben. Das Gerät nur so lange laufen lassen, bis Chillies, Knoblauch und Zwiebeln grob gehackt sind. Die Mischung in einen Topf gießen, zum Kochen bringen und 1 Minute garen.

Den Fisch auf beiden Seiten dreimal quer einschneiden und mit dem Salz einreiben. Das Öl in einer großen schweren Pfanne oder Friteuse auf 180 °C erhitzen. Den Fisch 10–15 Minuten im heißen Öl fritieren.

Den Fisch, sobald er gar und goldbraun ist, herausheben und auf eine Servierplatte legen. Mit der Sauce überziehen und mit Sumpfkohl und Chillies garnieren.

Für 2–4 Personen

Bangkok und Zentrales Tiefland

TOM SOM PLA TOO
In Tamarindensud gegarte Makrele

Tamarindensaft verleiht dem Fischsud ein besonderes Aroma und ist eine wunderbare geschmackliche Ergänzung zum Fleisch der Makrele. Diese Zusammenstellung von Aromen ist ein typisches Merkmal thailändischer Fischrezepte.

1 Makrele (etwa 1 kg) oder mehrere kleine Makrelen
750 ml Wasser
6 Schalotten, gehackt
4 EL gehackte Korianderwurzel *(raak pak chee)*
1 TL frisch gemahlener weißer Pfeffer
90 ml Fischsauce *(nam pla)*
90 ml Tamarindensaft (*ma-kaam piag;* siehe Glossar)
3 EL Zucker
4 EL in Scheiben geschnittene Ingwerwurzel
6 Frühlingszwiebeln

Die Makrele säubern und die Rückengräte entfernen. Den Fisch in vier Portionsstücke zerteilen.

Das Wasser in einem großen Topf zum Kochen bringen. Den Fisch sowie alle übrigen Zutaten – mit Ausnahme des Ingwers und der Frühlingszwiebeln – hinzufügen und 10 Minuten köcheln lassen. Vier Frühlingszwiebeln in 2,5 cm lange Stücke schneiden und dann zusammen mit dem Ingwer in den Topf geben.

Von der Kochstelle nehmen und 2 Minuten ruhen lassen. Den Fisch auf einer Servierplatte anrichten. Etwas Tamarindensud darüberträufeln und mit den restlichen Frühlingszwiebeln garnieren.

Für 4–6 Personen

Bangkok und Zentrales Tiefland

PLA CHON PAE-SA
Gedämpfter Roter Schnapper

Mit Bleichsellerie und Frühlingszwiebeln gedämpfter Fisch erhält ein wundervoll zartes Aroma.

1 Roter Schnapper (1 kg) oder ein anderer weißfleischiger Fisch
1 TL Salz
1/2 TL frisch gemahlener weißer Pfeffer
2 Knoblauchzehen *(kratiem)*, gehackt
2 Stangen Bleichsellerie, gehackt
2 EL Weißwein
1 EL Fischsauce *(nam pla)*
2 grüne Jalapeño-Chillies *(prik chee fa)*, in Ringe geschnitten
2 Frühlingszwiebeln, gehackt

Den Fisch säubern und auf beiden Seiten dreimal quer einschneiden. Mit Salz und Pfeffer einreiben. Auf einen feuerfesten Teller legen und die übrigen Zutaten auf dem Fisch verteilen. Den Teller mit dem Fisch in einen Dämpfeinsatz stellen.

In einen mit genügend Wasser gefüllten Dämpftopf setzen und mit aufgelegtem Deckel etwa 15 Minuten bei starker Hitze dämpfen. Den Fisch vorsichtig herausheben und servieren.

Für 4–6 Personen

Gedämpfter Roter Schnapper (vorne) *und In Tamarindensud gegarte Makrele* (oben)

Südthailand

GOONG NEUNG KRATIEM
Gedämpfte Knoblauchgarnelen

Garnelen, die ungeschält gedämpft werden, bleiben schön saftig. Knoblauch und Koriander verleihen ihnen das für die Thai-Küche typische Aroma.

500 g Garnelen in der Schale
2 EL Öl
1/2 TL Salz
1/2 TL frisch gemahlener weißer Pfeffer
1 EL Maggi-Würze
8 Knoblauchzehen *(kratiem),* gehackt
3 EL gehackte Korianderblätter *(bai pak chee)*

Die Garnelen auf einen feuerfesten Teller legen, der in einen Dämpfeinsatz paßt, und mit den übrigen Zutaten vermischen.

Den Einsatz in einen Dämpftopf stellen und das Wasser zum Kochen bringen. Dann auf mittelstarke Hitze herunterschalten und die Garnelen noch 10 Minuten dämpfen. Heiß servieren.

Für 2–3 Personen

Südthailand

POO PAD PONG GAREE
Pfannengerührtes Krebscurry

Das Fleisch von frischen im Panzer gegarten Meereskrebsen schmeckt herrlich. Man bereitet dieses Rezept gern für ein zwangloses, geselliges Essen mit Freunden zu.

1 kg Meereskrebse
3 EL Öl
4 Knoblauchzehen *(kratiem),* zerdrückt
1 kleine Zwiebel, in Streifen geschnitten
60 ml Fischsauce *(nam pla)*
2 EL Zucker
2 EL Curry
1 EL Sesamöl
1/4 TL frisch gemahlener weißer Pfeffer
1 Ei, verquirlt
1 EL gehackte Korianderblätter *(bai pak chee)*
2 Frühlingszwiebeln, in 2,5 cm lange Stücke geschnitten

Lebendfrische Krebse zuerst – mit dem Kopf voran – in sprudelnd kochendes Wasser werfen, um sie zu töten. Scheren und Beine mit einer Drehbewegung abtrennen und mit der stumpfen Seite eines Küchenbeils oder schweren Messers anknacken. Abspülen, um alle kleinen Schalenstücke zu entfernen. Abtropfen lassen.

Das Öl in einem Wok oder einer großen schweren Pfanne bei mittelhoher Temperatur erhitzen. Knoblauch und Zwiebeln hineingeben und 30 Sekunden unter Rühren braten. Die Krebse hinzufügen und 2 Minuten unter Rühren garen.

Alle übrigen Zutaten – mit Ausnahme von Ei, Koriander und Frühlingszwiebeln – dazugeben. Den Deckel auflegen und das Ganze noch etwa 3 Minuten bei mittelhoher Temperatur erhitzen, bis das Krebsfleisch gar ist. Das Ei hinzufügen und gründlich unterrühren, bis es gestockt ist.

Auf einer Servierplatte anrichten. Mit Korianderblättern und Frühlingszwiebeln garnieren.

Für 4 Personen

Linke Seite: *Pfannengerührtes Krebscurry* (vorne) *und Gedämpfte Knoblauchgarnelen* (oben)

Aromatischer Wels (unten) *und Dschungel-Curry mit Wels* (oben, Rezept S. 120)

Bangkok und Zentrales Tiefland

PAD PED PLA DOOK
Aromatischer Wels

Dieses Rezept wird gewöhnlich mit Wels zubereitet, aber man kann auch andere Süßwasserfische auf diese Weise garen.

2 EL Öl
500 g Filets vom Wels, in 1 cm breite Streifen geschnitten
3 thailändische Mini-Auberginen *(ma-khue puang),* in Stücke geschnitten
6 Knoblauchzehen *(kratiem),* gehackt
2 Stengel Zitronengras *(ta-krai),* in 2,5 cm lange Stücke geschnitten
4 EL in dünne Scheiben geschnittene *krachai*-Wurzel (siehe Glossar)
1 Bund Basilikum (*bai horapa;* siehe Glossar)
60 ml Fischsauce *(nam pla)*
1 EL Zucker

Das Öl in eine große schwere Pfanne geben und erhitzen. Dann den Knoblauch hinzufügen und leicht anbraten. *Krachai* zusammen mit den Fischstreifen hineingeben und leicht anziehen lassen. Zum Schluß die restlichen Zutaten in die Pfanne geben, gründlich durchrühren, den Deckel auflegen und alles bei starker Hitze 3 Minuten garen. Auf einer Servierplatte anrichten.

Für 4 Personen

Bangkok und Zentrales Tiefland

GAENG PAA PLA DOOK
Dschungel-Curry mit Wels

Früher, als die Reisewege in manchen Regionen Thailands noch durch große Dschungelgebiete führten, mußten die Reisenden auch ihren Reiseproviant darauf einstellen. Dieses Gericht hat seinen Namen erhalten, weil es aufgrund der Zutaten und der Garmethode gut für den Dschungel geeignet ist. Für größtmögliche Authentizität verspeist man es am besten in Gesellschaft von Affen, Tigern und Schlangen!

CURRYPASTE

2 EL gehacktes Zitronengras *(ta-krai)*
8 Schalotten
6 Knoblauchzehen *(kratiem)*
4 EL gehackte *krachai*-Wurzel (siehe Glossar)
8 getrocknete Jalapeño-Chillies *(prik chee fa haeng)*
1 TL eingelegte grüne Pfefferkörner (Dose)
1 TL Garnelenpaste *(gapi)*
1/2 TL Salz

2 EL Öl
1 ganzer Wels (etwa 750 g), in 2,5 cm breite Streifen geschnitten
60 ml Fischsauce *(nam pla)*
750 ml Wasser
3 thailändische Mini-Auberginen *(ma-khue puang)*, in Stücke geschnitten
4 EL in Ringe geschnittene grüne Jalapeño-Chillies *(prik chee fa)*, in Ringe geschnitten
1 Bund Basilikum *(bai horapa;* siehe Glossar)
10 ganze Blätter von Kaffir-Limetten *(bai ma-grood)*

Die Currypaste im Mörser oder Mixer zubereiten.

Einen großen Topf erhitzen und das Öl sowie die Currypaste hineingeben. Bei mittelstarker Hitze 1 Minute unter Rühren garen.

Fisch, Fischsauce, Wasser und Auberginen hinzufügen. Zum Kochen bringen und unter Rühren 3 Minuten köcheln lassen. Die übrigen Zutaten dazugeben und den Topf von der Kochstelle nehmen. In eine Servierschüssel füllen und auftragen.

Für 4 Personen *Abbildung S. 119*

Südthailand

PLA KEM
Getrockneter Fisch

In Thailand läßt man gesalzenen Fisch an der Sonne trocknen; hierzulande wird man das Trocknen im Backofen durchführen müssen. Diese Art der Konservierung eignet sich für Fische aller Art.

1 große oder mehrere kleine Makrelen (etwa 1 kg)
3 EL Salz
125 ml Wasser

Den Fisch ausnehmen und gründlich abspülen. Das Salz im Wasser auflösen und den Fisch über Nacht darin durchziehen lassen. Die Makrele aus der Lake nehmen, abspülen und trockentupfen. Den Fisch etwa 45 Minuten bei 160 °C (Gasherd Stufe 1–2) im Backofen trocknen lassen.

Auf diese Weise konservierter Fisch hält sich nahezu unbegrenzt und kann als Zutat für viele Rezepte verwendet werden, wie etwa Gebratener getrockneter Fisch *(pla kem taud;* S. 122).

Für 4–6 Personen

Südthailand

PAD PO TAEK
Meeresfrüchte mit Zitronengras

Frisches Zitronengras rundet das Aroma der Meeresfrüchte herrlich ab und erfüllt den gleichen Zweck wie frische Zitronen, die man in europäischen Küchen zu Fisch reicht.

2 EL Öl
125 g Garnelenfleisch

Getrockneter Fisch (links) *und Meeresfrüchte mit Zitronengras* (rechts)

125 g Kammuscheln
125 g Fischfilet, in 1 cm breite Streifen geschnitten
125 g Miesmuscheln, gesäubert
4 EL grüne Currypaste (*nam prik gaeng keow wan;* S. 236)
60 ml Kokosmilch (siehe Glossar)
60 ml Fischsauce *(nam pla)*
1 EL Zucker
2 EL in feine Streifen geschnittene Bambussprossen
1 Stengel Zitronengras *(ta-krai)*, in 2,5 cm lange Stücke geschnitten
4 EL in Streifen geschnittene grüne Paprikaschote
1 Bund Basilikum (*bai horapa;* siehe Glossar)

Eine große schwere Pfanne erhitzen und das Öl hineingießen. Die Meeresfrüchte und den Fisch hinzufügen und 2 Minuten bei starker Hitze sautieren.

Die restlichen Zutaten behutsam unterrühren. Den Deckel auflegen und alles noch etwa 3 Minuten garen.

Auf einer Servierplatte anrichten.

Für 4 Personen

Gebratener getrockneter Fisch (links) *und Gedämpfter Fisch* (oben)

Nordostthailand

PLA NEUNG
Gedämpfter Fisch

Im Nordosten Thailands gibt es viele Rezepte für Süßwasserfische, und eine der beliebtesten Garmethoden ist das Dämpfen.

1 ganzer Fisch (500–750 g)
5 Schalotten, in Scheiben geschnitten
4 Knoblauchzehen *(kratiem)*, gehackt
4 grüne Jalapeño-Chillies *(prik chee fa)*
1/2 TL Salz
1/4 TL frisch gemahlener weißer Pfeffer
3 EL Fischsauce *(nam pla)*
3 EL Tamarindensaft (*ma-kaam piag;* siehe Glossar)
2 EL Limettensaft
4 dünne Scheiben Galgantwurzel (*kha;* siehe Glossar)
2 Blätter von Kaffir-Limetten *(bai ma-grood)*, in feine Streifen geschnitten
1 EL Öl

Den Fisch säubern und mit einem scharfen Messer auf jeder Seite dreimal quer einschneiden.

Auf einen feuerfesten Teller legen und die übrigen Zutaten auf dem Fisch verteilen.

In einen mit genügend Wasser gefüllten Dämpftopf setzen und 20 Minuten bei starker Hitze dämpfen. Nach Belieben auf einem Bananenblatt anrichten.

Für 2–3 Personen

Bangkok und Zentrales Tiefland

NAM PRIK PLA TOO
Fritierte Makrele mit Garnelensauce

Makrelen werden in den Straßen von Bangkok an vielen Verkaufsständen angeboten. Diesem traditionellen Gericht verleiht die Garnelenpaste in der Sauce sein charakteristisches Aroma.

4 kleine Makrelen (insgesamt 500–750 g)
1 TL Salz
1 l Öl zum Fritieren

GARNELENSAUCE

50 g getrocknete Garnelen
6 Knoblauchzehen *(kratiem)*
6 grüne thailändische Chillies *(prik khee noo)*
3 EL Garnelenpaste *(gapi)*
60 ml Fischsauce *(nam pla)*
90 ml Limettensaft
2 EL Palmzucker *(nam taan peep)*

2 thailändische Mini-Auberginen *(ma-khue puang)*, in dünne Scheiben geschnitten
4 thailändische Mini-Auberginen, in 2,5 cm dicke Scheiben geschnitten
4 chinesische Spargelbohnen (siehe Glossar), in 10 cm lange Stücke geschnitten
4 rote und gelbe Jalapeño-Chillies *(prik chee fa daeng)*

Die Makrelen säubern und mit dem Salz einreiben. Die Fische 20 Minuten dämpfen. Das Öl auf 180 °C erhitzen und die gedämpften Makrelen im heißen Öl goldbraun fritieren. Herausnehmen und beiseite stellen.

Getrocknete Garnelen, Knoblauch, Chillies und Garnelenpaste im Mörser zerreiben. Dann die übrigen Zutaten für die Sauce untermischen. Die Sauce in eine Servierschüssel füllen und die in Scheiben geschnittenen Auberginen dazugeben. Die Makrelen zusammen mit der Sauce und dem rohen Gemüse reichen.

Für 2–3 Personen

Südthailand

PLA KEM TAUD
Gebratener getrockneter Fisch

Dieses Gericht gehört zu den vielen einfachen, aber köstlichen Fischrezepten. Getrocknete Makrelen gibt es auch fertig zu kaufen, doch dürfte ihr Aroma für manchen westlichen Gaumen zu streng sein. Nach Belieben kann anderer Fisch verwendet werden.

4 Fischsteaks von getrockneten Makrelen (*pla kem;* S. 120), in Wasser eingeweicht
3 EL Öl
2 Schalotten, in dünne Scheiben geschnitten
1 EL gehackte grüne thailändische Chillies *(prik khee noo)*
2 EL Limettensaft

Die Makrelensteaks abspülen und sorgfältig mit Küchenkrepp trockentupfen.

Das Öl ein einer großen schweren Pfanne bei mittelhoher Temperatur erhitzen. Die Fischsteaks behutsam hineinlegen und etwa 5 Minuten auf jeder Seite braten, bis sie goldbraun sind.

Auf einer Servierplatte anrichten. Mit Schalotten und Chillies bestreuen und den Limettensaft darüberträufeln.

Für 4 Personen

Bangkok und Zentrales Tiefland

CHOO CHEE PLA
Fisch in Currysauce

Bei diesem Rezept wird der Fisch in einer Currysauce gegart.

1 ganzer Schnapper (etwa 1 kg) oder 2 kleinere Fische
2 EL Öl
2 EL rote Currypaste (*nam prik gaeng ped;* S. 236)
500 ml Kokosmilch (siehe Glossar)
60 ml Fischsauce (*nam pla*)
3 EL Zucker
5 Blätter von Kaffir-Limetten (*bai ma-grood*), in feine Streifen geschnitten

Den Fisch säubern, Kopf und Schwanzflosse jedoch daran belassen. Auf jeder Seite dreimal quer einschneiden.

Eine große schwere Pfanne erhitzen und Öl sowie Currypaste hineingeben. Unter Rühren 1 Minute braten, dann Kokosmilch, Fischsauce, Zucker und den Fisch hinzufügen.

Den Deckel auflegen und den Fisch 20 Minuten garen; zwischendurch behutsam wenden.

Auf einer Servierplatte anrichten und mit den Limettenblättern bestreuen.

Für 4 Personen

Fritierte Makrele mit Garnelensauce (oben) *und Fisch in Currysauce* (unten)

Grünes Curry mit Hühnerfleisch und Auberginen (oben) *und Hühnerfleisch mit roter Currypaste* (unten)

Nordostthailand

GAI YANG ESAN
Grillhähnchen nach Art des Nordostens

Grillen ist in Thailand eine bevorzugte Garmethode für mariniertes Fleisch. Zusammen mit Klebreis, der im Nordosten zu den Grundnahrungsmitteln gehört, ist »gay yang Esan« ein Gericht, an das man sich immer gerne erinnern wird. Das Aroma und die goldbraune Farbe erfreuen den Gaumen und das Auge gleichermaßen.

1 Poularde (etwa 1 kg)
1 TL Salz
8 Knoblauchzehen *(kratiem)*, gehackt
1 TL frisch gemahlener weißer Pfeffer
4 EL gehackte Korianderblätter *(bai pak chee)*
4 EL gehacktes Zitronengras *(ta-krai)*

Die Poularde säubern und halbieren. Mit den angegebenen Zutaten einreiben und mindestens 4 Stunden durchziehen lassen.

Die Holzkohle 30 Minuten durchglühen lassen, so daß sie eine schwache Hitze abgibt. Die Poulardenhälften etwa 20 Minuten auf jeder Seite grillen, bis sie goldbraun und gar sind.

Mit Sardellen-Dip (*nam prik jaew;* S. 243) und Klebreis (*khao neow;* S. 98) servieren.

Für 4 Personen *Abbildung S. 95*

Bangkok und Zentrales Tiefland

GAENG PED GAI
Hühnerfleisch mit roter Currypaste

Dieses Curry schmeckt am besten, wenn man es sofort nach der Zubereitung serviert und gedämpften Duftreis (»khao suay«; S. 98) dazu reicht. Da die Hälfte der Kokosmilch erst am Ende der Garzeit hinzugefügt wird, kommt ihr Aroma besonders gut zur Geltung.

500 ml Kokosmilch (siehe Glossar)
2 EL rote Currypaste (*nam prik gaeng ped;* S. 236)
500 g Hühnerbrustfleisch, in 2,5 cm große Stücke geschnitten
60 ml Fischsauce *(nam pla)*
3 EL Zucker
50 g Bambussprossen (Dose), in Streifen geschnitten
2 thailändische Mini-Auberginen *(ma-khue puang)*, in Achtel geschnitten
5–8 Blätter von Kaffir-Limetten *(bai ma-grood)*
4 EL Basilikumblätter (*bai horapa;* siehe Glossar)

Die Hälfte der Kokosmilch in einem großen Topf erhitzen. Die rote Currypaste hinzufügen und alles 2 Minuten köcheln lassen.

Das Hühnerfleisch dazugeben und 2 Minuten garen. Fischsauce, Zucker, Bambussprossen und Auberginenstücke hinzufügen und das Ganze zum Kochen bringen.

Restliche Kokosmilch, Limettenblätter und Basilikum dazugeben und alles kurz aufkochen lassen. Das Curry von der Kochstelle nehmen und sofort servieren.

Für 4 Personen

Bangkok und Zentrales Tiefland

GAENG KEOW WAN GAI
Grünes Curry mit Hühnerfleisch und Auberginen

Der Schärfegrad dieses Gerichts läßt sich durch die Anzahl der verwendeten grünen Chillies variieren. Besonders würzig schmeckt es, wenn man zusätzlich eine Handvoll frische grüne Pfefferkörner dazugibt.

GRÜNE CURRYPASTE

2 Stengel Zitronengras *(ta-krai)*, in 1 cm lange Stücke geschnitten
1 EL in dünne Scheibchen geschnittene Galgantwurzel (*kha;* siehe Glossar)
1 TL Kreuzkümmel
40 g frische Korianderwurzel *(raak pak chee)*, gehackt
8 Knoblauchzehen *(kratiem)*
10 grüne thailändische Chillies *(prik khee noo)*
10 grüne Jalapeño-Chillies *(prik chee fa)*
1 TL Garnelenpaste *(gapi)*
1 EL gehackte Schalotten
1/4 TL feingeschnittene Schale von Kaffir-Limetten *(piew magrood)*

500 ml Kokosmilch (siehe Glossar)
500 g Hühnerbrustfleisch, in Streifen von 2,5 cm Breite und 1 cm Stärke geschnitten
60 ml Fischsauce *(nam pla)*
3 EL Zucker
6 thailändische Mini-Auberginen *(ma-khue puang)* oder 100 g Bambussprossen (Dose)
125 ml Kokossahne (siehe Glossar)
6 frische Blätter von Kaffir-Limetten *(bai ma-grood)*
4 EL Basilikumblätter (*bai horapa;* siehe Glossar)
Rote Jalapeño-Chillies *(prik chee fa daeng)* zum Garnieren

Die Zutaten für die Currypaste im Mixer glattpürieren oder im Mörser zu einer Paste verarbeiten.

Kokosmilch und Currypaste in einen Topf geben und zum Kochen bringen. Hühnerfleisch, Fischsauce und Zucker hinzufügen und alles 5 Minuten leise kochen lassen.

Die Auberginen dazugeben und das Ganze noch etwa 2 Minuten köcheln lassen. Kokossahne, Limettenblätter und Basilikum unterrühren. In eine Servierschüssel füllen und mit roten Chillies garnieren.

Für 4 Personen

Bangkok und Zentrales Tiefland

GAI PAD BAI GA-PROW

Pikantes Hühnerfleisch mit Basilikum

Dieses Gericht, das schnell und einfach in der Zubereitung ist, gehört zu den Lieblingsgerichten in Bangkoks Innenstadt. Mitunter wird es zusammen mit einem Spiegelei auf Reis serviert.

6 Knoblauchzehen *(kratiem),* zerdrückt
4 Schalotten, gehackt
12 gemischte grüne *(prik chee fa)* und rote Jalapeño-Chillies *(prik chee fa daeng),* in Ringe geschnitten
1 TL eingelegte grüne Pfefferkörner (Dose)
1 EL Öl
500 g Hühnerfleisch, durch den Fleischwolf gedreht
60 ml Fischsauce *(nam pla)*
2 EL Zucker
2 Bund Basilikum (*bai ga-prow;* siehe Glossar)

Knoblauch, Schalotten, Chillies und Pfefferkörner im Mörser zu einer Paste verarbeiten.

Eine große Pfanne bei mittelhoher Temperatur erhitzen und das Öl hineingießen. Die Knoblauch-Chili-Paste dazugeben und 1 Minute unter Rühren garen. Das gehackte Hühnerfleisch, die Fischsauce sowie den Zucker hinzufügen und alles garen, bis die Flüssigkeit eingekocht ist. Die Basilikumblätter unterheben.

Als Imbiß mit Spiegelei auf Reis servieren.

Als Hauptmahlzeit Reis und ein Beigericht wie Scharf-saure Garnelensuppe (*tom yam goong;* S. 47) dazu reichen.

Für 4 Personen

Bangkok und Zentrales Tiefland

GAI PAD MED MA-MUANG HIMAPAN

Hühnerfleisch mit Cashew-Nüssen

Nach Belieben kann diesem Gericht zusammen mit dem Hühnerfleisch auch Gemüse beigegeben werden.

60 ml Öl
4 Knoblauchzehen *(kratiem),* gehackt
500 g Hühnerfleisch, in dünne Streifen geschnitten

SAUCE

2 EL Fischsauce *(nam pla)*
2 EL Austernsauce
2 EL Zucker
1/8 TL frisch gemahlener weißer Pfeffer
1 TL Maisstärke, in etwas Wasser angerührt (nach Belieben)

70 g geröstete Cashew-Nüsse
1 Frühlingszwiebel, gehackt
1/4 rote Paprikaschote, in Streifen geschnitten

Eine große schwere Pfanne erhitzen. Dann das Öl hineingeben und Knoblauch sowie Hühnerfleisch anbraten.

Fisch- und Austernsauce, Zucker sowie Pfeffer hinzufügen und gründlich unterrühren.

Auf starke Hitze heraufschalten und die Flüssigkeit zu einer Glace einkochen. (Will man die Flüssigkeit nicht reduzieren, kann die Sauce mit etwas Maisstärke angedickt werden.)

Die gerösteten Cashew-Nüsse unterheben. Auf einer Servierplatte anrichten und mit gehackter Frühlingszwiebel und Paprikastreifen garnieren.

Für 4 Personen

Hühnerfleisch mit Cashew-Nüssen (links) *und Pikantes Hühnerfleisch mit Basilikum* (rechts)

Gedämpfte Ente

Bangkok und Zentrales Tiefland

PET PALO
Gedämpfte Ente

Die in diesem Gericht verwendeten Würzzutaten lassen den chinesischen Einfluß auf die Thai-Küche erkennen.

1 Ente (etwa 2 kg)

SAUCE

1,5 l Wasser
8 Knoblauchzehen *(kratiem)*
4 EL gehackte zerdrückte Korianderwurzel *(raak pak chee)*
1 TL frisch gemahlener weißer Pfeffer
1 TL Salz
125 ml Maggi-Würze
250 ml Sojasauce mit Pilzaroma
250 ml helle Sojasauce
125 g Zucker

Die Ente säubern und überflüssiges Fett wegschneiden. Das Wasser mit den übrigen Zutaten in einen großen Dämpftopf füllen und die Ente hineinlegen. Den Deckel auflegen und das Wasser zum Kochen bringen. Auf mittelstarke Hitze herunterschalten und die Ente 45 Minuten dämpfen.

Die Ente etwas abkühlen lassen. Dann das Fleisch von den Knochen ablösen, Schenkel und Flügel jedoch ganz belassen. DieEntenteile auf einer großen Servierplatte anrichten. Das Fett von der Sauce abschöpfen und die Ente mit etwas Sauce beträufeln. Die übrige Sauce getrennt dazu reichen.

Für 4 Personen

Nordthailand

GAI TAUD
Huhn nach Art von Chiang Mai

Dieses Geflügelgericht eignet sich gut für ein Picknick, denn es kann auch kalt gegessen werden.

1 Poularde (etwa 1,5 kg), in 12 Stücke zerlegt

MARINADE

1 EL Fischsauce *(nam pla)*
1 TL Salz
6 Knoblauchzehen *(kratiem)*, feingehackt
1 TL frisch gemahlener weißer Pfeffer

750–1000 ml Öl zum Fritieren

Die Hühnerteile abwaschen und mit Küchenkrepp trockentupfen. Die Zutaten für die Marinade verrühren und die Geflügelstücke gleichmäßig damit einreiben.

Zum Marinieren 30 Minuten stehenlassen.

Das Öl in einen Wok oder einen Fritiertopf geben und auf 180 °C erhitzen.

Die marinierten Hühnerteile etwa 10 Minuten im heißen Öl fritieren, bis sie rundum goldbraun sind. Die Stücke dabei häufig wenden, damit sie gleichmäßig Farbe annehmen.

Mit heißer oder kalter Tamarindenpaste (*nam prik ma-kaam;* S. 244) servieren.

Für 4 Personen

Nordthailand

GAENG GAI BAMA
Birmanisches Hühner-Curry

Die Verwendung von Butter und Milch zeigt den Einfluß der birmanischen Küche bei diesem Rezept.

4 EL (60 g) Butter
8 Schalotten, in dünne Scheiben geschnitten
2 EL rote Currypaste (*nam prik gaeng ped;* S. 236)
2 EL Currypulver
1 Poularde (etwa 1,5 kg), in 12 Stücke zerlegt
90 ml Fischsauce *(nam pla)*
3 EL Zucker
250 ml Milch
2 Tomaten, in Achtel geschnitten

Die Schalotten in 3 Eßlöffel Butter braten, bis sie goldbraun sind. Aus der Pfanne nehmen und beiseite stellen.

Die restliche Butter in die Pfanne geben. Currypaste und -pulver hinzufügen und 2 Minuten unter Rühren erhitzen. Die Hühnerteile dazugeben und 5 Minuten bei starker Hitze anbraten. Alle übrigen Zutaten – mit Ausnahme der Schalotten – dazugeben und so viel Wasser hinzufügen, daß das Fleisch knapp bedeckt ist. Zum Kochen bringen und das Geflügel 30 Minuten köcheln lassen. Falls nötig, zum Schluß das Fleisch herausnehmen und die Sauce reduzieren. In einer Servierschüssel anrichten und mit den gebratenen Schalotten bestreuen.

Für 4 Personen

Rechte Seite: *Huhn nach Art von Chiang Mai* (oben links) *und Birmanisches Hühner-Curry* (rechts)

Nordthailand

GAENG HOH
Fleisch-Gemüse-Curry

Dieses Gericht ist eine gelungene Zusammenstellung vieler verschiedener Aromen und Konsistenzen.

2 EL Öl
2 Knoblauchzehen *(kratiem)*, gehackt
125 g Schweinefleisch, in 2,5 cm große Würfel geschnitten
125 g Hühnerfleisch, in Scheiben von 5 cm Breite und 1 cm Stärke geschnitten
2 EL rote Currypaste (*nam prik gaeng ped;* S. 236)
1 EL gelbe Bohnensauce *(tao jeow)*
30 g Glasnudeln *(woon sen)*, etwa 15 Minuten in warmem Wasser eingeweicht, dann abgegossen und zum Abtropfen beiseite gestellt
1/2 TL Kurkuma
1 TL Currypulver
60 ml Fischsauce *(nam pla)*
3 EL Palm- oder brauner Zucker
3 thailändische Mini-Auberginen *(ma-khue puang)*
50 g Bambussprossen, in dünne Scheiben geschnitten
4 chinesische Spargelbohnen (siehe Glossar), in 2,5 cm lange Stücke geschnitten
100 g Strohpilze (Dose)
150 g eingelegter chinesischer Senfkohl, in Stücke geschnitten
1 Tomate, gewürfelt

Eine große schwere Pfanne erhitzen und das Öl hineingießen. Knoblauch, Schweine- und Hühnerfleisch dazugeben und 4 Minuten unter Rühren braten. Dann die Currypaste und die Bohnensauce unterrühren.

Abgetropfte Glasnudeln, Kurkuma, Currypulver, Fischsauce und den Zucker hinzufügen und alles 4 Minuten unter Rühren braten.

Das Gemüse 2 Minuten im Fleisch-Curry erhitzen oder roh belassen und getrennt dazu reichen.

Für 2 Personen

Bangkok und Zentrales Tiefland

GAENG GAREE GAI
Gelbes Hühner-Curry

Dieses Hühner-Curry läßt sich mühelos zubereiten – eine schnelle Mahlzeit für einen hektischen Tag.

2 EL Öl
1/2 Zwiebel, in Streifen geschnitten
5 Knoblauchzehen *(kratiem)*, gehackt
750 ml Kokosmilch (siehe Glossar)
500 g Hühnerfleisch, in Scheiben geschnitten
3 EL Currypulver
60 ml Fischsauce *(nam pla)*
2 EL Zucker

Einen großen Topf erhitzen und das Öl hineingießen. Zwiebel und Knoblauch dazugeben und unter Rühren beinahe goldbraun braten. Herausnehmen und beiseite stellen.

Die Kokosmilch in den Topf gießen und zum Kochen bringen. Das Hühnerfleisch hinzufügen und 3 Minuten köcheln lassen.

Mit Curry, Fischsauce und Zucker würzen. Gebratene Zwiebel und Knoblauch unterrühren und alles 1 Minute köcheln lassen. In eine Servierschüssel füllen und mit gedämpftem Reis auftragen.

Für 4 Personen

Gelbes Hühner-Curry (links) *und Fleisch-Gemüse-Curry* (oben und rechts)

Reis mit Hühnerfleisch und Ananas

Bangkok und Zentrales Tiefland

KHAO OB SAPPAROD
Reis mit Hühnerfleisch und Ananas

Die in diesem Rezept verwendete frische Ananas rundet das Gericht nicht nur mit ihrem feinen Aroma geschmacklich ab; sie dient auch als dekoratives Serviergefäß und macht dieses Reisgericht zum Schmuckstück einer festlichen Tafel.

1 frische Ananas
3 EL Öl
250 g Hühnerfleisch, in Würfel geschnitten

WÜRZZUTATEN

60 ml Fischsauce *(nam pla)*
1 EL Maggi-Würze
60 g Zucker
500 ml Kokosmilch
1/4 TL frisch gemahlener weißer Pfeffer
4 EL Korianderblätter *(bai pak chee)*, gehackt

150 g geröstete Cashew-Nüsse
100 g Rosinen
1 EL gehackte Korianderblätter *(bai pak chee)*
100 g Duftreis (*khao suay;* S. 98), gedämpft

Die Ananas der Länge nach halbieren. Das Fruchtfleisch herauslösen, so daß später der Reis in die beiden ausgehöhlten Ananashälften gefüllt werden kann. Etwa eine Handvoll Fruchtfleisch im Mixer feinhacken und beiseite stellen. (Das restliche Fruchtfleisch der Ananas wird für dieses Gericht nicht benötigt.)

Eine große schwere Pfanne erhitzen und das Öl hineingießen. Das Hühnerfleisch sautieren, bis es gar ist. Alle Würzzutaten dazugeben und die Mischung erhitzen, bis sie aufschäumt.

Cashew-Nüsse, Ananas, Rosinen, Koriander und Reis hinzufügen. Die Pfanne von der Kochstelle nehmen und alles gründlich durchheben.

Die Reismischung in die ausgehöhlten Ananashälften füllen und etwa 15 Minuten bei 180 °C (Gasherd Stufe 2–3) im Backofen oder 5 Minuten im Mikrowellengerät erhitzen. Wird der Backofen benutzt, die Blätter der Ananas mit Alufolie abdecken, damit sie nicht verbrennen.

Für 2 Personen

Brathähnchen nach Art von Surat (oben links) *und Pfannengerührtes Hühnerfleisch mit Basilikum und grüner Currypaste* (unten)

Bangkok und Zentrales Tiefland

PAD BAI GA-PROW KEOW WAN GAI
Pfannengerührtes Hühnerfleisch mit Basilikum und grüner Currypaste

Zu diesem kräftig gewürzten Gericht ist gedämpfter Reis eine passende Beilage.

3 EL Öl
3 EL grüne Currypaste *(nam prik gaeng keow wan;* S. 236)
500 g Hühnerfleisch, in Streifen geschnitten
50 g Bambussprossen (siehe Glossar), in Scheiben geschnitten
10 grüne *(prik chee fa)* und rote Jalapeño-Chillies *(prik chee fa daeng),* in Ringe geschnitten
60 ml Kokosmilch (siehe Glossar)
3 EL Fischsauce *(nam pla)*
3 EL Zucker
1 Bund Basilikum (*bai ga-prow;* siehe Glossar)
3 EL Kokossahne (siehe Glossar)

Eine große schwere Pfanne erhitzen und das Öl hineingießen. Currypaste und Hühnerfleisch hinzufügen und 3 Minuten unter Rühren braten. Dann die übrigen Zutaten – mit Ausnahme von Basilikum und Kokossahne – dazugeben und alles 4 Minuten bei starker Hitze garen.

Die Basilikumblätter unterheben. Auf einer Servierplatte anrichten und mit Kokossahne garnieren.

Für 4 Personen

Südthailand

GAI OB SURAT
Brathähnchen nach Art von Surat

Die Provinzstadt Surat Thani im Süden Thailands gab diesem köstlichen Gericht seinen Namen.

MARINADE

3 Knoblauchzehen *(kratiem),* zerdrückt
1/8 TL frisch gemahlener weißer Pfeffer
60 ml Fischsauce *(nam pla)*
2 EL Weinbrand (oder Whiskey oder Wein)
2 EL gehacktes Zitronengras *(ta-krai)*
3 EL Kokosmilch (siehe Glossar)
1 EL rote Currypaste (*nam prik gaeng ped;* S. 236)
1 TL Salz

1 Poularde (etwa 1,5 kg)

Die Zutaten für die Marinade verrühren. Das Hähnchen gründlich darin wenden und zum Marinieren 4 Stunden stehenlassen.

Den Backofen auf 180 °C (Gasherd Stufe 2) vorheizen. Das marinierte Hähnchen auf dem eingeölten Grillrost etwa 1 Stunde im Backofen grillen, damit die Haut knusprig wird. Das Brathähnchen in Portionsstücke zerlegt servieren oder erst bei Tisch tranchieren. Eine passende Sauce (siehe S. 234–247) dazu reichen.

Für 4 Personen

Bangkok und Zentrales Tiefland

GAI YANG
Grillhähnchen auf thailändische Art

Gegrilltes Fleisch wird überall in Thailand an Straßenständen und in Restaurants angeboten.

1 Poularde (etwa 1,5 kg), halbiert

MARINADE

1 TL Salz
4 Knoblauchzehen *(kratiem),* gehackt
1 TL frisch gemahlener weißer Pfeffer
1 EL gehackte Korianderblätter *(bai pak chee)* und Korianderwurzel *(raak pak chee)*
2 EL Weinbrand (oder Whiskey oder Wein)
2 EL Kokosmilch (siehe Glossar)
1 EL Fischsauce *(nam pla)*
1 TL gehackte frische Ingwerwurzel
2 EL Sojasauce

ZUM GARNIEREN

Kleingeschnittenes rohes Gemüse

Die Zutaten für die Marinade verrühren und die Poulardenhälften sorgfältig damit bestreichen. Zum Marinieren 4 Stunden stehenlassen, dabei öfter mit der Marinade bestreichen.

Das Geflügel auf den eingeölten Grillrost legen und bei 180 °C (Gasherd Stufe 2–3) etwa 30 Minuten im Backofen garen, dann noch ein paar Minuten grillen, bis die Haut schön knusprig ist.

Die Poulardenhälften mit rohem Gemüse garniert auf einer Servierplatte anrichten.

Eine Chilisauce dazu reichen.

Für 4 Personen

Rechte Seite: *Grillhähnchen auf thailändische Art*

Bangkok und Zentrales Tiefland

PAD TAP GAI
Pfannengerührte Hühnerleber mit Zwiebeln

Auch die Innereien der Hühner werden in der Thai-Küche auf vielfältige Weise zubereitet. Pfannengerührte Hühnerleber mit Zwiebeln kann man in vielen Straßenküchen Bangkoks kosten.

3 EL Öl
1 kleine Zwiebel, in Streifen geschnitten
6 Knoblauchzehen *(kratiem)*, gehackt
500 g Hühnerleber, in Streifen geschnitten
2 EL Maggi-Würze
2 EL Fischsauce *(nam pla)*
2 EL Zucker
2 EL Rotwein oder Whiskey
2 Frühlingszwiebeln, in 2,5 cm lange Stücke geschnitten

Eine große schwere Pfanne erhitzen und das Öl hineingießen. Zwiebeln und Knoblauch dazugeben und 30 Sekunden unter Rühren braten. Die Hühnerleber hinzufügen und auf hohe Temperatur heraufschalten.

Die restlichen Zutaten dazugeben und alles noch etwa 3 Minuten unter Rühren braten, bis die Leber gerade gar, aber innen noch zart ist. In einer Servierschüssel anrichten.

Für 4 Personen

Bangkok und Zentrales Tiefland

NUEA PAD KANAA
Rindfleisch mit Chinesischem Brokkoli

Diese Kombination von frischem Brokkoli und Rindfleisch schmeckt einfach köstlich. Das Rezept läßt sich aber auch gut variieren, indem man anderes frisches Gemüse der Saison verwendet.

MARINADE
4 Knoblauchzehen *(kratiem)*, zerdrückt
1 Ei
2 EL Zucker
1/4 TL frisch gemahlener weißer Pfeffer
1 TL Sesamöl
2 EL Reiswein
1 EL Maisstärke
2 EL Fischsauce *(nam pla)*

250 g zartes Rindfleisch, in dünne Streifen geschnitten
500 g chinesischer oder hiesiger Brokkoli
2 EL Öl
4 EL halbierte Strohpilze
3 EL Austernsauce

Die Zutaten für die Marinade verrühren. Die Rindfleischstreifen darin wenden und zum Marinieren 1 Stunde stehenlassen.

Den Brokkoli waschen und in Stücke schneiden.

Eine große schwere Pfanne erhitzen und das Öl hineingießen. Das marinierte Rindfleisch sautieren, bis es fast gar ist.

Brokkoli, Strohpilze und Austernsauce dazugeben und alles noch 3 Minuten garen.

Für 4 Personen

Linke Seite: *Rindfleisch mit Zwiebeln und Paprika* (oben, Rezept S. 134) *und Rindfleisch mit chinesischem Brokkoli* (unten)

Hühnerfleisch mit Ingwer (unten) *und Pfannengerührte Hühnerleber mit Zwiebeln* (oben)

Bangkok und Zentrales Tiefland

GAI PAD KHING
Hühnerfleisch mit Ingwer

Dies ist ein schnelles und einfaches Rezept für eine gesunde Mahlzeit. Rote und grüne Paprikastreifen verleihen diesem Hühnerfleischgericht ein attraktives Aussehen. Es wird in fast allen thailändischen Restaurants serviert.

2 EL Öl
250 g Hühnerbrustfleisch, in Streifen geschnitten
2 Knoblauchzehen *(kratiem)*, gehackt
2 EL Fischsauce *(nam pla)*
1 EL Austernsauce
1 EL Zucker
Frisch gemahlener weißer Pfeffer
2 EL feingeschnittene Ingwerwurzel
4 EL in Streifen geschnittene grüne Paprikaschote
4 EL in Streifen geschnittene rote Paprikaschote
4 EL in Scheiben geschnittene Champignons
4 EL in Streifen geschnittene Zwiebel
Korianderblätter *(bai pak chee)* zum Garnieren (nach Belieben)

Eine große schwere Pfanne erhitzen und das Öl hineingießen. Hühnerfleisch und Knoblauch 2 Minuten anbraten.

Die übrigen Zutaten hinzufügen und alles 3 Minuten unter Rühren braten. Auf einer Servierplatte anrichten und nach Belieben mit Korianderblättern garnieren.

Für 1–2 Personen

Gegrillte Rinderlende »Tigerschrei«

Nordostthailand

SEUA RONG HAI
Gegrillte Rinderlende »Tigerschrei«

Dieses Gericht, das in Thailand auch unter der Bezeichnung »nuea yang« bekannt ist, wird mit frischem Gemüse und einer scharfen Sauce serviert.

500 g Roastbeef, in lange Streifen geschnitten (etwa 15 x 2,5 x 2,5 cm)
3 EL Fischsauce *(nam pla)*

SAUCE

60 ml Fischsauce *(nam pla)*
75 ml Limettensaft
1 TL zerstoßene getrocknete Chillies *(prik khee noo pon)*
1 EL gehackte Frühlingszwiebeln
1 TL gehackte Korianderblätter *(bai pak chee)*

GEMÜSEBEILAGE (Menge nach Belieben)

Salatgurke, in Scheiben geschnitten
Sumpfkohl (siehe Glossar) oder Spinat
Basilikum *(bai horapa;* siehe Glossar)
Minzestengel
Frühlingszwiebeln

Das Fleisch in eine Schüssel geben und mit der Fischsauce einreiben. Zum Marinieren 1 Stunde stehenlassen. Das marinierte Rindfleisch auf jeder Seite etwa 3 Minuten grillen. Die Zutaten für die Sauce in einer kleinen Schüssel verrühren. Als Dip zu dem gegrillten Rindfleisch und dem rohen Gemüse reichen.

Für 4 Personen

Bangkok und Zentrales Tiefland

NUEA PAD PRIK
Rindfleisch mit Zwiebeln und Paprika

Ein köstliches Gericht, das häufig mit gedämpftem Duftreis (»khao suay«; S. 98) serviert und manchmal auch mit einem Spiegelei garniert wird.

MARINADE

1 TL Fischsauce *(nam pla)*
1 EL Maisstärke
Frisch gemahlener weißer Pfeffer

500 g zartes Rindfleisch, in dünne Scheiben geschnitten
2 EL Öl
4 Knoblauchzehen *(kratiem)*, zerdrückt
4 EL in Scheiben geschnittene Zwiebeln
1/4 grüne Paprikaschote, in Streifen geschnitten
1/4 rote Paprikaschote, in Streifen geschnitten
3 EL Fischsauce *(nam pla)*
1 EL Maggi-Würze
2 EL Zucker
1 EL Sesamöl

Die Zutaten für die Marinade verrühren. Das Rindfleisch darin wenden und 10 Minuten stehenlassen.

Eine große schwere Pfanne erhitzen und das Öl hineingießen. Rindfleisch, Knoblauch, Zwiebeln und Paprika dazugeben und 3 Minuten sautieren. Die restlichen Zutaten hinzufügen und alles noch 2 Minuten garen.

Für 4 Personen *Abbildung S. 132*

Bangkok und Zentrales Tiefland

PAD PED NUEA
Pfannengerührtes Tatar mit grünen Bohnen

Zur geschmacklichen Abwandlung dieses Gerichts kann das Rindfleisch durch andere Fleischsorten ersetzt werden. Besonders pikant schmeckt es, wenn man einige scharfe Chillies hinzufügt.

2 EL Öl
1 Knoblauchzehe *(kratiem)*, gehackt
250 g Rindertatar
250 g chinesische Spargelbohnen (siehe Glossar) oder andere grüne Bohnen, in 2,5 cm lange Stücke geschnitten
3 EL Fischsauce *(nam pla)*
1 TL rote Currypaste *(nam prik gaeng ped;* S. 236)
1 EL Zucker
1/4 grüne Paprikaschote, in Streifen geschnitten
1/4 rote Paprikaschote, in Streifen geschnitten
Frisch gemahlener weißer Pfeffer
5–8 grüne thailändische Chillies *(prik khee noo)*, in Ringe geschnitten (nach Belieben)

Eine große schwere Pfanne erhitzen und das Öl hineingießen. Knoblauch und Tatar dazugeben und bei mittelstarker Hitze sautieren, bis das Hackfleisch gar ist.

Die Bohnen und alle übrigen Zutaten (einschließlich der Chillies, falls verwendet) hinzufügen und noch etwa 1 Minute garen, bis die Bohnen zart sind.

Für 4 Personen

Pfannengerührtes Tatar mit grünen Bohnen (oben links) *und Chiang-Mai-Curry* (oben rechts)

Nordthailand

Gaeng Hang Lay
Chiang-Mai-Curry

Da das Fleisch zunächst in Kokosmilch weich gekocht wird, lassen sich bei diesem Rezept auch preiswerte Stücke verwenden. Dieses Gericht wird im Norden Thailands gern mit Schweinebauch zubereitet.

500 g Rindfleisch
500 ml Kokosmilch (siehe Glossar)
4 EL gehacktes Zitronengras *(ta-krai)*
1 TL Garnelenpaste *(gapi)*
5 getrocknete grüne Jalapeño-Chillies *(prik chee fa haeng)*
2 EL gelbe Bohnensauce *(tao jeow)*
6 Knoblauchzehen *(kratiem)*, gehackt
1 EL gehackte Ingwerwurzel
3 EL Palmzucker *(nam taan peep)*
2 Schalotten
60 ml Tamarindensaft (*ma-kaam piag;* siehe Glossar)
2 EL Currypulver

Das Rindfleisch in etwa 1 cm breite Streifen schneiden und dann in einem großen Topf 30 Minuten zugedeckt in der Kokosmilch köcheln lassen.

Die übrigen Zutaten zu einer Paste verarbeiten. Zum Rindfleisch in den Topf geben und alles nochmals 10 Minuten mit aufgelegtem Deckel köcheln lassen.

Für 4 Personen

Nordostthailand

NUEA YANG NAM TOK
»Wasserfall«-Rindfleisch

Das Geräusch, das entsteht, wenn beim Grillen des Fleisches immer wieder Bratensaft in die Glut tropft, hat diesem Gericht seinen ausgefallenen Namen gegeben.

500 g Rinderlende
90 ml Fischsauce *(nam pla)*
60 ml Limettensaft
2 EL gehackte Frühlingszwiebeln
2 EL gehackte Korianderblätter *(bai pak chee)*
4 EL Minzeblätter
1 1/2 EL gemahlener gerösteter Klebreis (siehe Glossar)
1 EL gerösteter Sesam
1/2 TL gemahlene getrocknete Chillies *(prik khee noo pon)*

Das Rindfleisch mit etwas Fischsauce einreiben und 1 Stunde stehenlassen. Das marinierte Fleisch etwa 3 Minuten auf jeder Seite grillen, so daß es in der Mitte noch rosa ist. Dann in 3 mm dünne Streifen von etwa 5 cm Länge und 2,5 cm Breite schneiden. Die Rindfleischstreifen zusammen mit der restlichen Fischsauce und dem Limettensaft in einen Topf geben. Bei mittelhoher Temperatur 1 Minute unter Rühren erhitzen. Von der Kochstelle nehmen und Frühlingszwiebeln, Korianderblätter, Minze, gemahlenen Klebreis, Sesam und Chillies gründlich untermischen.

Mit einer Auswahl von rohem oder blanchiertem Gemüse auf einer Servierplatte anrichten.

Für 4 Personen

Bangkok und Zentrales Tiefland

MASSAMAN NUEA
Massaman-Curry

Rindfleisch wird bei diesem Rezept in einer köstlichen Mischung aus typisch thailändischen und indischen Aromen gegart.

500 g Hüftsteak vom Rind, in 2,5 cm große Würfel geschnitten
900 ml Kokosmilch (siehe Glossar)
2 EL Öl
60 g Erdnußkerne
4 EL in Streifen geschnittene Zwiebeln
4 EL gehackte Knoblauchzehen *(kratiem)*
6 große getrocknete rote Jalapeño-Chillies *(prik chee fa daeng haeng)*
3 EL Massaman-Currypaste (*nam prik gaeng massaman;* S. 241)
60 ml Fischsauce *(nam pla)*
3 EL Zucker

Das Rindfleisch mit der Hälfte der Kokosmilch in einen mittelgroßen Topf geben und 45 Minuten köcheln lassen.

Eine schwere Pfanne erhitzen, das Öl hineingießen und die Erdnußkerne darin goldbraun rösten. Die Erdnüsse herausnehmen und beiseite stellen. Im gleichen Öl die Zwiebeln, den Knoblauch und die Chillies braten. Gebratene Zwiebeln, Knoblauch und Chillies im Mixer glattpürieren. In einem großen Topf die verbliebene Kokosmilch mit der Massaman-Currypaste, der Fischsauce und dem Zucker verrühren. Das Rindfleisch mit seiner Garflüssigkeit, die pürierten Zutaten sowie die Erdnüsse hinzufügen. Alles zum Kochen bringen und 5 Minuten köcheln lassen.

Für 4 Personen

»Wasserfall«-Rindfleisch (links) *und Massaman-Curry* (rechts)

Nordostthailand

TAP WAAN
Rinderleber nach Art des Nordostens

Die Frische von Limetten und Zitronengras bildet einen wohlschmeckenden Kontrast zu dem Aroma von Rinderleber.

500 g Rinderleber, in dünne Scheiben geschnitten
1 EL Öl
4 Schalotten, in dünne Scheiben geschnitten
60 ml Fischsauce *(nam pla)*
60 ml Limettensaft
1/2 TL gemahlene getrocknete Chillies *(prik khee noo pon)*
1 EL gemahlener gerösteter Klebreis (siehe Glossar)
4 EL in dünne Ringe geschnittenes Zitronengras
4 EL Minzeblätter
Verschiedene rohe Gemüse

In einem Topf Wasser zum Kochen bringen. Die in Scheiben geschnittene Leber etwa 30 Sekunden blanchieren. Das Öl in einer großen schweren Pfanne erhitzen und die Schalotten darin sautieren. Leber, Fischsauce und Limettensaft hinzufügen und 1 Minute bei mittelhoher Temperatur erhitzen. Dann von der Kochstelle nehmen. Chillies, Klebreis und Zitronengras unterrühren.

Die Leber auf einer Servierplatte anrichten, mit Minzeblättern bestreuen und mit den rohen Gemüsen garnieren.

Für 4 Personen

Bangkok und Zentrales Tiefland

PANAENG NUEA
Pfannengerührtes Rindfleisch-Curry

SAUCE
100 ml Kokosmilch (siehe Glossar)
2 EL Fischsauce *(nam pla)*
2 EL Zucker
2 Kaffir-Limettenblätter *(bai ma-grood),* in feine Streifen geschnitten

1 EL Öl
2 EL Panaeng-Currypaste (*nam prik panaeng;* S. 241)
250 g zartes Rindfleisch, in Streifen geschnitten
2 EL in Streifen geschnittene grüne Paprikaschote
2 EL in Streifen geschnittene rote Paprikaschote
4 EL in Streifen geschnittene Zwiebeln
2 EL gemahlene geröstete Erdnüsse
1 EL Kokossahne (siehe Glossar)
1 Kaffir-Limettenblatt *(bai ma-grood),* in feine Streifen geschnitten

Die Zutaten für die Sauce verrühren und beiseite stellen.

Eine große schwere Pfanne erhitzen und das Öl sowie die Currypaste hineingeben. Bei niedriger Temperatur 1 Minute erhitzen. Auf hohe Temperatur heraufschalten. Das Rindfleisch in der Paste sautieren und die Sauce hinzufügen. Köcheln lassen, bis die Sauce eindickt.

Paprikastreifen, Zwiebeln und gemahlene Erdnüsse dazugeben. Alles 2 Minuten erhitzen, dann in eine Servierschüssel füllen. Mit Kokossahne und Limettenblattstreifen garnieren.

Für 2 Personen

Pfannengerührtes Rindfleisch-Curry (unten) *und Rinderleber nach Art des Nordostens* (oben rechts)

Nordostthailand

SAI GROG ESAN
Würste nach nordöstlicher Art

Diese Spezialität aus dem nordöstlichen Landesteil wird mit gedämpftem Klebreis zubereitet, der den Würsten ihre charakteristische Konsistenz verleiht.

WURSTMASSE
500 g Schweinehackfleisch
4 EL gehackter Knoblauch *(kratiem)*
40 g Klebreis (*khao neow;* S. 98), gedämpft
Frisch gemahlener weißer Pfeffer
Salz
60 ml Limettensaft
2 EL Fischsauce *(nam pla)*

Wurstdarm (etwa 60 cm lang)

Die Zutaten für die Wurstmasse gründlich vermengen. Die Masse in den Wurstdarm füllen und in Abständen von etwa 10 cm Würste abdrehen. Die Würste über Nacht in den Kühlschrank legen, damit die Aromen verschmelzen.

Am nächsten Tag sind die Würste verwendbar. Gebraten (s. Gebratene Würste nach nordöstlicher Art *[sai grog taud]*, S. 76) schmecken sie ebensogut wie gegrillt oder gedämpft.

Ergibt 6 Würste

Südthailand

KUA HAENG MOO PAA
Wildschwein-Curry

Dieses Rezept wurde ursprünglich mit Wildschweinfleisch zubereitet, doch auch mit Fleisch von Hausschweinen schmeckt es gut.

3 EL Öl
500 g Schweinebauch mit Schwarte, in 1 cm große Würfel geschnitten
2 EL rote Currypaste (*nam prik gaeng ped;* S. 236)
3 EL Fischsauce *(nam pla)*
2 EL Zucker

Das Öl in einer großen schweren Pfanne erhitzen und die übrigen Zutaten hineingeben. Alles etwa 10 Minuten bei mittelstarker Hitze garen, bis die Sauce eingekocht und das Fleisch gar ist. Auf einer Servierplatte anrichten und eine pikante Sauce (S. 234–247) dazu reichen.

Für 4 Personen

Bangkok und Zentrales Tiefland

MOO PAD WOON SEN
Pfannengerührte Glasnudeln mit Hackfleisch

Glas- oder Cellophannudeln werden nach dem Einweichen durchsichtig – daher ihr Name. Sie finden häufig in Suppen und pfannengerührten Gerichten Verwendung.

60 g Glasnudeln *(woon sen)*
2 EL Öl
250 g Schweinehackfleisch

Schweinefleisch-Curry

2 Eier
4 Knoblauchzehen *(kratiem)*, gehackt
50 g Weißkohl, in Streifen geschnitten
1 Frühlingszwiebel, in 2,5 cm lange Stücke geschnitten
3 EL Fischsauce *(nam pla)*
1 EL Maggi-Würze
2 EL Zucker

Die Nudeln 10 Minuten in warmem Wasser einweichen.

Eine große schwere Pfanne erhitzen und das Öl hineingießen. Hackfleisch, Eier und Knoblauch dazugeben und 2 Minuten unter Rühren braten. Dann die restlichen Zutaten hinzufügen und alles unter Rühren garen, bis die Nudeln weich sind und die Sauce eingekocht ist. Auf einer Servierplatte anrichten.

Für 4 Personen

Bangkok und Zentrales Tiefland

GAENG MOO TAY PO
Schweinefleisch-Curry

Thailändische Currys werden mit Huhn, Fisch, Meeresfrüchten, Rind- oder Schweinefleisch zubereitet. Dies ist ein Grundrezept für ein Schweinefleisch-Curry; wie man es abwandelt, bleibt der eigenen Kreativität überlassen.

750 ml Kokosmilch (siehe Glossar)
3 EL rote Currypaste (*nam prik gaeng ped;* S. 236)
500 g Schweinefleisch, in 1 cm große Würfel geschnitten
60 ml Fischsauce *(nam pla)*
2 EL Zucker
60 ml Tamarindensaft (*ma-kaam piag;* siehe Glossar)
150 g Sumpfkohl (siehe Glossar) oder Spinat, in 2,5 cm breite Streifen geschnitten
8 Blätter von Kaffir-Limetten *(bai ma-grood)*

In einem großen Topf ein Drittel der Kokosmilch mit der Currypaste verrühren, zum Kochen bringen und 1 Minute köcheln lassen.

Das Schweinefleisch dazugeben und garen, bis es zart ist. Alle übrigen Zutaten hinzufügen und das Ganze nochmals erhitzen, bis es zu köcheln beginnt. Von der Kochstelle nehmen und mit Limettenblättern garniert servieren.

Für 4 Personen

Rechte Seite: *Würste nach nordöstlicher Art* (oben links), *Pfannengerührte Glasnudeln mit Hackfleisch* (unten) *und Wildschwein-Curry* (rechts)

Bangkok und Zentrales Tiefland

PAD PRIK KHING MOO
Pfannengerührtes Schweinefleisch mit Sumpfkohl

3 EL Öl
500 g Schweinebauch, quer in dünne Scheiben geschnitten
2 EL Öl
3 EL Currypaste
60 ml Fischsauce *(nam pla)*
2 EL Zucker
100 g Sumpfkohl (siehe Glossar), in 5 cm große Stücke geschnitten, oder Spinat, in Streifen geschnitten
5 Blätter von Kaffir-Limetten *(bai ma-grood),* in feine Streifen geschnitten

Eine große schwere Pfanne erhitzen und 1 Eßlöffel Öl hineingeben. Das Schweinefleisch etwa 7 Minuten unter Rühren braten, bis es knusprig ist, dann aus der Pfanne nehmen und beiseite stellen. (Das ausgebratene Fett wird für dieses Gericht nicht benötigt.) Das restliche Öl in die Pfanne geben und die Currypaste einige Sekunden erhitzen. Die übrigen Zutaten – mit Ausnahme der Limettenblätter – hinzufügen und alles zum Kochen bringen. Das Schweinefleisch unterrühren. In einer Servierschüssel anrichten und mit den feingeschnittenen Limettenblättern garnieren.

Für 4 Personen

Bangkok und Zentrales Tiefland

KHAO PAD MOO
Gebratener Reis mit Schweinefleisch

Die Zutaten für dieses Gericht können nach Belieben ergänzt werden.

2 EL Öl
2 Knoblauchzehen *(kratiem),* gehackt
250 g Schweinefleisch, in Streifen geschnitten
2 Eier, verquirlt
300 g Reis, gekocht
60 ml Fischsauce *(nam pla)*
1 EL süße Sojasauce
2 EL Zucker
1/4 TL frisch gemahlener weißer Pfeffer
1 Zwiebel, in Streifen geschnitten
1 Tomate, in Stücke geschnitten
1 Frühlingszwiebel, gehackt
2 EL Korianderblätter *(bai pak chee)*
1/8 Salatgurke, in Scheiben geschnitten

Eine große schwere Pfanne erhitzen und das Öl hineingießen. Knoblauch und Schweinefleisch unter Rühren braten, bis das Fleisch gar ist. Die verquirlten Eier hinzufügen und unter ständigem Rühren stocken lassen. Reis, Fisch- und Sojasauce, Zucker und weißen Pfeffer dazugeben. Unter Rühren braten, bis der Reis heiß ist – die Temperatur nötigenfalls herunterschalten. Zwiebeln, Tomaten und Frühlingszwiebeln unterheben. Mit Korianderblättern und Gurkenscheiben garnieren. Fischsauce mit Chillies *(nam pla prik;* S. 242) dazu reichen.

Für 4 Personen

Gebratener Reis mit Schweinefleisch (links), *Pfannengerührtes Schweinefleisch mit Sumpfkohl* (vorne) *und Spareribs mit Fünfgewürzpulver* (oben rechts, Rezept S. 144)

Bangkok und Zentrales Tiefland

SEE-KRONG MOO OB
Spareribs mit Fünfgewürzpulver

Das für die Marinade verwendete Fünfgewürzpulver stammt ursprünglich aus China. Es ist – wie der Name sagt – eine Mischung aus fünf Gewürzen: Sternanis, Sichuan-Pfeffer, Fenchel, Zimt und Nelken. Das wohlriechende Pulver verleiht den Spareribs ein leicht süßliches Aroma. Es ist in asiatischen Lebensmittelgeschäften und gutsortierten Supermärkten erhältlich.

MARINADE

125 ml Sojasauce
60 ml Fischsauce *(nam pla)*
1 TL Fünfgewürzpulver
1 EL Sesamöl
125 g Zucker
6 Knoblauchzehen *(kratiem)*, gehackt
4 EL gehackte Korianderblätter *(bai pak chee)*
2 EL Reiswein oder Weinbrand

2 kg Schweinerippchen, in 2,5 cm große Stücke gehackt
1 EL Öl

Die Zutaten für die Marinade verrühren und die Schweinerippchen gründlich damit einreiben. Zum Marinieren etwa 1 Stunde stehenlassen.

Den Backofen auf 180 °C (Gasherd Stufe 2–3) vorheizen.

Die marinierten Rippchen auf den mit Öl bestrichenen Grillrost legen und etwa 30–45 Minuten im Backofen garen. Anschließend noch ein paar Minuten grillen, bis die Spareribs schön knusprig sind.

Mit in Scheiben geschnittener Salatgurke und ganzen Frühlingszwiebeln servieren.

Für 4 Personen *Abbildung S. 143*

Bangkok und Zentrales Tiefland

PAD KREUNG NAI MOO
Pfannengerührter Schweinemagen mit Leber

Dieses Rezept stammt ursprünglich aus China. Schweinemagen ist auf Bestellung beim Metzger erhältlich.

250 g Schweinemagen
250 g Schweineleber
4 schwarze chinesische Trockenpilze
3 EL Öl
4 Knoblauchzehen *(kratiem)*, gehackt
2 EL helle Sojasauce
1 EL Fischsauce *(nam pla)*
1 EL Maisstärke, mit 2 EL Wasser angerührt
2 Frühlingszwiebeln, in 2,5 cm lange Stücke geschnitten

Den Schweinemagen gründlich säubern und das Fett wegschneiden. Die Leber abwaschen. Die Innereien in 1 cm breite Streifen schneiden.

Die Trockenpilze mindestens 15 Minuten in warmem Wasser einweichen. Gründlich abtropfen lassen, dann in 1 cm starke Streifen schneiden.

Das Wasser in einem großen Topf zum Kochen bringen. Den Schweinemagen hinzufügen und 10 Minuten bei starker Hitze kochen lassen. Die Leber dazugeben und 1 Minute garen. Die Innereien aus der Flüssigkeit nehmen und abtropfen lassen.

Pfannengerührter Schweinemagen mit Leber

Eine große schwere Pfanne erhitzen und das Öl hineingießen. Den Knoblauch darin anbraten, dann Leber, Magen, Pilze, helle Sojasauce und Fischsauce hinzufügen und alles 2 Minuten garen. Die Maisstärke unterrühren und das Ganze noch 2 Minuten erhitzen. Die Frühlingszwiebeln hinzufügen und servieren.

Für 4 Personen

Bangkok und Zentrales Tiefland

MOO YANG TA-KRAI
Gegrillte Koteletts mit Zitronengras

Das Grillen über Holzkohle verleiht dem Fleisch ein charakteristisches Aroma. Anstelle von Koteletts kann man auch ausgelöstes Schweinefleisch verwenden, das auf Spieße gezogen wird.

MARINADE

2 Knoblauchzehen *(kratiem)*, gehackt
1/2 TL frisch gemahlener weißer Pfeffer
2 EL Zucker
2 EL Fischsauce *(nam pla)*
2 EL Sojasauce
1 EL Sesamöl
1 EL Weinbrand (oder Whiskey oder Wein)
2 EL gehacktes Zitronengras *(ta-krai)*
1 EL feingehackte Frühlingszwiebeln
2 EL Kokosmilch (siehe Glossar)

4 Schweinekoteletts (insgesamt etwa 500 g)

Die Zutaten für die Marinade verrühren. Die Koteletts gründlich darin wenden und zum Marinieren etwa 1 Stunde stehenlassen.

Die marinierten Koteletts auf jeder Seite etwa 8 Minuten über glühender Holzkohle grillen, bis das Fleisch gar ist.

Mit einer würzigen Sauce (S. 234–247) eigener Wahl servieren.

Für 4 Personen

Rechte Seite: *Gegrillte Koteletts mit Zitronengras*

Bangkok und Zentrales Tiefland

MOO TOM KEM PALO
Gedämpftes Schweinefleisch mit Fünfgewürzpulver

Dieses Gericht schmeckt noch besser, wenn man es am Vortag zubereitet und durchziehen läßt.

1 EL Öl
4 Knoblauchzehen *(kratiem)*, gehackt
500 g Schweinebauch, in 2,5 cm große Würfel geschnitten
250 g gebratener Tofu (siehe Glossar)
1 TL Fünfgewürzpulver (siehe Spareribs mit Fünfgewürzpulver, S. 144)
4 EL gehackte Korianderwurzel *(raak pak chee)*
1/2 TL frisch gemahlener weißer Pfeffer
60 ml süße Sojasauce
2 EL helle Sojasauce
60 ml Fischsauce *(nam pla)*
3 EL weißer oder brauner Zucker

Einen großen Topf erhitzen und Öl sowie Knoblauch hineingeben. Das Schweinefleisch hinzufügen, durchrühren und dann die übrigen Zutaten dazugeben.

Den Deckel auflegen und alles 15 Minuten köcheln lassen, bis das Fleisch gar ist. In eine Servierschüssel füllen und mit Reis auftragen.

Für 4 Personen

Bangkok und Zentrales Tiefland

KAI JEOW MOO SAB
Eierküchlein mit Hackfleisch

Eiergerichte gehören zu den Lieblingsspeisen der Thais. Dieses Gericht eignet sich gut als Zwischenmahlzeit oder als Beigericht zu einem Curry.

2 Eier
2 EL Fischsauce *(nam pla)*
1 TL Maggi-Würze
4 EL gehackte Frühlingszwiebeln
250 g Schweinehackfleisch
125 ml Öl

Eier, Fischsauce, Maggi und Frühlingszwiebeln gründlich verschlagen. Das Hackfleisch hinzufügen und alles gut durchrühren, bis das Hackfleisch gleichmäßig untergemischt ist.

Eine schwere Pfanne von 20 cm Durchmesser erhitzen und ein Viertel des Öls hineingießen. Wenn das Öl heiß ist, ein Viertel der Ei-Hackfleisch-Mischung hineingeben. Auf mittelstarke Hitze herunterschalten und das Küchlein beidseitig braten.

Das Küchlein auf einen Teller gleiten lassen und mit dem restlichen Öl drei weitere Küchlein braten. Mit verschiedenen Saucen (S. 234–247) servieren.

Für 2 Personen

Eierküchlein mit Hackfleisch (oben) *und Gedämpftes Schweinefleisch mit Fünfgewürzpulver* (unten)

Pfannengerührter Kürbis mit Schweinefleisch

Bangkok und Zentrales Tiefland

PAD FAK THONG
Pfannengerührter Kürbis mit Schweinefleisch

Dies ist eine der vielen Zubereitungsmöglichkeiten von Gartenkürbis. Das Rezept ist einfach in der Zubereitung, und der kleingeschnittene Kürbis benötigt keine lange Garzeit.

3 EL Öl
6 Knoblauchzehen *(kratiem),* gehackt
250 g Schweinefleisch, in 2,5 x 1 cm große Stücke geschnitten
500 g Gartenkürbis, geschält und in 2,5 x 1 cm große Stücke geschnitten
60 ml Fischsauce *(nam pla)*
2 EL Zucker
3 Eier, verquirlt

Eine große schwere Pfanne erhitzen und das Öl hineingießen. Knoblauch und Schweinefleisch hinzufügen und 1 Minute unter Rühren braten.

Kürbisstücke, Fischsauce und Zucker dazugeben. Alles bei mittlerer Temperatur garen, bis der Kürbis weich und die Sauce eingekocht ist. Die verquirlten Eier unterrühren und das Ganze erhitzen, bis das Ei gestockt ist. In einer Servierschüssel anrichten.

Für 4 Personen

Bangkok und Zentrales Tiefland

PAD TAP MOO
Gebratene Schweineleber

Das Rezept kann durch Beigabe verschiedener Gemüse nach Belieben variiert werden.

500 g Schweineleber, in dünne Scheiben geschnitten
2 EL Öl
6 Knoblauchzehen *(kratiem),* gehackt
2 Zwiebeln, in Scheiben geschnitten
1 EL eingelegte Pfefferkörner (Dose)
60 ml Fischsauce *(nam pla)*
2 EL Zucker
1 Möhre, in feine Streifen geschnitten
4 EL in 2,5 cm lange Stücke geschnittener Schnittlauch

Die Leber 1 Minute blanchieren, dann abgießen.

Eine große schwere Pfanne bei mittelhoher Temperatur erhitzen und das Öl hineingießen. Knoblauch und Zwiebeln kurz darin sautieren. Dann die Leberstreifen zugeben und anbraten. Pfefferkörner, Fischsauce und Zucker dazugeben.

Alles 3 Minuten garen, dann in eine Servierschüssel füllen. Mit Möhrenstreifen und Schnittlauch garnieren.

Für 4 Personen

Rechte Seite: *Gebratene Schweineleber* (oben) *und Süßes Schweinefleisch* (unten, Rezept S. 150)

Südthailand

Moo Wan
Süßes Schweinefleisch

Dieses Gericht schmeckt am besten mit frischem Gemüse.

500 g Schweinebauch, in 2,5 cm große Würfel geschnitten
60 ml Öl
2 EL süße Sojasauce
90 ml Fischsauce *(nam pla)*
40 g brauner Zucker oder Palmzucker

Eine mittelgroße schwere Pfanne erhitzen und das Öl hineingießen. Schweinefleisch und alle anderen Zutaten dazugeben. Zum Kochen bringen, die Temperatur herunterschalten und den Deckel auflegen. Alles 15 Minuten köcheln lassen, bis das Schweinefleisch zart ist. Falls nötig, noch ein paar Minuten ohne Deckel köcheln lassen, bis die Sauce eingekocht ist.

Für 4 Personen *Abbildung S. 149*

Bangkok und Zentrales Tiefland

Kai Yad Sai
Gefüllte Omeletts

Diese Omeletts können als leichtes Mittagessen, aber auch zum Frühstück serviert werden.

125 g Schweinefleisch, feingehackt
125 g Garnelenfleisch, feingehackt
3 EL Öl
1 Knoblauchzehe *(kratiem)*, gehackt
2 EL Fischsauce *(nam pla)*
1 EL Maggi-Würze
2 EL Zucker
1/4 TL frisch gemahlener weißer Pfeffer
1 kleine Tomate, gehackt
1 kleine Zwiebel, gehackt
2 EL gehackte Zuckererbsen
1/4 Möhre, gehackt
8 Eier, verquirlt
Radieschen und Schnittlauch zum Garnieren

Schweinefleisch und Garnelen gründlich vermengen. Eine schwere Pfanne erhitzen, 1 EL Öl und den Knoblauch hineingeben. Die Schweinefleisch-Garnelen-Mischung hinzufügen und bei starker Hitze 2 Minuten unter Rühren braten, bis das Fleisch gar ist. Fischsauce, Maggi, Zucker und Pfeffer dazugeben und alles noch etwa 1 Minute erhitzen. Das Gemüse unterrühren. Das Ganze aus der Pfanne nehmen, überschüssige Flüssigkeit abtropfen lassen.

Eine mittelgroße Pfanne bei mittlerer Temperatur erhitzen und etwas Öl hineingießen. Ein Viertel der verquirlten Eier in die Pfanne geben und diese schwenken, damit der Pfannenboden gleichmäßig überzogen wird. Ein Viertel der Füllung in der Mitte verteilen und das Omelett bei schwacher Hitze stocken lassen.

Das untere Ende des Omeletts über die Füllung legen, dann die beiden Seiten nach innen schlagen, so daß sie sich überdecken. Zum Schluß das obere Ende darüberklappen, damit ein Viereck entsteht. Das Omelett auf einen Teller stürzen und warm stellen.

In gleicher Weise drei weitere Omeletts zubereiten. Mit Radieschen und Schnittlauch garniert servieren.

Für 4 Personen

Pikantes Wildschweinfleisch (oben links, Rezept S. 152) *und Gefüllte Omeletts* (rechts)

Bangkok und Zentrales Tiefland

PAD PED MOO PAA
Pikantes Wildschweinfleisch

Ursprünglich wurde dieses Rezept mit Wildschweinfleisch zubereitet, doch schmeckt es nicht weniger köstlich, wenn man normales Schweinefleisch verwendet.

3 EL Öl
1 EL rote Currypaste (*nam prik gaeng ped;* S. 236)
500 g Schweinefleisch, in 5 x 2,5 x 0,5 cm große Stücke geschnitten
4 EL eingelegte grüne Pfefferkörner (Dose)
5 grüne Jalapeño-Chillies *(prik chee fa),* in Ringe geschnitten
3 EL Fischsauce *(nam pla)*
2 EL Zucker
60 ml Kokossahne (siehe Glossar)

Eine große schwere Pfanne erhitzen und das Öl hineingießen. Die Currypaste hinzufügen und kurz anbraten.

Schweinefleisch, Pfefferkörner, Chillies, Fischsauce und Zucker dazugeben. Bei mittlerer Hitze 3 Minuten garen. Auf einer Servierplatte anrichten und die Kokossahne daraufschöpfen.

Für 4 Personen *Abbildung S. 150–151*

Gegrilltes Schweinefleisch nach Art von Chiang Mai (links) *und Grüne Bohnen mit Hackfleisch und Garnelen* (rechts)

Nordthailand

MOO YANG
Gegrilltes Schweinefleisch nach Art von Chiang Mai

Diese saftigen Fleischspieße schmecken gut mit gedämpftem Klebreis und einer pikanten Chilisauce. Die Spieße können auch kalt serviert werden.

500 g Schweinefilet, in lange Streifen von 2,5 cm Breite und 1 cm Dicke geschnitten

MARINADE
250 ml Kokosmilch (siehe Glossar)
60 ml Fischsauce *(nam pla)*
6 Knoblauchzehen *(kratiem),* feingehackt
6 Korianderwurzeln *(raak pak chee),* feingehackt
2 EL Sojasauce
3 EL Zucker
1 TL frisch gemahlener weißer Pfeffer
1 EL gemahlene Koriandersamen *(pak chee pon)*

Die Fleischstreifen auf Holzspieße stecken; darauf achten, daß die Streifen flach liegen und die Spieße genau in der Mitte durchgestochen werden. Die Zutaten für die Marinade verrühren und die Fleischspieße 30 Minuten darin marinieren.

Die Spieße auf jeder Seite etwa 4 Minuten grillen, bis das Fleisch gar ist. Mit gedämpftem Klebreis (*khao neow;* S. 98) servieren.

Für 4 Personen

Südthailand

PAD SA-TAW
Grüne Bohnen mit Hackfleisch und Garnelen

»Sa-taw«-Bohnen wachsen ausschließlich im Süden Thailands und haben ein etwas bitteres Aroma, das an rohe Erdnüsse erinnert. Ersatzweise kann man normale grüne Bohnen verwenden, doch der Geschmack ist nicht der gleiche.

250 g südthailändische grüne Bohnen *(sa-taw;* siehe Glossar) oder andere grüne Bohnen
10 grüne thailändische Chillies *(prik khee noo)*
8 Knoblauchzehen *(kratiem),* feingehackt
1 EL Garnelenpaste *(gapi)*
3 EL Fischsauce *(nam pla)*
3 EL Limettensaft
2 EL Palmzucker oder brauner Zucker
3 EL Öl
250 g Schweinehackfleisch
400 g Garnelen, aus der Schale gelöst und den Darm entfernt (den Schwanz daran belassen)

Die Bohnen putzen und beiseite stellen.

Chillies, Knoblauch und Garnelenpaste im Mörser verreiben. Fischsauce, Limettensaft und Zucker unterrühren. Beiseite stellen. Eine große schwere Pfanne erhitzen und das Öl hineingießen. Wenn das Öl heiß ist, das Schweinefleisch hinzufügen.

Unter Rühren 2 Minuten braten, dann Garnelen, Bohnen und Würzpaste dazugeben. Alles bei mittelstarker Hitze noch etwa 3 Minuten garen und dann servieren.

Für 4 Personen

Bangkok und Zentrales Tiefland

GAENG OM MARA
Bittergurken-Curry

Die Bittergurken verleihen diesem Curry einen Geschmack, der sich mit nichts anderem vergleichen läßt, unserem Gaumen aber fremd ist.

2 EL Öl
2 EL rote Currypaste (*nam prik gaeng ped;* S. 236)
250 g Schweinefleisch, in Streifen geschnitten
500 g Bittergurken (siehe Glossar), längs in 1 cm breite Streifen geschnitten
500 ml Kokosmilch (siehe Glossar)
60 ml Fischsauce *(nam pla)*
2 EL Zucker

Eine große schwere Pfanne erhitzen und das Öl hineingießen. Currypaste und Schweinefleisch hinzufügen und 1 Minute unter Rühren braten.

Die Bittergurken dazugeben und alles 3 Minuten unter Rühren braten. Die restlichen Zutaten hinzufügen, das Ganze zum Kochen bringen und servieren.

Für 4 Personen

Bittergurken-Curry

BANGKOK UND DAS ZENTRALE TIEFLAND

LUCA INVERNIZZI TETTONI/PHOTOBANK

BANGKOK UND DAS ZENTRALE TIEFLAND

Die Zentralebene ist ein weites, flaches, überaus fruchtbares Becken, das vom Chao Phraya bewässert wird. Sie ist das geographische, kulturelle und wirtschaftliche Zentrum des Königreichs, das Fundament seiner florierenden Landwirtschaft und die Bühne, auf der sich viele wichtige Ereignisse in der Geschichte Thailands abgespielt haben.

Soweit das Auge reicht, erstrecken sich zu beiden Seiten des Flusses von Bewässerungskanälen durchzogene Reisfelder, leuchtendgrün zu Beginn der Regenzeit und goldgelb zur Erntezeit. Dazwischen liegen ausgedehnte Gemüsefelder, üppige Obstplantagen mit Mango-, Durian-, Rambutan- und Zitrusfrüchten sowie Kanäle und Teiche mit reichem Fischvorkommen. Unweit der Stelle, wo der Fluß in den Golf von Thailand mündet, erhebt sich wie ein plötzlicher, unwirklicher Traum die Stadt Bangkok – ausladend und prächtig, chaotisch und anziehend. Dann säumen wieder Felder, Gärten und Plantagen die Ufer des Flusses.

Die Thais waren keineswegs die ersten, die diese äußerst ertragreiche Region, die an drei Seiten von Bergen eingeschlossen wird, entdeckten und besiedelten: Es gab die Mon, die im Reich Dvaravati lebten und deren Religion der Hinayana-Buddhismus war; und es gab die Khmer, die sich vor allem in der Nordostregion niedergelassen hatten, ihren Machtbereich im elften und zwölften Jahrhundert aber fast auf das gesamte Chao-Phraya-Becken ausdehnten. Dennoch gewannen schließlich die Thais

Links: *Festlich gekleidete Frauen bei einer Zeremonie, die alljährlich im April auf dem Sanam Luang (Königlicher Platz) in Bangkok stattfindet.*
Seite 154–155: *Der Tempel der Morgenröte (Wat Arun) in Thonburi*
LUCA INVERNIZZI TETTONI/PHOTOBANK

LUCA INVERNIZZI TETTONI/PHOTOBANK

Die Thronhalle Dusit Maha Prasat ist das älteste Gebäude auf dem Palastgelände; der Thron wird heute noch bei Staatsempfängen benutzt.

die Oberhand. Sie nutzten die natürlichen Ressourcen des zentralen Tieflands und schufen ihre eigene Kultur.

Ihr Aufstieg begann in Sukhothai, am Rand der nördlichen Berge. Gruppen von Thais waren immer wieder in das Gebiet der Khmer vorgedrungen. Vermutlich waren sie den Khmer, die in Sukhothai und dem heutigen Sawankhalok herrschten, bereits im frühen dreizehnten Jahrhundert zahlenmäßig überlegen. Im Jahr 1238 schlossen sich zwei Thai-Fürsten zusammen und stürzten den Khmer-Herrscher von Sukhothai. Einer der beiden Fürsten, Si Intharathit, regierte von nun an das Gebiet als König.

Die kulturellen und politischen Errungenschaften Sukhothais waren beträchtlich und übten einen Einfluß aus, der sich noch heute in den staatstragenden Elementen des Buddhismus und der Monarchie widerspiegelt. Seine reale Macht währte allerdings kaum länger als ein Jahrhundert, bis Sukhothai Ayutthaya unterlag, jenem anderen Thai-Reich, das sich weiter südlich im Herzen des Flußtales entwickelt hatte. Hier festigte sich im Verlauf von vierhundert Jahren die Thai-Kultur, die während dieser Zeit vielfältige Einflüsse von außen in sich aufnahm, ohne daß die einzigartige Thai-Identität verlorenging. Dies zeigt sich nicht nur in der Kunst und der Architektur, sondern auch in der Kochkunst und im sozialen Leben.

Die Zentralebene blieb das Zentrum regionaler Entwicklung, wo der Chao Phraya, das Tor zur Außenwelt, die Felder Jahr für Jahr mit den Schlammablagerungen aus dem nördlichen Bergland düngte. Als Ayutthaya 1767 von den Birmanen zerstört wurde, baute man in Thonburi, weiter flußabwärts, eine neue Hauptstadt. 1782 gelangte Rama I., Gründer der gegenwärtigen Chakri-Dynastie, zu der Überzeugung, daß das gegenüberliegende Flußufer einen besseren Schutz vor möglichen Invasionen bot, und verlegte seinen Palast in die kleine Handelsstation Bangkok, wörtlich »das Dorf der wilden Mombinpflaume«.

Auch wenn »Bangkok« der im Ausland gebräuchliche Name ist, ist dies nicht die richtige Bezeichnung der thailändischen Hauptstadt. Als sie diesen hohen Status erhielt, bedurfte es eines imposanteren Namens, und Rama I. verlieh ihr einen Titel, der so mit Ehrbezeugungen gespickt ist, daß sie im Guinness-Buch der Rekorde als Stadt mit dem längsten Namen der Welt verzeichnet ist. Die Thais haben die Bezeichnung zu Krung Thep, »Stadt der Engel«, verkürzt, während sich Ausländer eher an die alte Dorfbezeichnung halten.

Welchen Namen man auch wählt, die Hauptstadt hat zweifellos eine entscheidende Rolle in der Entwicklung des modernen Thailand gespielt. Das Ziel von Rama I. – ein überaus ehrgeiziges in Anbetracht der verheerenden Kriegsfolgen und der fehlenden Außenhandelsbeziehungen zu jener Zeit – war die Nachbildung der prachtvollen Stadt Ayutthaya, damals eine Ansammlung von Ruinen, die allerdings noch immer lebhafte Erinnerungen weckten. Zu diesem Zweck ließ der König eine befestigte Stadt auf einer künstlich erschaffenen Insel erbauen, für die an einer Flußbiegung ein Kanal gegraben wurde. An dem Ort, wo sich nun der Palast befand, hatten zuvor geschäftstüchtige chinesische Händler gewohnt. Man hatte sie umgesiedelt; nun lebten sie außerhalb der Palastmauern, aber noch in unmittelbarer Nähe des Flusses. Das Herzstück dieser einzigartigen Anlage ist der Große Palast, eine verwirrende Vielfalt klassischer Thai-Bauwerke, die eine Fläche von nahezu 2,5 Quadratkilometern bedecken. Neben der königlichen Residenz und den Audienzsälen umfassen sie auch einen herrlichen Tempel, den Wat Phrakkeo, in dem der »Smaragd-Buddha« steht. Diese Statue, die von den Thais als

»Kinnari«, vergoldete Statuen, die mythologische Menschenleiber mit Vogelbeinen darstellen, stehen vor dem Königspalast.

JENNY MILLS

LUCA INVERNIZZI TETTONI/PHOTOBANK

LUCA INVERNIZZI TETTONI/PHOTOBANK

Eine Lackarbeit aus Ayutthaya, die sich heute im Suan-Pakaad-Palast in Bangkok befindet, zeigt Frauen bei der Zubereitung von Nudeln.

heiligstes Buddhabildnis verehrt wird, hatte die thailändische Armee im späten achtzehnten Jahrhundert aus Vientiane als Kriegsbeute mitgebracht.

Ayutthaya war bei europäischen Reisenden als »Venedig des Fernen Ostens« bekannt gewesen, und Bangkok erhielt schon bald den gleichen Beinamen, denn auch in dieser Stadt spielte Wasser für lange Zeit eine dominierende Rolle: Der Chao Phraya war die Hauptverkehrsader der Stadt, von der ein kompliziertes System von *klongs* (Kanälen) abzweigte, die wie Straßen in das Umland zu beiden Seiten des Ufers führten. Doppelte oder gar dreifache Reihen von Hausbooten mit steilen Dächern säumten den Fluß, auf dem sich endlose Prozessionen von riesigen Teakholzbarken bewegten, die mit Reis und anderen Produkten aus den Außenbezirken beladen waren. Und jede Familie besaß einen kleinen Einbaum für den täglichen Warenaustausch. »Boote sind die allgemeinen Beförderungs- und Verkehrsmittel«, schrieb Sir John Bowring 1855. »Außer im Bereich der Königspaläste sieht man selten Pferde oder Wagen, und die Sänfte der Chinesen scheint in Siam unbekannt zu sein.«

Doch bereits zu dieser Zeit, als Bowring in Bangkok weilte, um mit Rama IV. über einen historischen Vertrag zu verhandeln, kündigten sich Veränderungen an. Bangkok hatte sich, nachdem die Bedrohung durch fremde Mächte abnahm, rasch zu einer florierenden Stadt entwickelt. Chinesische Dschunken segelten in immer größerer Zahl den Fluß hinauf, um hochwertigen thailändischen Reis zu kaufen, der bereits damals als einer der besten der Welt galt. Ihnen schlossen sich schon bald Schiffe aus ferneren Ländern an, und Bangkok wurde zu einem wichtigen Anlaufhafen in Asien. Einwanderer suchten ihr Glück in der neuen Hauptstadt, vor allem Chinesen, aber auch Laoten, Inder, Kambodschaner,

Die traditionelle Prozession der königlichen Barken findet heute nur noch zu besonderen Anlässen statt, wie hier zum sechzigsten Geburtstag des Königs.

Malayen und *farangs* (Ausländer aus der westlichen Welt). Nur wenige Jahre nach Bowrings Mission wurde die erste befestigte Straße gebaut, die fast auf ihrer gesamten Länge parallel zum Fluß verlief. Berichten zufolge wurde sie nur gebaut, weil sich einige Europäer beim König beschwert hatten, daß es keinen geeigneten Platz für abendliche Spazierfahrten mit dem Pferdewagen gab und ihre Gesundheit deshalb litte. Bangkoks Charakter als Wasserstadt sollte noch einige Zeit erhalten bleiben – genau gesagt, bis zu Beginn des zwanzigsten Jahrhunderts –, doch seine Zukunft als Stadt westlicher Prägung deutete sich bereits an.

Mit einer Einwohnerzahl, die nach offiziellen Schätzungen etwa sechs Millionen beträgt (sich in Wirklichkeit aber wohl eher auf sieben bis acht Millionen beläuft), und einer Fläche von etwa sechstausend Quadratkilometern auf beiden Seiten des Chao Phraya, ist Bangkok sechzigmal so groß wie Khon Kaen, die zweitgrößte Stadt Thailands. Aber auch in anderer Hinsicht nimmt die Stadt eine dominierende Stellung ein. Die Residenz des Königs, sämtliche Staatsministerien sowie die meisten der führenden pädagogischen, medizinischen, sportlichen und kulturellen Einrichtungen befinden sich ebenso in der Hauptstadt wie die Mehrzahl der großen thailändischen und ausländischen Wirtschaftsunternehmen. Bangkok ist der Mittelpunkt des Flug-, Eisenbahn- und Busverkehrs in alle Teile des Königreichs. Die Industrie konzentrierte sich bis vor kurzem weitgehend auf das Stadtgebiet und die umliegenden Provinzen, was auf viele Arbeitslose aus der Provinz wie ein Magnet wirkte. Fast alle thailändischen Export- und Importgüter durchlaufen die Hauptstadt. Bangkoks Wohlstand läßt sich nicht nur an den vielen neuen Wohn- und Bürogebäuden, Hotels und Einkaufszentren ablesen, sondern auch an den ständigen Verkehrsstauungen, die auf die Tatsache zurückzuführen sind, daß neunzig Prozent aller Kraftfahrzeuge des Landes in Bangkok registriert sind.

Bangkoks Probleme sind offenkundig: verwahrloste Slumviertel, in denen Wanderarbeiter hausen; regelmäßig wiederkehrende Überschwemmungen, die teilweise durch unzureichende Abwasserentsorgung, teilweise durch ein unkontrolliertes Hochpumpen von Grundwasser entstehen; eine alarmierende Luftverschmutzung; Verkehrsprobleme, die sich jeder Lösung zu widersetzen scheinen. Dennoch ist es eine Stadt, die vor Leben sprüht, die einen frustrieren oder verwirren mag, die aber niemals auch nur die Spur von Langeweile aufkommen läßt.

Nirgendwo zeigt sich Bangkoks Vielfalt deutlicher als auf kulinarischem Gebiet. Zur Einstimmung sollte man einen der großen öffentlichen Märkte besuchen und sich an den landwirtschaftlichen Produkten erfreuen, die kunstvoll zu Pyramiden aufgeschichtet, in Bambuskörbe gefüllt oder wie seltene Juwelen auf Tabletts ausgebreitet sind.

Gewürze – unerläßliche Zutaten, um die feinen Geschmacksnuancen zu erzielen, durch die sich die Thai-Küche auszeichnet – gibt es selbstverständlich im Überfluß. Einige werden dem westlichen Besucher durchaus bekannt sein: Chillies, frisch oder getrocknet, in zahllosen verschiedenen Sorten und Größen, von großen und verhältnismäßig milden Schoten bis hin zu den winzigen, höllisch scharfen *prik khee noo;* Koriander, dessen frische Blätter über viele Speisen gestreut und dessen Wurzeln und Samen zum Aromatisieren vieler Fleischgerichte verwendet werden; unterschiedliche Basilikumsorten; schwarze, weiße und grüne Pfefferkörner; Knoblauch; Minze; Dill; Ingwerwurzel und Kardamom. Andere Gewürze mögen exotischer erscheinen: schwertförmige Schraubenbaumblätter (Kewra), die allem, was man damit zubereitet, einen herrlichen Duft verleihen; Zitronengras, unentbehrlich für einige der bekanntesten Suppen und Salate; Kaffir-Limetten und ihre Blätter; zimtfarbene Tamarinden-

LUCA INVERNIZZI TETTONI/PHOTOBANK

Der Grundriß der alten Thai-Hauptstadt Sukhothai spiegelt die kosmologische und urbane Konzeption der frühen Khmer-Zivilisation wider.

Die Skyline der modernen Bürogebäude von Bangkok

LUCA INVERNIZZI TETTONI/PHOTOBANK

Auf den »klongs« (Kanälen) rund um Bangkok wimmelt es von kleinen Booten.

JOHN HAY

schoten, mit deren säuerlich-herbem Saft viele Speisen verfeinert werden; winzige Auberginen, die in Bangkok *ma-khue puang* heißen und ein markantes Aroma haben; und Galgantwurzel, die man mitunter auch »siamesischen Ingwer« nennt. Neben solchen frischen oder getrockneten Zutaten gibt es auch eine reiche Auswahl an Gewürzzubereitungen, die in jeder thailändischen Küche stehen und von denen Garnelenpaste, Fischsauce und Chilisaucen in verschiedenen Schärfegraden die wichtigsten sind.

Auch Gemüse, das die Thais in großen Mengen verzehren, wird auf den Märkten ansprechend präsentiert, und die Auswahl ist heute erheblich größer als früher: Neben traditionellen Gemüsen, wie verschiedenen Kohlsorten, Pilzen, Bittergurken, Bambussprossen, Salatgurken, Bleichsellerie und Tomaten, werden auch neu eingeführte Gemüse wie Spargel, Brokkoli, Kopfsalat und Zuckermais angeboten. An anderen Marktständen gibt es frisches Rind- und Schweinefleisch, Hühner und Enten, Wildgeflügel und vor allem Fisch, den wichtigsten Eiweißlieferanten der Thai-Küche. Er wird frisch, getrocknet und gesalzen verkauft und ist in irgendeiner Form bei jeder Mahlzeit vertreten.

Frische exotische Früchte gehören zu den größten Köstlichkeiten, die Thailand zu bieten hat. Dank verbesserter Anbaumethoden sind viele Sorten heute das ganze Jahr hindurch erhältlich: Orangen, Limetten und riesige saftige Pomelos, die wie Pampelmusen aussehen, aber anders schmecken; frische Ananas, die zu den süßesten auf der Welt zählen und hauptsächlich an der westlichen Golfküste angebaut werden; köstliche Guaven; Mangostanen mit rubinroten Schalen und saftigen weißen Fruchtfleischsegmenten; stachelige Rambutans; knapp dreißig verschiedene Bananensorten unterschiedlichster Größe; nussig schmeckende Sapodillas; Papayas, die man in Thailand auch unreif verzehrt; junge Kokosnüsse mit zartem Fruchtfleisch; Schuppenannonen; Wasser-, Zucker- und Honigmelonen und süße Weintrauben in Varietäten, die speziell für den Anbau in den Tropen gezüchtet wurden.

Einige Früchte gibt es nur zu bestimmten Jahreszeiten, und sie finden während der wenigen Monate, in denen die besten Exemplare auf den Markt kommen, reißenden Absatz. Die wohl umstrittenste Frucht – zumindest bei Nichtkennern – ist die Durian-Frucht: Sie wiegt etwa 1,5 Kilogramm, ist mit gefährlich aussehenden Stacheln besetzt und riecht nach Ansicht eines frühen europäischen Reisenden »wie äußerst schadhafte sanitäre Einrichtungen«. Viele Asiaten sind da völlig anderer Meinung und würden dem berühmten Zoologen Alfred Russel Wallace zustimmen, der auf der Insel Borneo Bekanntschaft mit der Durian-Frucht machte und später schrieb: »Je mehr man davon ißt, desto weniger fühlt man sich dazu veranlaßt, aufzuhören.« Für Thais ist sie »die Königin der Früchte«, ein Leckerbissen, der den hohen Preis wert ist, den so geschätzte Hybridzüchtungen wie »Golden Pillow«, »Long Stem« und »Gibbon« haben. Jede Durian-Sorte trägt einen eigenen, besonderen Namen, der für die Käufer mitunter durchaus aussagekräftig ist. Die Sorte »Deception« (Täuschung) heißt beispielsweise deshalb so, weil sie von außen den Eindruck erweckt, sie enthalte eine große Menge goldgelbes Fruchtfleisch, was allerdings ein Trugschluß ist. »Transvestite« wiederum ist recht fleischig, doch keimen die Samen nicht.

Eine andere beliebte Frucht ist die Mango, die sich jedoch stark von den großen roten oder orangefarbenen Früchten unterscheidet, die man hierzulande kennt. Thailändische Mangos sind kleiner als die bei uns erhältlichen brasilianischen, haben eine hellgelbe Farbe, einen süßen, aber gleichzeitig etwas herben Geschmack und verfügen insgesamt über ein feineres, delikateres Aroma. Thais verzehren die reifen Früchte oftmals zusammen mit gesüßtem Klebreis, aber auch

Mangos erfreuen sich großer Beliebtheit in Salaten oder als einfacher Imbiß mit Zucker und Salz.

Allein schon die große Zahl an Märkten läßt erkennen, daß Essen ein beliebter Zeitvertreib in Bangkok ist, und ein äußerst sichtbarer obendrein, denn in fast jeder Straße befinden sich mehrere Imbißstuben sowie zahlreiche Verkaufsstände mit allen möglichen Köstlichkeiten, von schmackhaften kleinen Tintenfischen und Nudelsuppen bis hin zu gekühlten Früchten und leuchtendbunten Süßspeisen. Bis vor einiger Zeit fand man die authentische Thai-Küche selten in Restaurants, sondern fast ausschließlich in Privathaushalten, vor allem in wohlhabenden Kreisen, wo es genügend Personal und Familienmitglieder gab, die das erforderliche Hacken, Schneiden und Mahlen der Zutaten übernahmen. Wenn die Hauptstadtbewohner zum Essen ausgingen, bevorzugten sie chinesische Lokale oder gelegentlich auch ein Restaurant mit westlicher Küche. Dies hat sich mittlerweile geändert, und so gibt es heute zahlreiche elegante Restaurants, die sich auf die traditionelle regionale Thai-Küche spezialisiert haben sowie auf das, was häufig als »königliche« oder »Palastküche« bezeichnet wird – eine Küche, die sich durch einen raffinierteren Geschmack und eine aufwendigere Präsentation auszeichnet und nur in Bangkok zu finden ist.

Ayutthaya war für seine kosmopolitische Atmosphäre bekannt, und in dieser Hinsicht haben sich die Sehnsüchte Ramas I. mehr als erfüllt, denn auch Bangkok ist zu einem kulturellen Schmelztiegel geworden. Den stärksten Einfluß übten die Chinesen aus, die man aufgrund ihrer langen und erfolgreichen Assimilation heute aber wohl eher als Sino-Thais bezeichnen sollte. Inder nehmen seit etwa zehn Jahren eine herausragende Position in der Wirtschaft ein, und es gibt Japaner, Malayen, Laoten und Birmanen in großer Zahl. Daß in Bangkok auch viele Menschen westlicher Herkunft leben, zeigt sich nicht zuletzt an dem mannigfaltigen Angebot von *farang*-Essen, das in französischen, britischen, deutschen, italienischen, spanischen, griechischen und mexikanischen Restaurants angeboten wird, nicht zu vergessen die amerikanischen Fast-food-Ketten und mindestens ein Lokal, in dem nach Art der Cajuns von Louisiana gekocht wird.

Außerhalb der betriebsamen Stadt liegen endlose Reisfelder, und dort wohnen andere Thais – in Dörfern, die aus einfachen Holzhäusern und einem buddhistischen Tempel, dem örtlichen *wat,* bestehen. Ihre Lebensart und ihr Denken sind von dem Treiben in der Hauptstadt weitgehend unberührt geblieben, und sie spiegeln die Kultur des Landes erheblich authentischer wider als die Weltmetropole Bangkok.

Die Dorfgemeinschaften haben eine demokratische Struktur (das Oberhaupt, der *phu-yai-ban,* wird von den Bewohnern gewählt), sind gleichzeitig aber streng nach dem thailändischen Prinzip organisiert, daß soziale Harmonie wichtiger ist als persönliche Freiheit. Buddhistische Vorstellungen, symbolisiert durch den *wat,* der das Zentrum der meisten gesellschaftlichen Aktivitäten im Dorf ist, werden den Kindern von Geburt an nahegebracht und herrschen auf allen Ebenen vor. William Klausner hat in den fünfziger Jahren über ein Dorf im Nordosten geschrieben, aber seine Bemerkungen über vorbildliches Benehmen treffen ebenso auf die heutigen Bewohner der Zentralebene zu: »Freundlichkeit ist ein überaus geschätzter Charakterzug. Man hört häufig das Kompliment ›Er verhält sich freundlich‹ oder die Kritik ›Er hat nicht freundlich gesprochen oder gehandelt‹. Freundliches Benehmen entspringt einem ›kühlen Herzen‹ und vermeidet Äußerungen des Zorns, des Hasses und des Ärgers. Harmonische persönliche Beziehungen müssen bewahrt werden.«

Die Familien sind zumeist groß und schließen nicht nur Eltern und Kinder ein, sondern auch Großeltern und möglicherweise einige andere Verwandte, die alle unter einem Dach

LUCA INVERNIZZI TETTONI/PHOTOBANK

Traditionelle Pfahlbauten sind auch heute noch ein gewohnter Anblick an den Kanälen rund um Ayutthaya und Sing Buri.

Frische Rosen mit geschlossenen Blüten auf Bangkoks Großmarkt in Paklong Talat

LUCA INVERNIZZI TETTONI/PHOTOBANK

wohnen – eine Lebensgemeinschaft, die zwangsläufig Kompromißbereitschaft und Taktgefühl erfordert. Eine weitere Tugend der Thais ist ihr Respekt vor dem Alter, der im Familienkreis beginnt, von allen Generationen geteilt wird und durch ein komplexes System aus Worten und Gesten zum Ausdruck kommt. Diese Erziehung überträgt sich später auf das Verhalten außerhalb der Familie, sei es in der dörflichen Gemeinschaft oder in den Büros und Behörden der Stadt.

Das Leben ist auf den Rhythmus des Pflanzens und Erntens abgestimmt. Das Setzen der Reispflanzen beginnt in der Zentralebene im allgemeinen im April oder Mai, kurz bevor die Monsunregen kommen. Es ist eine Arbeit, bei der die Familien gemeinsam die Felder pflügen, Dämme reparieren, Wasser aus nahegelegenen Kanälen und Bewässerungsteichen ablaufen lassen und die jungen Reispflanzen in den Boden setzen. Obwohl viele Bauern heute auch andere Früchte anbauen – Obst, Gemüse oder, speziell in der östlichen Region, Tapioka –, ist Reis das Hauptererzeugnis der thailändischen Landwirtschaft geblieben und nimmt einen Stellenwert ein, der nicht nur ökonomischer Natur, sondern beinahe schon von mystischer Bedeutung ist. *Khin khao* ist der thailändische Ausdruck für »essen«; wörtlich übersetzt bedeutet er »Reis essen«, wodurch die Überzeugung zum Ausdruck kommt, daß jede Mahlzeit ohne Reis unvollständig ist. Im zentralen Tiefland bevorzugt man polierten Reis – ungeschälten Reis assoziiert man mit Armut und mit unglücklichen Menschen wie Gefängnisinsassen oder Wehrpflichtigen. Der Reis wird im allgemeinen gedämpft, aber auch nach chinesischer Art gebraten oder für das traditionelle Frühstücksgericht *khao tom* gekocht.

Phạnsa, die dreimonatige buddhistische Fastenzeit, beginnt nach dem Setzen der Reispflanzen. Während dieser Zeit müssen die Mönche in ihren Klöstern bleiben, wo sie meditieren und die Schriften studieren. Viele junge Männer aus den Dörfern schließen sich ihnen dabei an und leben vorübergehend ebenfalls im Kloster. Diese Erfahrung gilt als ein wesentlicher Schritt im Leben jedes thailändischen Mannes, durch den sich seine Familie Verdienste erwirbt und der ihn als Erwachsenen ausweist. In vielen Landesteilen wird ein Mann, der die Tugenden des asketischen Lebens nicht erlernt hat, als *khon dip* (unreife Person) bezeichnet und somit von den heiratsfähigen Mädchen des Dorfes gemieden.

Am Ende der Regenzeit, gewöhnlich im späten November, kann der Reis in der Zentralebene geerntet werden. Die Reisernte wird als Gemeinschaftsaktion durchgeführt, die alle gesunden Dorfbewohner vom frühen Morgen bis in die späten Abendstunden in Beschlag nimmt. Viele Bauern bestellen ihre Felder anschließend noch ein zweites Mal und bauen entweder Gemüse oder erneut Reis an, um ihr Einkommen aufzubessern.

Und so setzt sich der Kreislauf fort, ebenso unaufhörlich wie der große Fluß fließt, der ihn ermöglicht: kein leichtes Leben (wie das aller Bauern), aber in der fruchtbaren Zentralebene bedeutend einträglicher als im übrigen Land. Gleichzeitig sorgt die Vorliebe der Thais für *sanuk* (Spaß) dafür, daß es nicht zur monotonen Routine wird. Ordinationsfeiern, Hochzeiten, Geburtstage, buddhistische Feiertage – all dies ist den Dorfbewohnern ein willkommener Anlaß für gemeinsame festliche Mahlzeiten, traditionelle Tänze, vielleicht auch einen Thai-Boxkampf oder die Aufführung eines Wandertheaters.

Im östlichen Teil der Zentralebene sind große Industrieansiedlungen entstanden, nachdem man im Golf von Thailand Öl- und Gasvorkommen entdeckte. Im Rahmen eines großangelegten Projekts, das sich einmal über drei Provinzen erstrecken soll, wurden bereits Gasscheideanlagen und petrochemische Komplexe errichtet, und in den kommenden zehn Jahren sind weitere Einrichtungen geplant. Auch der Tourismus spielt eine wichtige Rolle für die Wirtschaft Thailands. Pattaya, ein ehemals ruhiges Fischerdorf, ist wohl das bekannteste Feriengebiet. Es beherbergt heute ein von Touristen aus der ganzen Welt besuchtes Erholungszentrum, das sich kilometerweit an der Küste erstreckt.

LUCA INVERNIZZI TETTONI/PHOTOBANK

Jeder junge Mann muß einige Zeit in einem Kloster leben. Hier wird ein Novize für das Initiationsritual kahlgeschoren.

Trotz dieser Veränderungen besteht das traditionelle Dorfleben weiter fort, auch wenn sich die Erwerbszweige von denen im großen Reisanbaugebiet des Chao-Phraya-Tales unterscheiden. So sind die beiden Provinzen Chanthaburi und Rayong beispielsweise für ihre Obstplantagen bekannt, auf denen einige der besten thailändischen Pomelos, Rambutans, Jackfrüchte und Durians gezogen werden. Die Stadt Rayong, unweit von Pattaya, zählt darüber hinaus zu den bekanntesten Produzenten von Garnelenpaste und *nam pla* – der klaren, hellbraunen Fischsauce, die als Würze auf jedem thailändischen Eßtisch steht. Von zahllosen Häfen an beiden Golfküsten laufen Tag für Tag Fischerboote aus und bringen ihre reichen Fänge mit zurück – geschätzte Pomfrets *(pla jaramet),* Schnapper *(pla gapong),* Zackenbarsche *(pla karang),* Tintenfische und eine Fülle von Schal- und Krustentieren. Viele Ortsansässige haben sich seit kurzem der einträglichen Zucht großer Süßwassergarnelen zugewandt, die nicht nur eine beliebte örtliche Delikatesse sind, sondern auch in andere Länder exportiert werden.

Thailands dynamische Gegenwart zeigt sich in der Zentralebene, und besonders natürlich in Bangkok, deutlicher als in jedem anderen Landesteil; gleichzeitig bieten die ländlichen Regionen wohl auch die unverfälschtesten Eindrücke authentischer Thai-Kultur, so wie sie sich im Verlauf von sieben Jahrhunderten entwickelt hat.

SALATE UND GEMÜSE

MICHAEL FREEMAN

Eine Frau trägt gebündelte Frühlingszwiebeln, die sie gerade auf dem Feld geerntet hat.

SALATE UND GEMÜSE

Thailändische Speisen erfreuen sowohl das Auge wie den Gaumen – Qualitäten, die auch bei den unwiderstehlichen und schmackhaften Salaten der Thai-Küche deutlich werden. Diese Salate vereinen frische rote Gemüse mit eiweißreichen Nahrungsmitteln wie Garnelen, Kalmar oder Rindfleisch, das über Holzkohlen gegrillt und in dünne Scheiben geschnitten wird. Der für die thailändische Küche typische Salat birgt drei Geschmacksnoten: einen Hauch von Säure, gefolgt von einer salzigen und einer süßen Komponente.

Bei der Zubereitung von Salaten strebt man eine farbenfrohe Mischung an, und häufig bilden die warmen Rottöne von Chillies, Paprikaschoten und Tomaten mit dem kräftigen Grün von Frühlingszwiebeln aparte Kontraste. Salate werden zumeist dekorativ auf einem Bett aus grünem Kopfsalat angerichtet.

Zu den beliebtesten Salaten der Thai-Küche gehört Rindfleischsalat *(yam nuea;* S. 190), für den das in Streifen geschnittene Fleisch mit einem Dressing aus Limettensaft, gehackten Chillies, zerdrücktem Knoblauch und gehackten Frühlingszwiebeln angemacht und mit Korianderblättern und Frühlingszwiebeln garniert wird, so daß der Salat nicht nur köstlich schmeckt, sondern auch äußerst ansprechend aussieht.

Ein anderes beliebtes Gericht, Papaya-Salat *(som tam Esan;* S. 172), stammt aus dem Nordosten Thailands. Er besteht aus dem geraspelten Fruchtfleisch halbreifer, fester Papayas, rohen grünen Bohnen und Tomaten und wird mit Knoblauch, Chillies und Limetten- oder Tamarindensaft gewürzt. Dieser Salat kann in einem großen Mörser zubereitet werden; dabei werden Gemüse und Papaya beim Vermischen leicht zerdrückt – eine Technik, die dazu beiträgt, die Aromen und Säfte der Zutaten freizusetzen. Für die in Bangkok übliche Version verwendet man gemahlene Erdnüsse, Fischsauce, Palmzucker und mitunter auch frische Garnelen. Im Nordosten des Landes wird Sardellensauce statt Fischsauce verwendet.

Seite 164–165: *Garnelensalat nach Art des Nordostens* (links, Rezept S. 181), *Salat mit knusprigen Eiern* (unten, Rezept S. 186) *und Chilisauce mit Gemüse* (rechts, Rezept S. 181)

Regionale Varianten der thailändischen Küche spiegeln den Überfluß oder die Knappheit bestimmter Zutaten wider. So finden Seefische und Meeresfrüchte in der Gegend von Bangkok und den südlichen Landesteilen eine weitaus stärkere Berücksichtigung in der Küche als im Norden und Nordosten. Die Küche der nördlichen Regionen greift eher auf Süßwasserfische und -garnelen zurück.

Gemüsegerichte sind sehr unterschiedlich. Manche, wie Eintopf mit zehnerlei Gemüse *(tom jabchai;* S. 171) sind recht nahrhaft und enthalten neben einer Vielzahl von Gemüsen auch Rind-, Schweine- oder Hühnerfleisch, Fisch, Meeresfrüchte oder Tofu. Andere Gerichte, wie etwa Pfannengerührter Chinesischer Brokkoli mit getrocknetem Fisch *(pad kanaa pla kem;* S. 182) oder Grüne Bohnen mit Schweinefleisch und Ei *(pad tua fak yow kai;* S. 184), sind leichte Gerichte, die sich einfach zubereiten lassen und bei denen pikante Saucen als geschmackliche Ergänzung der Aromen der jeweiligen Gemüse dienen.

MICHAEL FREEMAN

Knackiges, frisch geerntetes Gemüse auf dem Markt von Pak Klong Dalat

Nordostthailand

Soop Naw Mai
Salat von Bambussprossen

In Nordostthailand gibt es eine Fülle von Bambussprossenrezepten.

500 g junge Bambussprossen (siehe Glossar), in dünne Scheiben geschnitten
6 Lorbeerblätter
60 g Klebreis
60 ml Wasser
60 ml Sardellensauce
60 ml Fischsauce *(nam pla)*
90 ml Limettensaft
2 EL gerösteter Sesam
1 TL gemahlene thailändische Chillies *(prik khee noo pon)*
1/2 Frühlingszwiebel, gehackt
4 EL Minzeblätter
4 EL gehackte Korianderblätter *(bai pak chee)*
Krauser Kopfsalat

Bambussprossen und Lorbeerblätter in kochendes Wasser geben und 10 Minuten kochen. Abgießen. Die Lorbeerblätter wegwerfen, die Bambussprossen zum Abtropfen beiseite stellen.

Eine kleine schwere Pfanne bei mittelhoher Temperatur erhitzen. Den Klebreis rösten (siehe Glossar) und das Wasser eßlöffelweise hinzufügen, um den Garprozeß zu unterstützen. Den Reis dann weiter in der trockenen Pfanne rösten, bis er eine goldbraune Farbe angenommen hat. Anschließend im Mörser zerreiben.

Zerriebenen Klebreis, Bambussprossen, Sardellen- und Fischsauce, Limettensaft, gerösteten Sesam und gemahlene Chillies in einem großen Topf erhitzen, bis die Flüssigkeit beinahe kocht. Jeweils die Hälfte der Frühlingszwiebeln, Minze- und Korianderblätter hinzufügen. Den Salat auf einem Bett aus krausem Kopfsalat anrichten und mit den verbliebenen Frühlingszwiebeln, Minze- und Korianderblättern garnieren. Kalt servieren.

Für 4 Personen

Bangkok und Zentrales Tiefland

Moo Pad Tua Ngok
Bohnensprossen mit Hackfleisch

Dieses Gericht ist als schnelle Mahlzeit sehr beliebt.

3 EL Öl
4 Knoblauchzehen *(kratiem)*, feingehackt
250 g Schweinehackfleisch
Frisch gemahlener weißer Pfeffer
3 EL Fischsauce *(nam pla)*
500 g Bohnensprossen
1 TL Zucker
2 Frühlingszwiebeln, in 2,5 cm lange Stücke geschnitten

Eine große schwere Pfanne erhitzen. Öl, Knoblauch und Hackfleisch hinzufügen. Wenn das Hackfleisch gar ist, Pfeffer und Fischsauce dazugeben und alles etwa 2 Minuten erhitzen, bis die Flüssigkeit reduziert ist. Bohnensprossen, Zucker und Frühlingszwiebeln hinzufügen und bei hoher Temperatur 30 Sekunden erhitzen. Auf einer Servierplatte anrichten und sofort servieren.

Für 4 Personen

Salat mit Schweineschwarte nach nordöstlicher Art (links, Rezept S. 171), *Bohnensprossen mit Hackfleisch* (oben) *und Salat von Bambussprossen* (rechts)

Nordostthailand

Phla Nang Moo Esan
Salat mit Schweineschwarte nach nordöstlicher Art

Dies ist ein interessantes Gericht aus der Küche Nordostthailands.

250 g Schweineschwarte, in 5 cm lange Streifen geschnitten
125 g Schweinehackfleisch
60 ml Fischsauce *(nam pla)*
60 ml Limettensaft
2 EL gemahlener gerösteter Reis (siehe Glossar)
4 Stengel Zitronengras *(ta-krai)*, in dünne Scheiben geschnitten
1 Bund Minze
4 EL gehackte Frühlingszwiebeln
4 EL gehackte Korianderblätter *(bai pak chee)*

Die Schweineschwarte in kochendes Wasser geben und etwa 20 Minuten köcheln lassen, bis sie weich ist. Abgießen.

In einer Pfanne das Hackfleisch bei mittelstarker Hitze zusammen mit Fischsauce, Limettensaft und Schweineschwarte garen. Alle übrigen Zutaten unterheben. Auf einer Servierplatte anrichten und frisches Gemüse eigener Wahl dazu reichen.

Für 4 Personen *Abbildung S. 168–169*

Bangkok und Zentrales Tiefland

Tom Jabchai
Eintopf mit zehnerlei Gemüse

Dieser herzhafte Gemüseeintopf kann auch als vollständige Mahlzeit serviert werden.

1 EL Öl
6 Knoblauchzehen *(kratiem)*, gehackt
500 g Schweinefleisch, in Würfel geschnitten
1 Bund frischer Koriander *(bai pak chee)*, gehackt
1 TL Salz
1 TL frisch gemahlener weißer Pfeffer
1 l Wasser
125 ml helle Sojasauce
90 g Zucker

GEMÜSE

125 g Chinesischer Blätterkohl *(bok choy*; siehe Glossar)
125 g Weißkohl
125 g Chinesischer Brokkoli
125 g Nappa-Kohl (siehe Glossar) oder Chinakohl
125 g Bleichsellerie
125 g Frühlingszwiebeln
125 g Mangold
125 g Sumpfkohl (siehe Glossar)
125 g Möhren
125 g Spinat

Einen großen Topf erhitzen und das Öl hineingeben. Knoblauch und Schweinefleisch 3 Minuten unter Rühren braten. Alle übrigen Zutaten – außer den Gemüsen – hinzufügen und 15 Minuten garen. In der Zwischenzeit die Gemüse kleinschneiden. Mit in den Topf geben und alles noch 10 Minuten garen.

Für 4 Personen

Eintopf mit zehnerlei Gemüse

Nordthailand

Nam Prik Ong
Gemüse mit Chiang-Mai-Sauce

Im Norden Thailands wird Fleisch häufig gegrillt. Als Beilage reicht man dazu frisches Gemüse mit einer herzhaften Sauce wie dieser.

1 EL Öl
4 EL gehackte Knoblauchzehen *(kratiem)*
3 Schalotten, gehackt
500 g Tomaten, in Würfel geschnitten
250 g Schweinehackfleisch
90 ml Fischsauce *(nam pla)*
3 EL Zucker
2 EL Limettensaft
1/2 Salatgurke, in Scheiben geschnitten
4 EL Korianderblätter *(bai pak chee)*
4 Frühlingszwiebeln

GEMÜSE (Menge nach Belieben)

Brokkoliröschen
Möhren, in Scheiben geschnitten
Blumenkohlröschen
Schalotten, in Streifen geschnitten
Zuckererbsen

Eine große schwere Pfanne erhitzen und dann das Öl hineingeben. Knoblauch, Schalotten und Tomaten hinzufügen und 3 Minuten garen. Hackfleisch, Fischsauce, Zucker und Limettensaft dazugeben und alles etwa 4 Minuten erhitzen, bis das Hackfleisch gar ist.

In eine Servierschüssel füllen und mit Gurke, Korianderblättern und Frühlingszwiebeln garnieren. Als Sauce zu dem rohen oder gegarten Gemüse reichen.

Für 4 Personen

Nordostthailand

Som Tam Esan
Papaya-Salat

Dieser Salat schmeckt besonders köstlich, wenn man gedämpften Klebreis (»khao neow«; S. 98) dazu reicht. Die Papaya sollte dunkelgrün und fest sein.

1 mittelgroße Papaya
4 Knoblauchzehen *(kratiem)*
6 grüne thailändische Chillies *(prik khee noo)*
2 Tomaten, in Achtel geschnitten
60 g grüne Bohnen, in 2,5 cm lange Stücke geschnitten
2 EL Sardellensauce
1/2 TL Salz
60 ml Limetten- oder Tamarindensaft *(ma-kaam piag; siehe Glossar)*

Die Papaya schälen und halbieren. Die Samen herausschaben, das Fruchtfleisch in feine Streifen raspeln. Beiseite stellen.

Knoblauchzehen und Chillies in einem großen Mörser sehr grob zerdrücken. Papaya und die übrigen Zutaten mit in den Mörser geben und alles behutsam mit dem Stößel und einem Löffel vermischen. Gekühlt servieren.

Für 4 Personen

Papaya-Salat (links) *und Gemüse mit Chiang-Mai-Sauce* (rechts)

Reissalat mit Ingwer und Zitronengras

Südthailand

KHAO YAM
Reissalat mit Ingwer und Zitronengras

Wie viele Salate aus dem Süden Thailands ist auch »khao yam« ein sehr leichtes Gericht. Der verwendete Duftreis harmoniert ausgezeichnet mit den Aromen von Zitronengras, Ingwer und Kaffir-Limettenblättern.

SALAT

200 g Duftreis *(khao suay;* S. 98), gedämpft
4 EL in dünne Scheiben geschnittene Ingwerwurzel
50 g gemahlene getrocknete Garnelen
100 g Bohnensprossen
1 Grapefruit, geschält und in 1 cm große Würfel geschnitten
1/4 Salatgurke, in dünne Scheiben geschnitten
2 Stengel Zitronengras *(ta-krai),* in dünne Ringe geschnitten
6 frische Blätter von Kaffir-Limetten, in feine Streifen geschnitten
6 Schalotten, in dünne Scheiben geschnitten

SAUCE

125 ml Fischsauce *(nam pla)*
2 EL Zucker
60 ml Limettensaft

Alle Zutaten für den Salat in eine Schüssel füllen. Die Saucenzutaten in einer zweiten Schüssel gründlich verrühren. Den Salat mit der Sauce übergießen und alles kurz vor dem Servieren gründlich durchheben.

Für 4 Personen

Nordthailand

PAK LUAK NAM PRIK
Gemüse mit Auberginen-Dip

Gemüse, denen Dips oder Saucen mehr Würze und Aroma verleihen, können der Höhepunkt jeder Mahlzeit sein.

30 g getrocknete Garnelen
500 g Auberginen (vorzugsweise lange, schlanke Früchte)
60 ml Fischsauce *(nam pla)*
60 ml Limettensaft
2 EL Zucker

GEMÜSE

100 g grüne Bohnen, in 10 cm lange Stücke geschnitten
125 g Sumpfkohl (siehe Glossar)
125 g Spinat
1/2 Salatgurke, in Scheiben geschnitten
4 thailändische Mini-Auberginen (siehe Glossar)

Die getrockneten Garnelen mit warmem Wasser übergießen und 10 Minuten einweichen. Abgießen.

In einem mittelgroßen Topf Wasser zum Kochen bringen und die ungeschälten Auberginen garen, bis sie gerade weich sind.

Abgießen, in kaltem Wasser abschrecken und die Haut abziehen. Die Auberginen grob in Würfel schneiden.

Auberginen und Garnelen zusammen mit Fischsauce, Limettensaft und Zucker in einem Mörser behutsam zerdrücken, bis alle Zutaten vermischt sind und ein grobes Püree entstanden ist. Den Dip in eine kleine Schüssel füllen.

Das rohe oder blanchierte Gemüse auf einer Platte anrichten und zusammen mit dem Dip servieren.

Für 4 Personen

Bangkok und Zentrales Tiefland

GAI PAD YOD KHAO POD
Maiskölbchen mit Huhn

Dieses Gericht, das sich sehr schnell zubereiten läßt, schmeckt besonders köstlich zu heißem gedämpftem Duftreis (»khao suay«; S. 98).

3 EL Öl
500 g Hühnerfleisch, in dünne Scheiben geschnitten
3 Knoblauchzehen *(kratiem),* gehackt
15 Maiskölbchen
100 g Strohpilze (Dose), halbiert
2 EL Austernsauce
2 EL Fischsauce *(nam pla)*
2 EL Zucker
1/2 TL frisch gemahlener Pfeffer
2 Frühlingszwiebeln, in 2,5 cm lange Stücke geschnitten

Eine mittelgroße schwere Pfanne bei hoher Temperatur erhitzen und das Öl hineingeben. Hühnerfleisch und Knoblauch 2 Minuten unter Rühren braten. Dann alle übrigen Zutaten hinzufügen.

Das Ganze noch etwa 2 Minuten unter Rühren erhitzen, bis das Hühnerfleisch gar ist. Auf einer Servierplatte anrichten und mit gedämpftem Reis servieren.

Für 4 Personen

Rechte Seite: *Maiskölbchen mit Huhn* (oben) *und Gemüse mit Auberginen-Dip* (unten)

Bangkok und Zentrales Tiefland

YAM GOON CHIANG
Gurkensalat mit Chinesischer Wurst

Gerichte mit kleinen, saftigen, schmackhaften Chinesischen Würsten werden überall in Bangkok angeboten. Salate wie dieser sind besonders beliebt.

DRESSING

2 EL Essig
1 EL Zucker
1/4 TL Salz

3–4 Chinesische Würste
1 kleine Zwiebel, in Scheiben geschnitten
1/2 Salatgurke, in Scheiben geschnitten
1 Bund frischer Koriander *(bai pak chee)*
3 EL gehackte grüne thailändische Chillies *(prik khee noo)*
Krauser Kopfsalat zum Garnieren
Korianderblätter *(bai pak chee)* zum Garnieren

Für das Dressing Essig und Zucker mit etwas Salz verrühren und beiseite stellen.

Das Wasser zum Kochen bringen und die Würste zugedeckt 3 Minuten garen. Herausnehmen und in etwa 0,5 cm dicke Scheiben schneiden.

Die Zwiebelscheiben in Ringe zerlegen und zusammen mit Wurst, Gurke, Koriander sowie Chillies auf einer Platte anrichten und das Dressing darüberträufeln.

Mit Kopfsalat und Korianderblättern garnieren.

Für 4 Personen

Nordostthailand

TAM TAENG
Gurkensalat mit Tamarindensaft nach nordöstlicher Art

Zu gegrilltem Fleisch wird im Nordosten Thailands häufig dieser leichte Salat gereicht. Besonders an heißen Sommertagen ist dieser Salat herrlich erfrischend.

500 g Salatgurken
6 Knoblauchzehen *(kratiem)*, gehackt
3 grüne thailändische Chillies *(prik khee noo)*, gehackt
6 EL Tamarindensaft *(ma-kaam piag;* siehe Glossar)
60 ml Fischsauce *(nam pla)*
2 EL Zucker
6 Cocktailtomaten, in Viertel geschnitten

Die Gurken schälen, längs halbieren und mit einem Löffel die Samen entfernen. Das Fruchtfleisch in streichholzgroße Streifen schneiden.

Den Tamarindensaft mit der Fischsauce verrühren und Knoblauch, Chillies sowie Zucker hinzufügen. Alles gut vermischen. Dann Gurken und Tomaten unterheben.

Für 4 Personen

Gurkensalat mit Tamarindensaft nach nordöstlicher Art (unten) *und Gurkensalat mit Chinesischer Wurst* (oben)

Pikante Sauce mit Garnelenpaste

Nordostthailand

SOOP NAW MAI PLA-RAA
Bambussprossensalat mit eingelegtem Fisch

Zusammen mit der Gemüsebeilage und gedämpftem Klebreis (»khao neow«; S. 98) ist dieses Gericht eine nahrhafte Mahlzeit.

500 g Bambussprossen (siehe Glossar), in Streifen geschnitten
5 Lorbeerblätter
125 g eingelegte Sardellen (siehe Glossar)
60 ml Fischsauce *(nam pla)*
60 ml Limettensaft
1 Bund Minze
4 EL gehackte Frühlingszwiebeln
1 TL gerösteter Sesam
1/4 TL gemahlene thailändische Chillies *(prik khee noo pon)*
1 EL gemahlener gerösteter Klebreis (siehe Glossar)

GEMÜSEBEILAGE (nach Belieben)

4 lange grüne Bohnen oder Spargelbohnen, in 10 cm lange Stücke geschnitten
8 Blätter Sumpfkohl (siehe Glossar) oder Spinat
1/4 Kopf Weißkohl, in 2,5 cm breite Streifen geschnitten
4 Stengel Basilikum *(bai horapa;* siehe Glossar)

Wasser in einen großen Topf füllen. Bambussprossen und Lorbeerblätter hinzufügen. Zum Kochen bringen und 1 Minute kochen lassen. Das Wasser abgießen und die Lorbeerblätter herausnehmen. Die übrigen Zutaten mit zu den Bambussprossen in den Topf geben. Alles gründlich durchheben und erhitzen. In einer Servierschüssel anrichten.

Sofern verwendet, die Zutaten für die Gemüsebeilage vermischen und in einer separaten Schüssel servieren.

Für 4 Personen

Südthailand

NAM PRIK GOONG SIAP
Pikante Sauce mit Garnelenpaste

Diese Sauce schmeckt auch zu anderem Gemüse ausgezeichnet.

8 grüne thailändische Chillies *(prik khee noo)*
6 Knoblauchzehen *(kratiem)*
2 EL Garnelenpaste *(gapi)*
60 ml Fischsauce *(nam pla)*
90 ml Limettensaft
3 EL Palmzucker *(nam taan peep)*
10 große getrocknete Garnelen, mit warmem Wasser abgespült

GEMÜSE (Menge nach Belieben)

Chinesische Bohnen (siehe Glossar) oder lange grüne Bohnen
Frühlingszwiebeln
Tomaten
Brokkoli
Zuckererbsen

Chillies, Knoblauch und Garnelenpaste in einem Mörser verreiben, bis der Knoblauch zerdrückt und alles gut vermischt ist. Fischsauce, Limettensaft und Zucker unterrühren. (Man kann dazu auch einen Mixer benutzen.) Die ganzen getrockneten Garnelen hinzufügen und etwa 15 Minuten in der Sauce einweichen.

Als Sauce zu dem rohen oder gedämpften Gemüse reichen.

Für 4 Personen

Bangkok und Zentrales Tiefland

YAM PLA SARDINE
Kopfsalat mit Ölsardinen

Diese Zusammenstellung von Fisch und frischem Gemüse ist in Thailand sehr populär.

250 g Ölsardinen (Dose)
4–6 Blätter krauser Kopfsalat

DRESSING

8 Schalotten, in Scheiben geschnitten
2 Stengel Zitronengras *(ta-krai),* in feine Ringe geschnitten
4 Knoblauchzehen *(kratiem),* in Scheiben geschnitten
4 EL gehackte grüne thailändische Chillies *(prik khee noo)*
60 ml Fischsauce *(nam pla)*
60 ml Limettensaft

GARNIERUNG

1 Bund Minze
4 EL Korianderblätter *(bai pak chee)*
2 Frühlingszwiebeln, in etwa 4 cm lange Stücke geschnitten

Die Ölsardinen längs halbieren und die Mittelgräten entfernen.

Die Salatblätter in 10 cm große Stücke schneiden und nebeneinander auf eine Servierplatte legen. Auf jedes Salatblatt eine halbe Sardine legen. Die Zutaten für das Dressing vermischen und über die Sardinen geben. Mit Minze, Korianderblättern und Frühlingszwiebeln garnieren.

Zum Essen die einzelnen Sardinen zusammen mit Dressing und Garnierung in das Salatblatt wickeln.

Für 4 Personen

Rechte Seite: *Kopfsalat mit Ölsardinen* (oben) *und Bambussprossensalat mit eingelegtem Fisch* (unten)

Nordthailand

NAM PRIK NOOM
Gemüse mit Chilisauce

Dieser Dip gehört stets zu dem traditionellen Khantoke-Essen, das in Chiang Mai serviert wird.

15 grüne Jalapeño-Chillies *(prik chee fa)*
10 Knoblauchzehen *(kratiem)*
8 Schalotten
2 große Tomaten
30 g getrocknete Sardellen
2 EL Fischsauce *(nam pla)*
1 Frühlingszwiebel, gehackt
2 EL Korianderblätter *(bai pak chee)*

GEMÜSE (Menge nach Belieben)
Grüne Bohnen, in Stücke geschnitten
Chinakohl, gehackt
Salatgurke, in Scheiben geschnitten
Thailändische Mini-Auberginen (siehe Glossar), in Scheiben geschnitten

Chillies, Knoblauch, Schalotten und Tomaten im Küchengrill oder in der Pfanne rösten, bis die Haut leicht angekohlt ist.

Die Sardellen in einem kleinen Topf mit Wasser bedecken. Das Wasser zum Kochen bringen und die Sardellen etwa 10 Minuten leise köcheln lassen, bis die Flüssigkeit auf 2 Eßlöffel reduziert ist. Die Sauce durch ein Sieb gießen, die Sardellen wegwerfen.

Die gerösteten Zutaten zusammen mit Sardellen- und Fischsauce im Mixer oder Mörser grob pürieren.

Den Dip mit gehackten Frühlingszwiebeln und Korianderblättern garnieren. Zusammen mit dem Gemüse auftragen.

Für 4 Personen

Nordostthailand

PHLA GOONG
Garnelensalat nach Art des Nordostens

Zitronengras und Limettenblätter verleihen diesem Salat ein raffiniertes Aroma.

500 ml Wasser
500 g Garnelen, aus der Schale gelöst und den Darm entfernt
2 Stengel Zitronengras *(ta-krai),* in feine Ringe geschnitten
4 Blätter von Kaffir-Limetten *(bai ma-grood),* in feine Streifen geschnitten
4 EL Minzeblätter
2 EL gehackte Frühlingszwiebeln
1 EL gehackte Korianderblätter *(bai pak chee)*
1 TL gemahlene thailändische Chillies *(prik khee noo pon)*
60 ml Fischsauce *(nam pla)*
60 ml Limettensaft

Das Wasser in einem großen Topf zum Kochen bringen. Die Garnelen hinzufügen und 30 Sekunden garen. Abgießen und in eine Schüssel geben. Zitronengras, Limettenblätter, Minzeblätter, Frühlingszwiebeln und Korianderblätter untermischen. Mit den gemahlenen Chillies würzen. Fischsauce und Limettensaft darübergießen. Die Zutaten behutsam durchheben.

Für 4 Personen

Linke Seite: *Gemüse mit Chilisauce* (oben) *und Garnelensalat nach Art des Nordostens* (unten)

Salat von Meeresfrüchten

Südthailand

YAM PO TAEK
Salat von Meeresfrüchten

Die interessante Zusammenstellung von Kräutern und Gewürzen verleiht diesem Salat einen reizvollen, frischen Geschmack. Das Rezept läßt sich durch die Verwendung anderer Meeresfrüchte in vielfältiger Weise variieren.

250 ml Wasser
125 g Garnelenfleisch
125 g Filet von weißfleischigem Fisch, in Scheiben geschnitten
125 g gesäuberter Kalmar, in 5 cm große Stücke geschnitten
125 g Muscheln

DRESSING
1 EL schwarze Chilipaste *(nam prik pow;* S. 241)
60 ml Fischsauce *(nam pla)*
60 ml Limettensaft
2 EL Zucker
6 Knoblauchzehen *(kratiem),* in Scheiben geschnitten
1 TL zerdrückte grüne thailändische Chillies *(prik khee noo)*
2 Stengel Zitronengras *(ta-krai),* in dünne Scheiben geschnitten
4 Blätter von Kaffir-Limetten *(bai ma-grood),* in feine Streifen geschnitten

Krauser Kopfsalat zum Garnieren (nach Belieben)

Das Wasser in einer großen schweren Pfanne zum Kochen bringen und die Meeresfrüchte darin garen. Abgießen und beiseite stellen.

Die Zutaten für das Dressing verrühren und kurz vor dem Servieren unter die Meeresfrüchte heben. Auf einer Platte anrichten und nach Belieben mit Kopfsalat garnieren.

Für 4 Personen

Pfannengerührtes Gemüse

Bangkok und Zentrales Tiefland

PAD KANAA PLA KEM
Pfannengerührter Chinesischer Brokkoli mit getrocknetem Fisch

Dieses köstliche Gericht läßt sich schnell und einfach zubereiten. Es kann als Beilage zu einer Reissuppe oder mit gedämpftem Duftreis (»khao suay«; S. 98) serviert werden.

3 EL Öl
125 g getrockneter Fisch, in 2,5 cm große Stücke geschnitten
6 Knoblauchzehen *(kratiem)*, zerdrückt
1 EL gelbe oder schwarze Bohnensauce
500 g Chinesischer Brokkoli, in 2,5 cm große Stücke geschnitten

Eine große schwere Pfanne erhitzen und das Öl hineingeben. Den Fisch bei mittelstarker Hitze 2 Minuten unter Rühren braten. Die übrigen Zutaten dazugeben und alles noch weitere 2 Minuten unter Rühren garen.

Für 4 Personen

Bangkok und Zentrales Tiefland

YAM YAI
Salat nach Art thailändischer Küchenchefs

Salate gehören zu den Lieblingsspeisen der Thais. Dieses Rezept bietet jedem Küchenchef Gelegenheit, seine Kreativität unter Beweis zu stellen, denn die Variationsmöglichkeiten der verwendeten Gemüse- und Fleischsorten sind nahezu unbegrenzt.

DRESSING
2 EL gehackte Korianderblätter *(bai pak chee)*
4 Knoblauchzehen, gehackt
3 EL Limettensaft
1 EL Zucker

4–6 Blätter grüner Salat
4 hartgekochte Eier, in Viertel geschnitten
1 Zwiebel, in Streifen geschnitten
1 Tomate, in Achtel geschnitten
1/4 Salatgurke, in Scheiben geschnitten
40 g rote Jalapeño-Chillies *(prik chee fa daeng)*, in Ringe geschnitten (oder nach Belieben weniger)
Korianderstengel *(pak chee)* zum Garnieren
Minzestengel zum Garnieren

Die Zutaten für das Dressing verrühren und beiseite stellen.

Die Salatblätter auf eine große Platte legen und die übrigen Zutaten dekorativ darauf anrichten. Den Salat mit dem Dressing übergießen und mit Koriander und Minze garnieren.

Für 4 Personen

Bangkok und Zentrales Tiefland

PAD PAK RUAM MIT
Pfannengerührtes Gemüse

Dieses farbenfrohe Gericht aus vielen verschiedenen Gemüsesorten ist überaus einfach in der Zubereitung und nicht nur für Vegetarier eine wahre Gaumenfreude.

2 EL Öl
2 Knoblauchzehen *(kratiem)*, gehackt
4 EL in Streifen geschnittene Zwiebeln
1 kleine Möhre, in Scheiben geschnitten
100 g Weißkohl, in Streifen geschnitten
100 g Brokkoliröschen
50 g Blumenkohlröschen
1/2 rote Paprikaschote, in Streifen geschnitten
4 EL Zuckererbsen
4 EL in Scheiben geschnittene Champignons
4 EL Bohnensprossen
1 EL Sojasauce
1 EL Zucker

Eine große schwere Pfanne erhitzen und Öl sowie den Knoblauch hineingeben.

Alle übrigen Zutaten hinzufügen und 4 Minuten unter Rühren braten, bis das Gemüse gar, aber noch knackig ist.

Mit gedämpftem Duftreis *(khao suay;* S. 98) servieren.

Für 4 Personen

Rechte Seite: *Pfannengerührter Chinesischer Brokkoli mit getrocknetem Fisch* (unten) *und Salat nach Art thailändischer Küchenchefs* (oben)

Bangkok und Zentrales Tiefland

PAD TUA FAK YOW KAI
Grüne Bohnen mit Schweinefleisch und Ei

Dieses Gericht ist im Nu zubereitet. In Thailand ißt man es auch morgens, bevor man zur Arbeit oder zur Schule geht. Reis ist dazu eine passende Beilage.

3 EL Öl
250 g Schweinefleisch, in Scheiben geschnitten
500 g lange grüne Bohnen oder Chinesische Bohnen, in etwa 5 cm lange Stücke geschnitten
4 Knoblauchzehen *(kratiem)*, gehackt
60 ml Wasser
3 EL Fischsauce *(nam pla)*
1 EL Maggi-Würze
2 EL Zucker
Frisch gemahlener weißer Pfeffer
2 Eier, verquirlt

Eine große schwere Pfanne erhitzen, das Öl hineingeben und Schweinefleisch, Bohnen sowie den Knoblauch darin unter Rühren braten, bis das Fleisch gar ist.

Die übrigen Zutaten – mit Ausnahme der verquirlten Eier – hinzufügen und alles zugedeckt 2 Minuten garen. Den Deckel abnehmen, die Eier dazugeben und etwa 1 Minute unter Rühren erhitzen, bis das Ei gestockt ist.

Für 4 Personen

Bangkok und Zentrales Tiefland

KANAA NAMMAN HOI
Chinesischer Brokkoli mit Austernsauce

Fast jedes Gemüse kann nach diesem Rezept zubereitet werden, das sich einer einfachen Garmethode und ebenso einfacher Würzmittel bedient.

2 EL Öl
4 Knoblauchzehen *(kratiem)*, gehackt
500 g Chinesischer Brokkoli, in 2,5 cm große Stücke geschnitten
60 ml Wasser
3 EL Austernsauce
1 EL Fischsauce *(nam pla)*
3 grüne Jalapeño-Chillies *(prik chee fa)*
1 EL Zucker

Eine mittelgroße schwere Pfanne erhitzen, dann Öl und Knoblauch hineingeben.

Den Brokkoli zusammen mit allen übrigen Zutaten unter Rühren braten, bis das Gemüse gar, aber noch knackig ist.

In einer Servierschüssel anrichten und Duftreis (*khao suay*, S. 98) dazu reichen.

Für 4 Personen

Bangkok und Zentrales Tiefland

PAD PAK TOW-HOO
Buntes Gemüse mit Tofu

Im Rohzustand schmeckt Tofu neutral, aber er hat die wunderbare Eigenschaft, die Aromen der anderen Zutaten, mit denen man ihn

gart, aufzunehmen. Bei diesem Rezept wird er mit acht verschiedenen Gemüsen gegart.

3 EL Öl
3 Knoblauchzehen *(kratiem)*, gehackt
4 EL in Streifen geschnittene Zwiebeln
4 EL Bohnensprossen
4 EL Zuckererbsen
4 EL in Scheiben geschnittene Möhren

Chinesischer Brokkoli mit Austernsauce (oben links), *Grüne Bohnen mit Schweinefleisch und Ei* (unten links) *und Buntes Gemüse mit Tofu* (rechts)

4 EL in Streifen geschnittene rote Paprikaschote
60 g Blumenkohlröschen
60 g Brokkoliröschen
4 EL in Scheiben geschnittene Champignons
300 g Tofu, gebraten (siehe Glossar)
2 EL Fischsauce *(nam pla)*
2 EL Austernsauce
2 EL Zucker
Frisch gemahlener weißer Pfeffer

Eine große schwere Pfanne bei hoher Temperatur erhitzen, dann Öl und Knoblauch hineingeben. Das gesamte Gemüse sowie den gebratenen Tofu hinzufügen.

Fischsauce, Austernsauce, Zucker und Pfeffer dazugeben und alles gründlich durchrühren. Auf mittlere Temperatur herunterschalten und die Zutaten noch 2 Minuten erhitzen, bis das Gemüse gar, aber noch knackig ist.

Für 4 Personen

Salat von gebratenem Rinderhackfleisch

Nordthailand

LAAB NUEA
Salat von gebratenem Rinderhackfleisch

Dank frischer Kräuter und Limettensaft schmeckt dieser Salat überaus erfrischend. Das Rezept wurde von den Bewohnern Nordostthailands nach Bangkok gebracht und gehört zu den beliebtesten Gerichten der thailändischen Küche. Anstelle von Rind- kann auch Hühner- oder Schweinefleisch verwendet werden.

500 g Rinderhackfleisch
60 ml Limettensaft
2 EL Fischsauce *(nam pla)*
1/2 TL gemahlene Galgantwurzel *(kha pon)*
6 Schalotten, in dünne Scheiben geschnitten
2 EL gehackte Frühlingszwiebeln
2 EL gehackte Korianderblätter *(bai pak chee)*
2 EL gemahlener gerösteter Klebreis (siehe Glossar)
1 TL gemahlene rote thailändische Chillies *(prik khee noo pon;* nach Belieben)
15 Minzeblätter

Das gehackte Rindfleisch mit Limettensaft, Fischsauce, Galgant und Schalotten vermischen.

Eine schwere Pfanne erhitzen und das Hackfleisch bei mittelhoher Temperatur etwa 4 Minuten sautieren, bis es gar ist.

Die Pfanne von der Kochstelle nehmen. Gehackte Frühlingszwiebeln, Korianderblätter und gemahlenen Klebreis hinzufügen und alles gründlich vermischen.

Das Hackfleisch auf einer Servierplatte anrichten und nach Belieben mit gemahlenen Chillies würzen. Mit Minzeblättern garnieren.

Als Beilage rohes Gemüse, wie lange grüne Bohnen, in Streifen geschnittenen Kohl, Kopfsalat oder Spinat, reichen.

Für 4 Personen

Bangkok und Zentrales Tiefland

YAM KAI DOW
Salat mit knusprigen Eiern

Ein köstlicher Salat, der mit knusprig und goldbraun gebratenen Eiern zubereitet wird.

SAUCE
8 Knoblauchzehen *(kratiem)*, gehackt
2 EL gehackte Korianderblätter *(bai pak chee)*
6 grüne thailändische Chillies *(prik khee noo)*, gehackt
60 ml Fischsauce *(nam pla)*
60 ml Limettensaft
2 EL Zucker

125 ml Öl
4 Eier
1/2 Möhre, in Scheiben geschnitten
1/2 Tomate, in Scheiben geschnitten
1/4 grüne Paprikaschote, in Streifen geschnitten
1/2 Zwiebel, in Streifen geschnitten
4 EL in Streifen geschnittener Rotkohl
Krauser Kopfsalat

Die Zutaten für die Sauce verrühren und beiseite stellen.

Das Öl in einer kleinen schweren Pfanne auf 180 °C erhitzen. Die Eier nacheinander im heißen Öl von beiden Seiten goldbraun braten. Etwas abkühlen lassen, dann jedes Ei in Viertel schneiden.

Eine Schüssel mit grünem Salat auslegen. Das kleingeschnittene Gemüse und die gebratenen Eier darin anrichten.

Die Sauce getrennt dazu reichen oder unter den Salat heben.

Für 4 Personen

Rechte Seite: *Salat mit knusprigen Eiern*

Bangkok und Zentrales Tiefland

PAD PREW WAN MOO
Süß-saures Schweinefleisch

Im Gegensatz zu anderen süß-sauren Schweinefleischgerichten wird das Fleisch bei diesem Rezept nicht paniert und in Öl fritiert. Es schmeckt ebenso köstlich, hat aber weniger Kalorien.

SAUCE

125 ml Essig
125 g Zucker
1/2 TL Salz
60 ml Tomatenmark

1 EL Öl
4 Knoblauchzehen *(kratiem)*, zerdrückt
250 g mageres Schweinefleisch, in 0,5 x 5 x 5 cm große Scheiben geschnitten
1 Tomate, in Achtel geschnitten
1/2 kleine Zwiebel, in Streifen geschnitten
4 EL gehackte grüne Jalapeño-Chillies *(prik chee fa)*
2 Scheiben Ananas, in Stücke geschnitten
1 Frühlingszwiebel, in 2,5 cm lange Stücke geschnitten
2 EL Maisstärke, mit 3 EL Wasser angerührt

Die Zutaten für die Sauce in einer kleinen schweren Pfanne verrühren und zum Kochen bringen. Die Hitze reduzieren und die Sauce 3 Minuten köcheln lassen. Dann beiseite stellen.

Das Öl in einer großen Pfanne erhitzen. Knoblauch und Schweinefleisch 30 Sekunden darin braten, dann die Sauce dazugießen. Zum Kochen bringen, die übrigen Zutaten – mit Ausnahme von Frühlingszwiebeln und angerührter Maisstärke – hinzufügen und 2 Minuten unter gelegentlichem Rühren erhitzen.

Gehackte Frühlingszwiebel unterrühren und die Sauce mit Maisstärke binden.

Für 2 Personen

Hühnerfleisch mit Blattsenf

Bangkok und Zentrales Tiefland

GAI PAD KIAMCHAI
Hühnerfleisch mit Blattsenf

Eingelegtes Blattsenfgemüse sollte vor der Verwendung abgespült werden, um das Salz zu entfernen. Der salzige Geschmack des Gemüses harmoniert ausgezeichnet mit dem Hühnerfleisch und der pikanten Schärfe der frischen Ingwerwurzel.

3 EL Öl
4 Knoblauchzehen *(kratiem)*, gehackt
1 EL feingeschnittene Ingwerwurzel
250 g Hühnerfleisch, in dünne Streifen geschnitten
300 g eingelegtes Blattsenfgemüse (siehe Glossar), in 2,5 cm breite Streifen geschnitten
2 Eier, verquirlt
3 EL Fischsauce *(nam pla)*
2 EL Zucker

Eine mittelgroße schwere Pfanne erhitzen, dann Öl, Knoblauch und Ingwer hineingeben.

Das Hühnerfleisch hinzufügen und etwa 2 Minuten unter Rühren braten. Blattsenf und Eier unterrühren.

Das Hühnerfleisch mit Fischsauce und Zucker würzen und alles noch 2 Minuten unter Rühren erhitzen, bis die Sauce eindickt. Heiß servieren.

Für 4 Personen

Bangkok und Zentrales Tiefland

YAM NANG MOO
Salat mit Schweineschwarte und Zitronengras

Die Schweineschwarte hat bei diesem Salat eine einzigartige Beschaffenheit, die an durchscheinende, elastische Nudeln erinnert.

500 g Schweineschwarte
60 ml schwarze Chilipaste *(nam prik pow;* S. 241)
2 Stengel Zitronengras *(ta-krai),* in dünne Ringe geschnitten
5 Blätter von Kaffir-Limetten *(bai ma-grood),* in feine Streifen geschnitten
2 Bund Minze
125 g geröstete Erdnußkerne, gemahlen
2 EL Fischsauce *(nam pla)*
2 EL Limettensaft
1 EL Zucker
Grüner Salat zum Garnieren
Minzeblätter zum Garnieren

1 l Wasser zum Kochen bringen. Die Schweineschwarte hinzufügen und 30 Minuten köcheln lassen, damit sie weich wird. Dann abgießen und in 5 cm lange Streifen schneiden. Beiseite stellen.

Die schwarze Chilipaste mit den übrigen Zutaten – außer Salat und Minze – verrühren und unter die Schweineschwarte heben. Vor dem Servieren mit grünem Salat und Minze garnieren.

Für 4 Personen

Salat mit Schweineschwarte und Zitronengras (links) *und Süß-saures Schweinefleisch*

Salat mit Rindfleisch

Bangkok und Zentrales Tiefland

YAM NUEA
Salat mit Rindfleisch

In Bangkok wird dieses Rezept sowohl in Restaurants wie auch in Privathaushalten häufig zubereitet.

500 g zartes Rindfleisch

SALAT

1/2 Zwiebel, in Scheiben geschnitten
1 Tomate, in Achtel geschnitten
1/4 Salatgurke, in Scheiben geschnitten
4 EL in dünne Streifen geschnittene rote und grüne thailändische Chillies *(prik khee noo)*

SAUCE

60 ml Fischsauce *(nam pla)*
60 ml Limettensaft
2 EL gehackter Knoblauch *(kratiem)*
2 EL gehackte Korianderblätter *(bai pak chee)*
1/2 Frühlingszwiebel, in 2,5 cm lange Stücke geschnitten

Das Rindfleisch im Küchengrill oder über Holzkohle grillen, so daß es innen noch rosa ist. Dann in dünne Scheiben schneiden.

Alle Zutaten für den Salat vermischen und das Rindfleisch hinzufügen.

Die Zutaten für die Sauce verrühren. Die Sauce kurz vor dem Servieren unter den Salat heben.

Für 4 Personen

Bangkok und Zentrales Tiefland

PAD PAK BOONG FI DAENG
Scharfer Sumpfkohl

Falls Sumpfkohl nicht erhältlich ist, kann dieses leichte Gericht auch mit Spinat zubereitet werden.

2 EL Öl
500 g Sumpfkohl (siehe Glossar) oder Spinat, in 2,5 cm lange Streifen geschnitten
6 Knoblauchzehen *(kratiem)*, gehackt
2 EL schwarze Bohnensauce
1 EL Fischsauce *(nam pla)*
1 TL Zucker
4 EL in Ringe geschnittene grüne Jalapeño-Chillies *(prik chee fa)*

Eine große schwere Pfanne erhitzen; das Öl und die übrigen Zutaten hinzufügen. Alles 30 Sekunden unter Rühren braten und servieren.

Für 4 Personen

Bangkok und Zentrales Tiefland

YAM PLA MUK
Gemüsesalat mit Kalmar

Wer gerne Tintenfisch ißt und diesen Salat probiert hat, wird anschließend zu keiner Mahlzeit auf ihn verzichten wollen. Über Holzkohle gegrillt, bekommt der Kalmar ein besonders feines Aroma.

250 g Kalmar (ohne Fangarme), in dünne Ringe geschnitten
1 TL Maisstärke
1 TL Weißwein
1 Knoblauchzehe *(kratiem)*, gehackt
1 TL geriebene frische Ingwerwurzel
1 EL Öl

DRESSING

1 TL rote Currypaste *(nam prik gaeng ped;* S. 236)
1 TL gehackter Knoblauch *(kratiem)*
60 ml Limettensaft
60 ml Fischsauce *(nam pla)*
2 EL Zucker
1 EL gemahlener gerösteter Klebreis (siehe Glossar)
4 EL gehackte Korianderblätter *(bai pak chee)*

100 g grüner Salat, in Streifen geschnitten
1/4 rote Paprikaschote, in Streifen geschnitten
1/4 grüne Paprikaschote, in Streifen geschnitten
4 EL in Scheiben geschnittene Champignons
4 EL in Streifen geschnittene Zuckererbsen
4 EL in Streifen geschnittene Zwiebeln
2 EL Minzeblätter
4 EL in Ringe geschnittenes Zitronengras *(ta-krai)*
1 Tomate, in Achtel geschnitten
1/8 Salatgurke, in Scheiben geschnitten

ZUM GARNIEREN

Frühlingszwiebeln, in Stücke geschnitten
Korianderblätter *(bai pak chee)*
Frische Ingwerwurzel, geraspelt

Maisstärke, Weißwein, Knoblauch und Ingwer verrühren und die Kalmarringe etwa 10 Minuten darin marinieren.

Eine mittelgroße schwere Pfanne erhitzen und das Öl hineingeben. Den Kalmar rasch sautieren, herausnehmen und beiseite stellen.

Die Zutaten für das Dressing verrühren.

Kalmarringe und Gemüse vermischen. Kurz vor dem Servieren das Dressing unterheben. Mit Frühlingszwiebeln, Korianderblättern und geraspeltem Ingwer garnieren.

Für 2 Personen

Rechte Seite: *Gemüsesalat mit Kalmar* (oben) *und Scharfer Sumpfkohl* (unten)

SÜDTHAILAND

LUCA INVERNIZZI TETTONI/PHOTOBANK

SÜDTHAILAND

Der Süden, ein langer, schmaler Landstreifen, der bis hinunter nach Malaysia reicht, unterscheidet sich in vielen wesentlichen Aspekten von den übrigen drei Regionen Thailands. Ungefähr acht Monate im Jahr gehen hier kurze, aber heftige Regenschauer nieder, oder Monsunstürme fegen über das Land und nähren den üppigen Dschungel, der die zerklüftete Bergkette der Halbinsel überwuchert. Auch der Lebensunterhalt der Bevölkerung ist ein anderer. Während im zentralen Tiefland Reisfelder, Obstplantagen und Gemüsefelder ein vertrautes Bild sind, wird die Landschaft, je weiter man nach Süden kommt, zunehmend durch lange Reihen von Kautschukbäumen und riesige Kokosplantagen, die bis hinunter zum Meer reichen, geprägt.

Mit zwei Küsten – 1875 Kilometer am Golf von Thailand und 740 Kilometer an der Andamanensee – ist das Meer im Süden Thailands ein allgegenwärtiger Bestandteil des Lebens. Tausende von Booten, die die elftgrößte Fischereiflotte der Welt bilden, laufen täglich aus den zahllosen Häfen aus. Ein Teil ihrer Fänge wird in andere Länder exportiert, der Rest deckt weitgehend den heimischen Bedarf.

Darüber hinaus weist der Süden auch markante kulturelle Unterschiede zu den anderen Regionen auf; denn die Mehrzahl der auf zwei Millionen geschätzten Moslems in Thailand – die größte religiöse Minderheit – lebt in Narathiwat, Pattani, Yala und Satun, den südlichsten Provinzen des Landes. Hier gehören die Kuppeln von Moscheen ebenso zum Landschafts-

Links: *Arbeiter einer Kautschukplantage am frühen Morgen in der Nähe von Phuket*

Seite 192–193: *Zwei Buchten mit palmengesäumten Stränden auf der Insel Koh Phi Phi*

JENNY MILLS

LUCA INVERNIZZI TETTONI/PHOTOBANK

Ananasfrüchte sind ein wichtiges Anbauprodukt auf der Insel Phuket, wo sie zumeist in Reihen zwischen jungen Kautschukbäumen stehen.

bild wie die gestuften Dächer buddhistischer Tempel, und viele Bewohner der Grenzregion sprechen neben Thai auch fließend malaysisch.

Der Süden hat reiche Ressourcen, seltene Naturschönheiten, und seine Flora und Fauna bieten zahlreiche Kuriositäten. In vielen Küstenabschnitten gibt es undurchdringliche Mangrovensümpfe, mit Luftwurzeln, die in verzweigtem Geäst in den Schlamm wachsen. Salzwasserkrokodile leben in solchen Schlupfwinkeln ebenso wie schwimmende Affen mit Ringelschwänzen, die Krabben und andere Krustentiere jagen. An anderen Stellen, insbesondere aber auf den vorgelagerten Inseln,wie Koh Samui und Phuket, findet man traumhaft schöne, von Palmen gesäumte Sandstrände. Einige Kilometer landeinwärts ragen riesige Regenwälder in den Himmel, deren Bäume von Kletterpflanzen und Orchideen geschmückt werden und ein feuchtes, grünes Halbdunkel schaffen, in dem Eisvögel, Nashornvögel und Sittiche umherflattern, wo sich Gibbons durch die Baumkronen schwingen und sich sechsundfünfzig Schlangenarten, darunter auch die tödliche Königskobra und die Gelbe Bungar (eine Giftnatter), durch das Unterholz schlängeln. In den bergigen Gebieten trifft man mitunter auf die *serow,* eine Ziegenantilope, die der thailändischen Legende nach ein gebrochenes Bein heilen kann, indem sie es beleckt. Und hier leben auch Kantschile, die wie winzige Rehe aussehen, fliegende Lemuren (eine Halbaffenart) und Malaysische Stinkdachse, die sich durch ihre übelriechenden Ausscheidungen vor Feinden schützen.

Beständiges Halbdunkel herrscht am Boden der riesigen Kautschukplantagen, wo an jedem Baum ein Gefäß zum Auffangen des wertvollen Kautschuks hängt – Thailand ist der drittgrößte Kautschukproduzent der Welt. Im Gegensatz dazu fällt in den Kokosplantagen das Sonnenlicht durch die rauschenden Wedel der zahlreichen Palmen, und in vielen Plantagen klettern dressierte Affen auf die Bäume, um die reifen Früchte zu pflücken und vorsichtig nach unten zu werfen – viele Millionen jedes Jahr. Vor allem an der oberen Golfküste gibt es kilometerlange Felder mit stacheligen, grau-grünen Ananasfrüchten; nur die Philippinen übertreffen Thailand als Produzenten saftiger Ananasfrüchte, die, zu Konserven verarbeitet, in alle Welt exportiert werden. Die schroffen Kalksteinfelsen und -höhlen an der Südküste sind eine beliebte Heimstatt der kleinen Schwalbenart *Callocalia esculenta,* von der die berühmten Schwalbennester gebaut werden, die bei chinesischen Feinschmeckern auf der ganzen Welt derart beliebt sind, daß fünfhundert Gramm bester Qualität etwa hundert US-Dollar kosten.

Ein periodisch auftretender Traum des Südens ist seit langem der Bau eines Kanals am Isthmus von Kra, der schmalsten Stelle der Halbinsel, wo die beiden Küsten nur vierundzwanzig Kilometer voneinander entfernt liegen. Durch einen solchen Kanal würde sich die Schiffsroute zwischen den Häfen an der Andamanensee und dem Golf von Thailand um beinahe tausendsechshundert Kilometer verkürzen, was der Region zweifellos große ökonomische Vorteile bringen würde. Da er sich gleichzeitig jedoch auch negativ auf Singapurs Konjunktur auswirken würde, standen die Briten dem Plan stets ablehnend gegenüber und unterzeichneten 1897 sogar ein Geheimabkommen mit Thailand, in dem sie sich verpflichteten, Aktivitäten von Drittmächten – das heißt französische Aktivitäten – auf der Halbinsel nicht zuzulassen. Als Gegenleistung erhielten sie die Zusicherung der Thais, keinen Kanal zu bauen. Der Traum wurde aber niemals ganz begraben; von Zeit zu Zeit wird er von verschiedenen Konsortien erneut aufgegriffen, und er könnte durchaus irgendwann einmal Realität werden.

Ein Fischer legt eine seiner Krebsfallen in einem Mangrovenwald aus.

LUCA INVERNIZZI TETTONI/PHOTOBANK

Im Hafen von Phuket navigiert ein Mann mit seinem Sohn ein kleines Boot an den Fischerbooten vorbei. JENNY MILLS

Die Küche des Südens ist ebenso vielgestaltig wie seine Kultur und seine Landschaft. Kokosmilch spielt naturgemäß eine wichtige Rolle, vor allem bei der Zubereitung von Suppen und Currys; Kokosöl wird häufig zum Braten verwendet und das geraspelte Fruchtfleisch als Würze. An beiden Küsten der Halbinsel gibt es auf fast allen Märkten ein reichhaltiges Angebot an frischen Fischen und Meeresfrüchten: Fische von teilweise gewaltiger Größe, Garnelen, Meereskrebse, Tintenfische, Kammuscheln, Venusmuscheln und Miesmuscheln. Hummer und eine größere Art, die manchmal als »Phuket-Hummer« bezeichnet wird, sind heute in einigen der kosmopolitisch geprägten Feriengebiete überaus beliebt. Diese Krustentiere waren allerdings früher bei den Thais keineswegs so geschätzte Delikatessen wie in der westlichen Welt. Cashew-Nüsse von örtlichen Plantagen tauchen regelmäßig als Vorspeise oder in pfannengerührten Gerichten mit Huhn und getrockneten Chillies auf. Zu den im Süden angebauten Obstsorten gehören fingergroße Bananen, Mangostanen, Durian-Früchte und kleine, außergewöhnlich süße Ananasfrüchte. Rohes Gemüse wird zu fast jeder Mahlzeit serviert, und gekocht findet man es in allen möglichen Gerichten. Jedes Jahr im Oktober feiern die chinesischen Bewohner von Phuket ein zehntägiges Vegetarier-Festival, eine interessante Veranstaltung, da es nicht nur exotische Köstlichkeiten zu essen gibt, sondern auch Vorführungen von Feuerläufern und anderen Kraftakten, die im Trancezustand vollführt werden.

Einige Spezialitäten des Südens zeigen den Einfluß fremder Kulturen: etwa *gaeng massaman,* ein Curry nach indischer Art, das mit Kardamom, Nelken, Zimt, Huhn oder Rindfleisch (niemals Schweinefleisch) zubereitet wird; verschiedene malaysische Fisch-Currys, häufig mit frischem Obst und gesalzenen Erdnüssen garniert; und *satay,* marinierte Fleischspieße mit einer pikanten Erdnußsauce – ein Gericht, das ursprünglich aus Indonesien stammt, heute aber überall in Thailand ein beliebter Imbiß ist. Alles in allem liebt man im Süden scharfe Speisen – schärfer vielleicht als in jeder anderen Region, mit Ausnahme des Nordostens – und würzt die Gerichte großzügig mit brennend scharfen Chillies. Man schätzt auch bittere Aromen, insbesondere wenn sie von einer lokalen Bohnensorte, *sa-taw* genannt, herrühren, die wie Durian-Früchte Gegenstand heftiger Kontroversen ist und entweder hoch geschätzt (was für fast alle Bewohner des Südens gilt) oder verabscheut wird (von den meisten Fremden).

Verschiedene Städte im Süden, wie Nakhon Si Thammarat, Songkla und Chaiya, können auf eine lange Geschichte zurückblicken; dies zeigt sich an tiefverwurzelten Traditionen, und auch Ruinen einstmals prachtvoller Tempel und Pagoden zeugen davon. Andere Städte, wie Hat Yai, die drittgrößte Provinzhauptstadt des Landes, haben den rauhen Charme von Grenzstädten, die vom Wohlstand des Hinterlandes leben und sich mehr mit den Hoffnungen von morgen als mit den Erinnerungen an vergangene Herrlichkeiten beschäftigen.

Trotz seiner Unterschiede und der Entfernung vom zentralen Kernland, hat der Süden die Entwicklung der Thai-Kultur stark geprägt. Frühe indische Einflüsse hatten hier eine nachhaltigere Wirkung als die chinesischen. Schon im ersten Jahrhundert n. Chr. kamen Seeleute aus Indien in den Süden,

In der Phang-Nga-Bucht ragt ein hoher Kalksteinfelsen aus dem Wasser, der stetig von den Wellen umspült wird. JENNY MILLS

auf der Suche nach solch wertvollen Gütern wie Gold, Zinn, Gewürzen, duftenden Hölzern sowie Harzen und errichteten vor allem am Golf von Thailand eine Reihe von Handelsstationen. Im dritten Jahrhundert n. Chr. werden in chinesischen Berichten zehn solcher Handelszentren genannt, als bedeutendstes Dan Sun, das sich in der Nähe von Surat Thani quer über die gesamte Halbinsel erstreckte. Später kamen indische Gelehrte in den Süden und brachten ihre Vorstellungen über die Kunst, die Architektur, das Regierungswesen und die Religion mit. Man hat prächtige Statuen von Hindu-Göttern und -Göttinnen gefunden, die aus dieser frühen Zeit stammen. Und nach dem fünften Jahrhundert begannen Künstler im Süden Buddha-Figuren höchster Vollendung aus Stein und Bronze anzufertigen.

Ab dem siebten Jahrhundert gelangten bedeutsame Einflüsse aus Sumatra in den Süden, die sich in dem geheimnisumwitterten Königreich Srivijaya kristallisierten. Es gibt verschiedene Theorien über die Größe dieses Königreichs, und auch der Sitz der Hauptstadt ist nicht eindeutig geklärt: Einige Historiker meinen, sie habe sich auf Sumatra befunden, andere favorisieren die südthailändische Stadt Chaiya, wo hinduistische und mahayana-buddhistische Kunstwerke entstanden. Die mächtigen Dynastien von Srivijaya beherrschten die Halbinsel mehrere Jahrhunderte lang, und Elemente ihrer Kultur gelangten in andere Teile des heutigen Thailand und bis nach Kambodscha.

Java wurde im vierzehnten Jahrhundert islamisch, und von dort könnte der muslimische Glaube durch arabische Seeleute, die wie die Inder entlang der Küsten Handel trieben, nach Südthailand gelangt sein. (Laut Aussage eines Kenners der Thai-Küche sind die Araber möglicherweise auch für die Einführung des Korianders, der heute allgegenwärtigen Garnierung von Speisen, verantwortlich gewesen. Andere Fachleute behaupten dagegen, der Koriander sei erst später mit den Chillies von den Portugiesen eingeführt worden.)

Die Besiedlung des Südens durch die Thais erfolgte erst später und stufenweise, auch wenn bestimmte Städte Südthailands bereits in Chroniken des ersten Thai-Königreichs von Sukhothai erwähnt sind. So hatte Nakhon Si Thammarat (oder Ligor, wie es damals hieß) um die Mitte des dreizehnten Jahrhunderts offensichtlich einen Thai-Herrscher. Die Stadt war außerdem ein wichtiges Zentrum des Theravada-Buddhismus, von dem der Mahayana-Buddhismus in weiten Teilen des Landes abgelöst werden sollte, und Mönche aus Nakhon Si Thammarat trugen den neuen Glauben nicht nur nach Sukhothai, sondern auch nach Kambodscha und ins nördliche Königreich Lanna Thai. Andere Gebiete der Region blieben mehr oder weniger autonom, trotz der von den Thais beanspruchten Oberherrschaft. Singora, das heute Songkla heißt, wurde von chinesischen Piraten kontrolliert, die Handelsschiffe im Golf überfielen, und Pattani, berühmt für seine Brokat-Seidenstoffe, wurde von einer Reihe malaysischer Königinnen regiert.

Das Königreich Ayutthaya (1350–1767 n. Chr.) etablierte eine stärkere Präsenz auf der Halbinsel, und sein Einfluß reichte bis nach Malakka, also weit in das heutige Malaysia hinein, wenngleich die tatsächliche Machtausübung aufgrund der großen Entfernungen begrenzt war. Nakhon Si Thammarat spielte weiterhin eine wichtige Rolle und wurde bereits in einer frühen Phase der Ayutthaya-Epoche zu einer Provinz *(monthon)* erhoben, die von Gouverneuren aus der Hauptstadt regiert wurde. Kunsthandwerker aus Nakhon Si Thammarat waren für ihre exquisiten Niello-Arbeiten aus Gold und Silber berühmt, die man auch im königlichen Palast überaus schätzte und fremden Herrschern als Geschenk überreichte. An allen wirtschaftlich interessanten Orten, wie etwa der Insel Phuket in der Andamanensee, kümmerten sich Beamte des Königs darum, daß das königliche Alleinverkaufsrecht eingehalten wurde.

Heute ist Phuket ein beliebtes Urlaubsparadies, doch der Reiz der malerischen Strände spielt erst seit kurzem eine Rolle für die Wirtschaft der Insel. Unter der Bezeichnung »Junkceylon« – mitunter auch »Junkcelaon« oder »Janselone« – war die Insel bei den frühen Handelsreisenden für weitaus greifbarere Schätze bekannt. Dicht unter der Oberfläche der bergigen Insel befanden sich scheinbar unerschöpfliche Lagerstätten von Zinnerz, ein wertvolles Gut, für das Thailand praktisch der einzige Lieferant in ganz Asien war, bis die Briten Zinnminen in Malaysia eröffneten. Darüber hinaus boten Phuket und das nahegelegene Festland eine Reihe weiterer Kostbarkeiten: Ambra, Rhinozeroshorn, Elfenbein und – für die chinesischen Händler wohl am verlockendsten – die Nester der Seeschwalbe *Callocalia esculenta,* die ihrer medizinischen und angeblich auch aphrodisischen Eigenschaften wegen geschätzt wurden. Theoretisch gehörten all diese Waren den Königen von Ayutthaya, die bei deren Verkauf an Händler, die gewillt waren, den Piraten im Indischen Ozean die Stirn zu bieten, einen Teil des Erlöses in Form von Abgaben einforderten.

Die Bangkok-Periode, die 1782 begann, brachte eine Festigung der thailändischen Macht im Süden, auch wenn es während der ersten hundert Jahre noch verschiedentlich zu Bedrohungen von außen kam. So wurde beispielsweise Thalang, die größte Stadt auf Phuket, 1785 von birmanischen Truppen überfallen. Vermutlich hätten sie die Insel auch eingenommen, wären da nicht zwei furchtlose Frauen gewesen,

LUCA INVERNIZZI TETTONI/PHOTOBANK

Auf der winzigen Insel Kho Phi Phi La sammeln junge Männer die begehrten Schwalbennester.

Reisfelder vor einer Bergkette im Süden

JOHN HAY

die Witwe des Gouverneurs und ihre Schwester, die den Widerstand organisierten und die Invasoren schließlich vertrieben. Man adelte sie für ihre mutige Tat und stellte ihnen zu Ehren zwei Statuen auf, unweit der Stelle, an der der Kampf stattgefunden hatte. Auch die Briten begannen, die Region mit gewinnsüchtigem Interesse zu betrachten, als sie nach Nordmalaysia vordrangen, und 1909 trat ihnen König Chulalongkorn (Rama V.) nach langwierigen Verhandlungen vier malaysische Sultanate – Kelantan, Trengganu, Kedah und Perlis (heute Perak) – ab, was einen erheblichen territorialen Verlust bedeutete, aber zweifellos dazu beitrug, daß Thailand seine Unabhängigkeit bewahren konnte. Im Dezember 1941 landeten die Japaner an sieben Orten der Golfküste, wobei ihr Hauptziel die Übernahme des Flugplatzes von Songkla war, der ihnen als Stützpunkt bei der Eroberung von Malaysia und Singapur dienen sollte. Es gab einen kurzen Gegenangriff, doch erkannte die thailändische Regierung rasch die deutliche Überlegenheit des Gegners und gestattete den japanischen Truppen schließlich den Durchzug – als Gegenleistung mußte Japan zusichern, daß die Unabhängigkeit Thailands unangetastet blieb. Thailand erhielt 1943 die Oberhoheit über die malaysischen Sultanate zurück, die König Chulalongkorn abgetreten hatte, mußte diese aber am Ende des Krieges erneut den Briten übergeben.

Dank seiner reichen Ressourcen an Kautschuk, Bodenschätzen, Meerestieren und landwirtschaftlichen Erzeugnissen spielt der Süden seit langem eine wichtige Rolle für die thailändische Wirtschaft. Bis vor kurzem überstieg beispielsweise das jährliche Pro-Kopf-Einkommen der Bewohner von Phuket das jeder anderen Provinz des Landes. Und während des neunzehnten und frühen zwanzigsten Jahrhunderts strömten Tausende von chinesischen und malaysischen Einwanderern auf die Insel, die meisten, um in den Zinnminen zu arbeiten. Manche brachten es zu großem Vermögen und bauten eindrucksvolle Häuser im chinesisch-portugiesischen Stil Malakkas, von wo viele von ihnen gekommen waren.

In den späten zwanziger Jahren wurde eine Eisenbahnlinie in den Süden gebaut, die Bangkok mit dem malaysischen Eisenbahnnetz verband, was die Reise nach Singapur, die zuvor vier Tage mit dem Schiff gedauert hatte, auf nur zwei Tage verkürzte und gleichzeitig die Entwicklung von Thailands erstem Urlaubsgebiet am Meer, Hua Hin an der oberen Golfküste, förderte. Rama VII. ließ einen Sommerpalast in Hua Hin errichten, den er Klai Klangwol nannte, was soviel wie »weit entfernt von allen Sorgen« bedeutet. (Ironischerweise hatte er sich gerade dorthin zurückgezogen, als er 1932 die Nachricht erhielt, daß ein Staatsstreich Thailands absolute Monarchie beendet hatte.) Die südliche Eisenbahnlinie trug allerdings wenig dazu bei, das bergige Kernland der Halbinsel zu erschließen. Gute Allwetterstraßen waren bis in die letzten Jahrzehnte hinein eine Seltenheit, und relativ wenige Thais aus der Zentralregion wagten sich weit in das Landesinnere hinein.

Wie im Nordosten führte die einstige Isolation und die sich daraus ergebende Vernachlässigung seitens der Regierung zu einer Reihe von Problemen, die in diesem Fall jedoch eher kultureller und weniger ökonomischer Natur waren. Das schwerwiegendste Problem war eine kleine, aber beharrliche Separatistenbewegung, die sich aus den sunnitischen Moslems der südlichsten Provinzen rekrutierte. Sie war besonders aktiv in den späten vierziger Jahren, als man sie durch harte Maßnahmen zu unterdrücken versuchte, bestand aber noch viele Jahre fort. In den letzten Jahren hat die Regierung entschiedene Schritte zur Verbesserung der Lebensbedingungen im Süden unternommen, indem sie das Gesundheits- und Erziehungswesen reformierte, neue Straßen bauen ließ und ihre Beamten dazu anhielt, den örtlichen Sitten mit mehr Sensibilität zu begegnen. Eine der wirkungsvollsten Kräfte bei den Bemühungen, ein Gefühl nationaler Einheit zu schaffen, ist die Monarchie gewesen. Die königliche Familie unterhält heute eine Residenz in Narathiwat, nahe der Grenze zu Malaysia; von dort aus unternimmt sie mehrere Monate im Jahr Reisen in die verschiedenen Gemeinden. Der König stellte eigene Mittel zur Verfügung, damit der Koran in die thailändische Sprache übersetzt werden konnte. Zu den alljährlichen Feierlichkeiten zu Ehren des Geburtstages des Propheten entsendet er einen persönlichen Repräsentanten, oder er nimmt selbst an den Zeremonien teil; und zur Förderung des islami-

JENNY MILLS

Neonlichter an der Patong-Bucht auf der Insel Phuket

Salzarbeiter

JOHN HAY

Eine Buddha-Statue wacht über der Bucht von Hua Hin, einem Ferienort an der Küste.

JOHN HAY

schen Glaubens ernannte er einen angesehenen Muslim zum Berater des Ministeriums für religiöse Angelegenheiten.

Darüber hinaus hat der König verschiedene Entwicklungsprojekte zum Wohl der Bevölkerung ins Leben gerufen, die unter anderem darauf abzielen, große Sumpfflächen für die Landwirtschaft und andere Aktivitäten nutzbar zu machen, und die Einführung neuer Technologien fördern. Das Phikunthong Development Study Center, das nicht weit vom Taksin-Palast in Narathiwat entfernt ist, führt wissenschaftliche Untersuchungen durch und teilt die Ergebnisse den örtlichen Bauern mit. In Songkla und Pattani wurden außerdem Universitäten eröffnet, deren Status dem der Hochschuleinrichtungen in Bangkok gleicht.

Hervorragende Autostraßen erschließen heute den Süden, und es gibt regelmäßige Flugverbindungen zu den meisten Provinzhauptstädten. Seit den späten siebziger Jahren ist der Tourismus zunehmend zu einem wichtigen Wirtschaftsfaktor geworden. Malaysier, die die größte nationale Besuchergruppe bilden, kommen scharenweise in die hell erleuchtete, sorglos wirkende Grenzstadt Hat Yai, während es andere Touristen zu den Stränden von Koh Samui, Phuket und Krabi zieht oder zu landschaftlichen Kleinoden wie der Phang-Nga-Bucht, wo Hunderte von bizarr geformten Kalksteininseln aus den blauen Fluten herausragen. Auch Filmproduzenten wurden von der Landschaft des Südens angelockt: Auf einer der Phang-Nga-Inseln wurde ein James-Bond-Film gedreht, und Phuket hat in verschiedenen anderen Filmen eine Rolle gespielt.

Einige Gebiete des Südens wurden zu Nationalparks erklärt, damit ihre einzigartige Schönheit auch künftigen Generationen erhalten bleibt. Die Phang-Nga-Bucht ist ein solches Gebiet, wie auch Khao Sam Roi Yot an der östlichen Golfküste, das über etwa dreihundert kleine Berge, Dschungeltäler und einsame Strände verfügt; Hat Nai Yang an der nordwestlichen Küste von Phuket, wo Meeresschildkröten jedes Jahr am Strand ihre Eier ablegen; Thale Noi, das einen riesigen Süßwassersee und Sumpfgebiete in den Provinzen Phattalung, Songkla und Nakhon Si Thammarat umfaßt und etwa zweihundert Vogelarten beherbergt, darunter auch eine seltene Storchenart, den Indien-Nimmersatt; der Naturpark Ton Nga Chang, der in einer Bergregion der Provinzen Songkla und Satun liegt und gefährdeten Tieren wie Elefanten, Tigern und Tapiren Schutz bietet; und Tarutao (ein malaysisches Wort, das »alt und geheimnisvoll« bedeutet) – ein Nationalpark, der einundfünfzig Inseln mit ihren Stränden und Korallenriffen in der Andamanensee vor der äußersten Südwestküste umfaßt.

Trotz seiner Naturschönheiten wird der Süden aber vermutlich niemals nur vom Tourismus abhängig sein, denn seine traditionellen Wirtschaftszweige florieren noch immer. So hat sich der Zinnabbau vor die Küste verlagert, und es werden weitere große Vorkommen vermutet; die Kautschukproduktion expandiert dank neuer Züchtungen, die höhere Erträge bringen; und die Fischfangflotte bedient sich modernster Technologien, um noch bessere Fänge zu erzielen. Verwandte Industrien sind entstanden, wie etwa Schmelzanlagen zur Verarbeitung von Zinnerz, sowie eine moderne Lebensmittelverarbeitungsindustrie, die Thailand zu einem führenden Exporteur von Fischkonserven und maritimen Tiefkühlprodukten gemacht hat.

In zunehmendem Maß wird der Süden auch von ausländischen und thailändischen Touristen »entdeckt«. Auf kulturellem Gebiet hat er sich jedoch eine Aura des Fremdartigen bewahrt, die ihm einen faszinierenden eigenen Charakter verleiht.

SÜSSE SPEISEN UND DESSERTS

LUCA INVERNIZZI TETTONI/PHOTOBANK

Nüsse werden mit dem Holzhammer zu einer Art Kuchen geklopft.

Süsse Speisen und Desserts

Thailändische Desserts wirken nach den kräftig gewürzten Mahlzeiten besänftigend auf den Gaumen. Gewöhnlich bildet frisches Obst den Abschluß alltäglicher Gerichte, und die aufwendigeren Nachspeisen der Thai-Küche bleiben festlichen Anlässen vorbehalten.

Viele der Desserts werden auch gerne als süße Zwischenmahlzeit verzehrt. Bananenpüree (*gluay guan;* S. 206–207), Kleine Kokosberge (*ma-prow kaews;* S. 210) und Fritierter süßer Taro (*puek chaap;* S. 212) sind beispielsweise als kleiner Imbiß sehr beliebt. Zur Mittagszeit bevorzugt man kalte Nachspeisen, wie Süße Nudeln mit Kokosraspeln (*kanom duang;* S. 214), ein köstliches dreifarbiges Nudelgericht. Wasserkastanien in Zukkerwasser mit Kokossahne (*tab-tim grob;* S. 216–217) sind eine andere erfrischende Süßspeise.

Rezepte mit Eiern, wie Thailändische Eiercreme (*sangkaya;* S. 210–211), spiegeln den portugiesischen Einfluß auf die Thai-Küche wider. Diese Eiercreme ist wohl die bekannteste thailändische Nachspeise, doch findet man in den verschiedenen Landesteilen noch eine Fülle anderer Köstlichkeiten.

Im Nordosten ist Klebreis-Dessert mit schwarzen Bohnen (*khao neow tad;* S. 222–223) beliebt, für das der Reis mit Kokosmilch gedämpft wird. Im Norden zählt süßer Klebreis mit Rambutan-Früchten (S. 212–213) zu den regionalen Spezialitäten. Klebreis ist ein klebriger Rundkornreis, der überall in

JOHN HAY

Rechts: *Ein Kind trinkt die Milch aus einer Kokosnuß – das frischeste und einfachste Getränk in Thailand.*

Seite 202–203: *Süße fritierte Teigmuscheln* (links, Rezept S. 206) *und Gebackenes Mungobohnen-Dessert* (rechts, Rezept S. 208)

Thailand zur Zubereitung von Süßspeisen verwendet wird, im Norden und Nordosten des Landes jedoch ein Grundnahrungsmittel darstellt. Im Süden des Landes ist Pudding mit Kokoscreme (*ta-go;* S. 228), der in Schälchen aus Bananenblättern serviert wird, eine beliebte Nachspeise. Zu den Süßspeisen, die man in Bangkok schätzt, gehören Gebackenes Mungobohnen-Dessert (*kanom maw gaeng;* S. 202–203 u. 208) und Pudding von schwarzem Klebreis (*khao neow dam piag;* S. 226). Eine andere populäre Nachspeise wird aus Klebreis und Mangostücken (*khao neow ma-muang;* S. 231) zubereitet. Der süß-säuerliche Geschmack der Mango paßt ausgezeichnet zu dem Klebreis, der auf einem leuchtendgrünen Bananenblatt angerichtet wird. Eine Nachspeise kann auch einfach nur aus frischem Obst bestehen, das gerade Saison hat. Die Früchte werden zum Servieren geschält und in mundgerechte Stücke geschnitten: Papaya, Wassermelone, Jackfrucht, Longan, Litchi und Mango sind nur einige der vielen in Thailand wachsenden Obstsorten.

Eine Frucht, die auch als »Königin der Südfrüchte« bezeichnet wird, ist die Stinkfrucht oder Durian, die sich durch »einen höllischen Geruch und einen himmlischen Geschmack« auszeichnet. Die großen, stacheligen Früchte des Zibetkatzenbaums bergen in ihrem weißlichen Fruchtfleisch kastaniengroße Samen, die von einer hellgelben Fruchthülle umgeben sind. Verzehrt werden nur die Samen und die Samenhüllen; letztere sind als Delikatesse hochgeschätzt. Sie haben von April bis Juni Saison.

Thailands Reichtum an Obst und Gemüse zeigt sich bei festlichen Anlässen noch auf andere Weise, wenn kunstvoll zurechtgeschnittene Skulpturen aus Früchten und Gemüsen die Festtafel zieren. Diese Art der Dekoration, die jeder Mahlzeit einen königlichen Glanz verleiht, bringt eine besondere Wertschätzung für die Gäste zum Ausdruck – und dies ist stets ein wesentliches Element thailändischer Gastlichkeit.

Exotische Früchte sind die Grundlage der meisten thailändischen Desserts.

JOHN HAY

Fritierte Bananen

Bangkok und Zentrales Tiefland

KRONG KRAENG GROB
Süße fritierte Teigmuscheln

Zum Formen dieser »Muscheln« verwendet man in Thailand kleine Holzbrettchen mit Längsrillen (siehe Abbildung S. 229), die ähnlich aussehen wie die bei uns erhältlichen Butterbrettchen. Die Nachspeise schmeckt süß und salzig zugleich.

250 g Weizenmehl
Salz
1 EL Zucker
1/2 TL Natron
1 EL Öl
3 Eier
750 ml Öl zum Fritieren

SAUCE
1 TL Knoblauch *(kratiem)*
1 EL Korianderwurzel *(raak pak chee)*
1 EL Korianderblätter *(bai pak chee)*
3 EL Öl
1 TL frisch gemahlener weißer Pfeffer
60 g Palmzucker *(nam taan peep)*
3 EL Fischsauce *(nam pla)*

Gerilltes Holzbrettchen zum Formen der »Muscheln«

Mehl, eine Prise Salz, Zucker und Natron vermischen. Den Eßlöffel Öl mit den Eiern verquirlen und nach und nach unter die Mehlmischung arbeiten, bis alle Zutaten gründlich vermengt sind.

Ein kleines Stück Teig abnehmen und eine Kugel von gut 1 cm Durchmesser daraus formen. Die Teigkugel auf das Holzbrettchen drücken und dann von sich weg darüberrollen, damit sich die Rillen auf dem Teig abzeichnen. Die Muschel auf ein mit Pergamentpapier ausgelegtes Backblech legen. Mit dem restlichen Teig ebenso verfahren.

Das Öl in einer hohen schweren Pfanne erhitzen. Die Teigmuscheln im heißen Öl goldbraun fritieren, herausnehmen und abtropfen lassen.

Knoblauch, Korianderwurzel und -blätter im Mixer hacken. In einem kleinen Topf 3 Eßlöffel Öl erhitzen und die gehackten Zutaten bei mittlerer Hitze 30 Sekunden sautieren. Pfeffer, Zucker sowie Fischsauce unterrühren und alles etwa 3 Minuten zu einer Glace einkochen. Von der Kochstelle nehmen.

Die fritierten Teigmuscheln rasch in der Glace wenden und sofort wieder herausnehmen. Abkühlen lassen und in einem festverschlossenen Behälter aufbewahren.

Für 4 Personen *Abbildung S. 202–203*

Bangkok und Zentrales Tiefland

GLUAY KAEG
Fritierte Bananen

Diese Süßspeise wird in Bangkok vielerorts an Straßenständen verkauft und ist zu jeder Tageszeit ein beliebter Snack.

500 g kleine grüne Bananen (etwa 6 Stück)

AUSBACKTEIG
125 g Reismehl
125 g Weizenmehl
1 TL Natron
250 ml Wasser
125 ml Kokosmilch
1/2 TL Salz
45 g Sesam
3 EL Zucker
40 g Kokosraspel

1 l Öl zum Fritieren

Die Bananen schälen und jede der Länge nach in vier Scheiben schneiden. Die Zutaten für den Ausbackteig verrühren.

Das Öl in einem Wok auf 190 °C erhitzen. Die Bananenscheiben durch den Ausbackteig ziehen und im heißen Öl goldbraun fritieren. Herausnehmen und abtropfen lassen.

Für 4 Personen

Bangkok und Zentrales Tiefland

GLUAY GUAN
Bananenpüree mit Kokosmilch

Bananen wachsen in Thailand reichlich, und es gibt für dieses Obst eine Fülle von Rezepten; man bereitet daraus überall im Land Desserts und kleine Snacks zu. Kandierte thailändische Früchte schmekken ausgezeichnet zu den pürierten Bananen.

1 EL Öl
6 reife Bananen
200 ml Kokosmilch
125 g Zucker
90 g Palmzucker *(nam taan peep)*
Salz

Die Bananen schälen. Dann zusammen mit der Kokosmilch im Mixer zu einer cremigen Masse pürieren. Mit Küchenkrepp das Öl dünn in einer großen beschichteten Pfanne ausstreichen. Das Bananenpüree hineingeben und etwa 10 Minuten bei mittelhoher Temperatur erhitzen, bis die Mischung trocken ist. Zucker und eine Prise Salz hinzufügen und die Mischung weiter unter Rühren erhitzen, bis sie karamelisiert. Auf einem Backblech etwa 2,5 cm hoch verteilen und abkühlen lassen. In kleine Quadrate schneiden und als Dessert oder Imbiß servieren.

Für 4 Personen

Rechte Seite: *Eine farbenfrohe Auswahl thailändischer Süßspeisen*

Bangkok und Zentrales Tiefland

KANOM MAW GAENG
Gebackenes Mungobohnen-Dessert

Diese Nachspeise ist besonders bei den Bewohnern Bangkoks beliebt – das beste Rezept stammt aus der Provinz Phetchabun.

250 g getrocknete Mungobohnen
4 EL in Streifen geschnittene Schalotten
125 ml Öl zum Fritieren
250 ml Wasser
6 Eier
375 ml Kokossahne
250 g weißer Zucker oder 150 g Palmzucker *(nam taan peep)*

Die Mungobohnen über Nacht in Wasser einweichen. Abgießen.

Das Öl in einem kleinen Topf erhitzen und die Schalotten darin goldbraun fritieren. Herausnehmen und zum Abtropfen beiseite stellen.

Das Wasser in einem mittelgroßen Topf zum Kochen bringen. Die Mungobohnen hinzufügen und köcheln lassen, bis sie weich sind. Abgießen und im Mixer glattpürieren.

Eier, Kokossahne und Zucker dazugeben und den Mixer für weitere 2 Minuten einschalten.

Die Mischung in eine 20 x 20 cm große Backform geben und die fritierten Schalotten darüberstreuen. Die Form bei 180 °C (Gasherd Stufe 2–3) für 45 Minuten in den Backofen schieben.

Das Dessert abkühlen lassen und zum Servieren in 5 cm große Quadrate schneiden.

Ergibt 16 Stück *Abbildung S. 203*

Bangkok und Zentrales Tiefland

GLUAY CHAAP
Fritierte Bananen in Sirup

Grüne Bananen sind fester und deshalb besser zum Fritieren geeignet als vollreife Bananen. An der knusprigen Oberfläche bleibt der Sirup gut haften. Die Süßspeise wird als Dessert oder als Snack gereicht.

500 g grüne Bananen
1 l Öl zum Fritieren

SIRUP
250 g Zucker
250 ml Wasser
1 Tropfen Jasmin-Extrakt
Salz

Die Bananen schälen und in etwa 10 cm lange, 0,5 cm dicke Scheiben schneiden.

Das Öl in einer Friteuse oder in einem Topf auf 190 °C erhitzen. Die Bananenscheiben hineingeben und etwa 5 Minuten im heißen Öl fritieren, bis sie goldgelb und knusprig sind. Herausnehmen und beiseite stellen.

Die Zutaten für den Sirup mit einer Prise Salz zum Kochen bringen und 3 Minuten köcheln lassen.

Die fritierten Bananen in den Sirup tauchen und sofort wieder herausnehmen.

Die Bananen können heiß, warm oder kalt serviert werden.

Für 4 Personen

Fritierte Bananen in Sirup

Bangkok und Zentrales Tiefland

MA-PROW KAEW
Kleine Kokosberge

Mit Hilfe verschiedener Lebensmittelfarben lassen sich Kokosberge in allen Farben des Regenbogens zubereiten.

250 ml Wasser
375 g Zucker
1/8 TL Salz
1 TL Jasmin-Extrakt
1–2 Tropfen Lebensmittelfarbe
100 g Kokosraspel

Einen mittelgroßen Topf mit Wasser füllen. Zucker und Salz hinzufügen. Bei mittelhoher Temperatur unter Rühren erhitzen, bis die Flüssigkeit sirupartig eindickt.

Jasmin-Extrakt und Lebensmittelfarbe dazugeben. (Der Sirup kann nach Belieben auch in zwei Portionen geteilt und unterschiedlich eingefärbt werden.) Die Kokosraspel untermischen und rühren, bis sie den Sirup vollständig aufgenommen haben.

Mit einem Teelöffel kleine Kokosberge im Abstand von 5 cm auf ein mit Pergamentpapier ausgelegtes Backblech setzen. Abkühlen lassen und servieren.

Für 4 Personen

Bangkok und Zentrales Tiefland

SANGKAYA
Thailändische Eiercreme

Diese traditionelle Süßspeise gehört zu den bekanntesten Nachspeisen der Thai-Küche und wird manchmal auch mit gedämpftem Klebreis (»khao neow«; S. 98) serviert.

6 Eier
250 ml Kokossahne
250 g Zucker
1/2 TL Jasmin-Extrakt

Eier, Kokossahne, Zucker und Jasmin-Extrakt 2 Minuten mit einer Gabel verschlagen.

Eine Backform mit 23 cm Durchmesser in einen Dämpftopf setzen und über siedendem Wasser erhitzen. Die Eiercreme in die Form füllen. Den Deckel auflegen und die Creme etwa 30 Minuten dämpfen, bis sie fest geworden ist.

Abkühlen lassen und in kleine Vierecke schneiden.

Für 4 Personen

Rechte Seite: *Fritierter süßer Taro* (oben, Rezept S. 212) *und Thailändische Eiercreme* (unten)

Unten: *Kleine Kokosberge*

Bangkok und Zentrales Tiefland

PUEK CHAAP
Fritierter süßer Taro

Diese Süßspeise, die bei den Thais sehr populär ist, gibt es in Geschäften und an Straßenständen fertig zu kaufen. Der Zuckerüberzug ist beinahe so hart wie Karamel und paßt ausgezeichnet zu der weichen Taro-Füllung.

500 g Taro (siehe Glossar)
600 ml Öl zum Fritieren
440 g Zucker
3 EL Wasser
Salz

Die Taro-Knolle schälen, abspülen und trockentupfen.

Den Taro längs in Viertel schneiden. Dann jedes Viertel diagonal in 3 mm dicke Stücke von etwa 5 cm Länge und 2,5–3,5 cm Breite schneiden.

Das Öl auf 190 °C erhitzen. Die Taro-Scheiben in kleinen Portionen fritieren, bis sie rundum goldbraun sind.

In einem kleinen Topf den Zucker mit dem Wasser und einer Prise Salz zum Kochen bringen. Die Flüssigkeit etwa 3 Minuten köcheln lassen.

Die fritierten Taro-Scheiben vorsichtig in den Zuckersirup tauchen, so daß sie vollständig davon überzogen werden. Zum Abkühlen auf ein mit Alufolie abgedecktes Backblech legen.

Als Dessert oder als Imbiß servieren.

Für 4 Personen

Abbildung S. 211

Nordthailand

KHAO NEOW PIAG LAMYAI
Süßer Klebreis mit Rambutan-Früchten

Mit frischen Rambutan-Früchten schmeckt dieses Dessert zwar ganz besonders köstlich, doch läßt es sich auch gut mit Früchten aus der Dose zubereiten.

250 g Klebreis
750 ml Wasser
180 g Zucker
200 g Rambutan-Früchte ohne Kerne (Dose)
125 ml Kokossahne
Salz

Den Klebreis waschen. Dann in einen mittelgroßen Topf geben und das Wasser hinzufügen. Unter gelegentlichem Rühren köcheln lassen, bis der Reis weich ist.

Den Zucker untermischen.

Die Rambutan-Früchte unter den Klebreis rühren. Von der Kochstelle nehmen und abkühlen lassen.

Eine Prise Salz an die Kokossahne geben und rühren, bis sich das Salz vollständig aufgelöst hat.

Klebreis und Rambutan-Früchte mit der Kokossahne anrichten oder die Kokossahne getrennt dazu reichen.

Für 4 Personen

Süßer Klebreis mit Rambutan-Früchten

Süßer grüner Klebreis

Bangkok und Zentrales Tiefland

KANOM DUANG
Süße Nudeln mit Kokosraspel

Diese leichte, schmackhafte Süßspeise wird frühmorgens in den Straßen von Bangkok verkauft, sie ist eine gute Energiequelle für die ersten Stunden des bevorstehenden Arbeitstages.

180 g Reismehl
180 g Tapioka-Mehl
300 ml Jasmin-Wasser (siehe Glossar)
1 Tropfen Kewra-Extrakt zum Einfärben der grünen Nudeln (siehe Glossar)
1 Tropfen rote Lebensmittelfarbe
180 ml gekühlte Kokossahne
45 g Kokosraspel
125 g Zucker
Salz
40 g gerösteter Sesam

In einer großen Schüssel das Reismehl mit 150 g Tapioka-Mehl vermischen. Das Jasmin-Wasser in einem kleinen Topf aufkochen lassen und sofort zum Mehl in die Schüssel geben. Alles zu einem dicken Teig verrühren. Den Teig kneten, bis er glatt ist.

Den Teig in drei gleich große Portionen teilen. Den Kewra-Extrakt unter eine Portion kneten, bis der Teig eine gleichmäßig grüne Farbe hat. Die zweite Portion mit roter Lebensmittelfarbe rosa einfärben, den restlichen Teig so belassen, wie er ist.

Die Hände mit dem verbliebenen Tapioka-Mehl bestäuben. Kleine Teigstücke von jeweils etwa 1 cm Durchmesser abnehmen und zwischen den Handflächen zu dünnen Nudeln von ungefähr 5 cm Länge rollen. In einem großen Topf Wasser zum Kochen bringen und die Nudeln 1 Minute kochen.

Abgießen und in eine Schüssel mit der gekühlten Kokossahne geben. Die Nudeln herausheben und in den Kokosraspeln wälzen. Auf einer Servierplatte anrichten.

Zucker, eine Prise Salz und Sesam vermischen und in eine kleine Schüssel füllen. Bei Tisch die einzelnen Nudelportionen mit der Zuckermischung bestreuen.

Für 4 Personen

Bangkok und Zentrales Tiefland

KHAO NEOW KAEW
Süßer grüner Klebreis

In Thailand verwendet man zum Einfärben und Aromatisieren dieses köstlichen Desserts frische Schraubenbaumblätter.

250 g Klebreis
750 ml Wasser
2 TL Kewra-Extrakt (siehe Glossar)
Salz
180 ml Kokossahne
150 g Zucker

Den Klebreis zusammen mit dem Kewra-Extrakt über Nacht in Wasser einweichen. Am nächsten Tag abgießen und in einen Dämpfeinsatz geben. Den Reis bei starker Hitze 20 Minuten über siedendem Wasser dämpfen.

Die Kokossahne mit einer Prise Salz würzen und unter den heißen gedämpften Klebreis rühren. Den Deckel auflegen und alles noch 10 Minuten im Dämpftopf ziehen lassen. Dann in eine Schüssel füllen und den Zucker gründlich untermischen. In kleinen Portionsschalen servieren.

Für 4 Personen

Rechte Seite: *Süße Nudeln mit Kokosraspel*

Bangkok und Zentrales Tiefland

SA-KOO PIAG
Tapioka-Dessert mit exotischen Früchten

Diese süße Nachspeise ist ein guter geschmacklicher Ausgleich zu einer brennend scharfen Mahlzeit.

180 g kleine Tapiokaperlen (siehe Glossar)
1,5 l Wasser
375 g Zucker
500 ml Kokossahne
Salz
400 g gemischtes thailändisches Obst aus der Dose

Die Tapiokaperlen abspülen. Dann zusammen mit dem Wasser in einen großen Topf geben und unter ständigem Rühren zum Kochen bringen. Auf mittlere Hitze reduzieren und die Tapiokaperlen etwa 15 Minuten köcheln lassen, bis sie durchsichtig sind.

250 g Zucker, die Hälfte der Kokossahne und eine Prise Salz dazugeben. Die Zutaten verrühren und das Obst hinzufügen.

Den verbliebenen Zucker unter die restliche Kokossahne mischen. Das Tapioka-Dessert und die Früchte auf Portionsschalen verteilen und etwas gesüßte Kokossahne daraufschöpfen.

Für 4 Personen

Bangkok und Zentrales Tiefland

TAB-TIM GROB
Wasserkastanien in Zuckerwasser mit Kokossahne

Diese erfrischende Nachspeise ist ein perfektes Sommerdessert.

250 g frische geschälte Wasserkastanien
250 ml Wasser, mit roter Lebensmittelfarbe gefärbt
60 g Tapioka-Stärke
250 g Zucker
250 ml Wasser
Salz
125 ml Kokossahne
Eiswürfel

Die geschälten Wasserkastanien an den Rändern geradeschneiden, so daß kleine Würfel entstehen. Dann für 30 Minuten in das eingefärbte Wasser legen, damit sie sich rosa färben. Abgießen.

In einem großen Topf Wasser zum Kochen bringen. Die Wasserkastanien in der Tapioka-Stärke wälzen. In das kochende Wasser gleiten lassen und 4–5 Minuten garen, bis sie an der Oberfläche schwimmen. Die Kastanien mit einem Schaumlöffel herausheben und sofort in einen großen Topf mit kaltem Wasser geben – dort verbleiben sie bis zum Servieren.

Den Zucker in 250 ml Wasser auflösen und die Flüssigkeit zum Kochen bringen. Abkühlen lassen.

Die Kokossahne mit etwas Salz würzen und beiseite stellen.

Zum Servieren die Wasserkastanien abgießen. Das Zuckerwasser mit Eiswürfeln in eine Schüssel füllen und die Wasserkastanien hinzufügen. Die gekühlten Wasserkastanien bei Tisch in Glasschälchen füllen und etwas Kokossahne darüberschöpfen.

Für 4 Personen

Tapioka-Dessert mit exotischen Früchten (links) *und Wasserkastanien in Zuckerwasser mit Kokossahne* (rechts)

Reismehl-Dessert mit Sirup

Nordthailand

KANOM NEOW
Reismehl-Dessert mit Sirup

Diese schmackhafte Süßspeise, die sich gut im voraus zubereiten läßt, ist ein gelungener Abschluß für ein thailändisches Mahl.

TEIG

250 g Klebreismehl
125 g Reismehl
250 ml heißes Wasser
1 TL Kewra-Extrakt (siehe Glossar)

SIRUP

250 ml heißes Wasser
150 g Palmzucker *(nam taan peep)*

Reismehl zum Bestäuben
75 g Kokosraspel
125 g Klebreis

Klebreis- und Reismehl in einer großen Schüssel vermischen. Heißes Wasser und Kewra-Extrakt unterarbeiten, bis ein glatter Teig entstanden ist. Beiseite stellen.

Für den Sirup das heiße Wasser in einem kleinen Topf mit dem Palmzucker verrühren und zum Kochen bringen. Die Flüssigkeit zu einem dickflüssigen Sirup einkochen. Von der Kochstelle nehmen und zum Abkühlen beiseite stellen.

Den Reismehlteig 1 cm dick ausrollen. In Stücke von 1 x 1 x 5 cm Größe schneiden und mit Reismehl bestäuben.

Wasser in einem großen Topf zum Kochen bringen. Die Teigstücke hineingeben und erhitzen, bis sie zur Oberfläche aufsteigen. Herausheben und mit Kokosraspel bestreuen. Den Klebreis in einer schweren Pfanne goldbraun rösten (siehe Glossar).

Das Reismehl-Dessert zum Servieren mit Sirup beträufeln und mit geröstetem Klebreis bestreuen.

Für 4 Personen

Bangkok und Zentrales Tiefland

GAENG BUAD TUA DAM
Schwarze Bohnen in süßer Kokossauce

Für diese Nachspeise werden schwarze Bohnen gekocht und in einer cremigen Kokossauce serviert. Man kann die Sauce auch zu Klebreis reichen.

180 g getrocknete schwarze Bohnen
1,25 l Wasser

SAUCE

440 ml Kokosmilch
60 g Zucker
45 g Palmzucker *(nam taan peep)*
Salz

Die schwarzen Bohnen über Nacht in Wasser einweichen. Abgießen und in 1,25 l Wasser kochen, bis sie weich sind.

Die Zutaten für die Sauce in einem großen Topf verrühren und die gegarten Bohnen hinzufügen. Zum Kochen bringen und servieren.

Statt der Kokosmilch kann man auch Kokossahne verwenden, dann bekommt die Sauce eine noch cremigere Konsistenz, und das Dessert wird gehaltvoller.

Für 4 Personen

Bangkok und Zentrales Tiefland

KHAO NEOW MOON
Klebreis in süßer Kokossauce

Dieser Klebreis ist die Grundlage zahlreicher thailändischer Nachspeisen. Er duftet wundervoll, und sein herrliches Aroma wird von vielen Zutaten der verschiedenen Dessertrezepte noch verstärkt.

500 g Klebreis

SAUCE

500 ml Kokosmilch
Salz
125 g Zucker

Den Reis über Nacht in kaltem Wasser oder für 2 Stunden in warmem Wasser einweichen. Abgießen, in einen Dämpfeinsatz geben und 15 Minuten über siedendem Wasser dämpfen.

In einer großen Schüssel die Zutaten für die Sauce mit einer Prise Salz vermischen. Den gedämpften Klebreis hinzufügen und alles gründlich verrühren. Die Schüssel zudecken und den Reis vor dem Servieren noch 10 Minuten stehenlassen.

Für 4 Personen

Rechte Seite: *Klebreis in süßer Kokossauce* (unten) *und Schwarze Bohnen in süßer Kokossauce* (oben)

Südthailand

KANOM TUAY FOO
Jasmin-Törtchen

Diese kleinen Kuchen schmecken ähnlich wie Biskuit.

100 g Reismehl
100 g Zucker
1/2 TL Natron
1 Tropfen rote oder gelbe Lebensmittelfarbe
125 ml Jasmin-Wasser (siehe Glossar)

Reismehl, Zucker und Natron gründlich in einer Schüssel vermischen. Das Jasmin-Wasser mit Lebensmittelfarbe einfärben und zur Mehlmischung in die Schüssel geben. Das Ganze zu einem glatten Teig verrühren.

Acht Teeschalen oder eine Muffin-Form entsprechender Größe in einen großen Dämpfeinsatz stellen.

Die Teeschalen oder die Muffin-Form in dem Dämpfeinsatz 2 Minuten im offenen Topf über siedendem Wasser erhitzen. Dann den Teig gleichmäßig darauf verteilen und den Deckel auflegen. Das Dessert bei hoher Temperatur 15 Minuten dämpfen. Die Törtchen aus dem Dämpfeinsatz nehmen und 5 Minuten abkühlen lassen. Aus den Förmchen stürzen und warm oder kalt servieren.

Für 4 Personen

Bangkok und Zentrales Tiefland

KANOM TUA-PAEP
Mungobohnen in Reismehlteig

Für diese leichte Süßspeise, die man als Dessert oder Imbiß reicht, werden gedämpfte Mungobohnen in Reismehlteig gehüllt und in Kokosraspel gewälzt.

250 g getrocknete Mungobohnen
250 g Klebreismehl
125 g Reismehl
250 ml kochendes Wasser
30 g Kokosraspel
125 g Zucker
Salz
40 g gerösteter Sesam

Die Mungobohnen über Nacht in Wasser einweichen. Abgießen und 20 Minuten dämpfen, bis sie weich sind. Beiseite stellen.

Klebreis- und Reismehl in einer großen Schüssel vermischen. Nach und nach das kochende Wasser unterarbeiten und den Teig kneten, bis er glatt ist.

Ein kleines Teigstück abnehmen und mit dem Nudelholz zu einem Kreis von etwa 10 cm Durchmesser ausrollen. Dann 1 Eßlöffel der gegarten Mungobohnen auf den Teig setzen, den Teig halbmondförmig zusammenfalten und die Ränder andrücken. Mit dem übrigen Teig ebenso verfahren.

Die Teigtaschen in einen Dämpfeinsatz legen und zugedeckt etwa 20 Minuten über siedendem Wasser dämpfen.

Die Teigtaschen herausnehmen und in Kokosraspel wälzen. Auf einem Teller anrichten.

Den Zucker mit einer Prise Salz vermischen und die Teigtaschen damit bestreuen. Zum Schluß den gerösteten Sesam darüberstreuen.

Für 4 Personen

Jasmin-Törtchen (oben) *und Mungobohnen in Reismehlteig* (unten)

Nordostthailand

KHAO NEOW TAD
Klebreis-Dessert mit schwarzen Bohnen

Das Dessert kann zum Servieren in verschiedene dekorative Formen geschnitten werden.

100 g getrocknete schwarze Bohnen
500 g Klebreis
250 ml Kokosmilch
Salz
60 g Zucker

KOKOSGUSS

250 ml Kokossahne
Salz
125 g Zucker
1 EL Tapioka-Stärke

Die schwarzen Bohnen in warmes, den Klebreis in kaltes Wasser geben und über Nacht stehenlassen.

Am nächsten Tag die Bohnen abgießen, mit frischem Wasser bedecken und 1 Stunde köcheln lassen. Abgießen und beiseite stellen. Den eingeweichten Reis abgießen und in einer Form von 20 x 20 x 5 cm Größe verteilen.

Kokosmilch, eine Prise Salz und Zucker verrühren, bis sich der Zucker aufgelöst hat, und dann über den Reis in der Form geben. Zugedeckt etwa 30 Minuten in einem großen Topf über siedendem Wasser dämpfen, bis der Reis weich ist.

In der Zwischenzeit alle Zutaten für den Kokosguß mit einer Prise Salz gründlich verrühren. Die Sauce auf dem gedämpften Klebreis verteilen. Den Deckel auflegen und alles noch 5 Minuten bei starker Hitze dämpfen. Dann die gekochten schwarzen Bohnen auf dem Klebreis verteilen. Den Deckel wieder auflegen und das Ganze weitere 5 Minuten dämpfen.

Das Klebreis-Dessert abkühlen lassen. Vor dem Servieren in kleine Quadrate schneiden.

Für 4 Personen

Nordostthailand

GLUAY TAAK
Sonnengetrocknete Bananen

Das Trocknen von Früchten in der Sonne ist eine alte Konservierungsmethode.

500 g kleine Bananen (etwa 6 Stück)
300 g Honig

Die Bananen schälen, dann in dünne Scheiben schneiden. Auf ein Tablett legen und fünf Tage in der Sonne trocknen lassen. Das Obst während dieser Zeit gelegentlich umdrehen, damit es gleichmäßig austrocknet. (Die fertig getrockneten Bananen färben sich dunkel.) Die Bananen am fünften Tag in den Honig tauchen und einen weiteren Tag in der Sonne trocknen lassen.

Eine schnellere Methode ist es, die Bananen auf ein Gitter zu legen und zum Trocknen für 40 Minuten bei 150 °C in den Backofen (Gasherd Stufe 1) zu schieben. Das Obst anschließend in den Honig tauchen und weitere 20 Minuten im Backofen trocknen.

Die Bananen in einem Glas mit Schraubdeckel aufbewahren.

Für 4 Personen

Linke Seite: *Klebreis-Dessert mit schwarzen Bohnen* (oben) *und Schwarzer Reis mit Kokosstreuseln* (unten)

Sonnengetrocknete Bananen

Bangkok und Zentrales Tiefland

KHAO NEOW DAM NAA GRACHEEK
Schwarzer Reis mit Kokosstreuseln

Diese Reissorte ist von Natur aus schwarz und hat eine feste Struktur. Schwarzer Reis wird gewöhnlich nicht in der Nähe von anderem Reis angebaut, damit die Sortenreinheit erhalten bleibt. Dieses Rezept ist ein beliebtes Dessert in Thailand.

500 g schwarzer Reis
500 ml Kokosmilch
125 g Zucker
80 g Kokosraspel
90 g Palmzucker *(nam taan peep)*
Salz

Den schwarzen Reis über Nacht in Wasser einweichen. Abgießen, in einen Dämpfeinsatz geben und bei starker Hitze 20 Minuten über siedendem Wasser dämpfen.

Die Hälfte der Kokosmilch mit dem Zucker verrühren und gründlich unter den gedämpften Reis mischen. Beiseite stellen.

Kokosraspel, restliche Kokosmilch, Palmzucker und eine Prise Salz in einen mittelgroßen Topf geben.

Bei hoher Temperatur erhitzen, bis die Mischung beinahe trocken geworden ist.

Den schwarzen Reis damit bestreuen. Warm servieren.

Für 4 Personen

Nordthailand

KANOM TIEN
Mungobohnen in Bananenblättern

Für diese Süßspeise werden gedämpfte Mungobohnen in einen Teig aus Klebreismehl gehüllt und dann in Bananenblätter gewickelt.

375 g getrocknete Mungobohnen
375 g Klebreismehl
90 g Palmzucker *(nam taan peep)*
500 ml heißes Wasser
3 EL Öl
2 EL gehackte Korianderwurzel *(raak pak chee)*
2 Knoblauchzehen *(kratiem)*, zerdrückt
Salz
500 g Bananenblätter

Die Mungobohnen über Nacht in Wasser einweichen. Am nächsten Tag abgießen, in einen Dämpfeinsatz geben und 30 Minuten dämpfen. Herausnehmen, abkühlen lassen und zu einer Paste zerdrücken. Zugedeckt beiseite stellen.

Klebreismehl und Zucker in einer großen Schüssel vermischen. Das heiße Wasser hinzufügen und alles zu einem glatten Teig verrühren. Eine große schwere Pfanne erhitzen und das Öl hineingeben. Korianderwurzel und Knoblauch zusammen mit einer Prise Salz 30 Sekunden sautieren. Die zerdrückten Mungobohnen untermischen. Die Bananenblätter in kreisrunde Stücke von 25 cm Durchmesser schneiden. Vom Reismehlteig eine kleine Portion abnehmen und flachdrücken, so daß ein etwa 12 cm großer Kreis entsteht. 1 Eßlöffel der Mungobohnenmischung daraufsetzen und die Füllung mit dem Teig umschließen.

Eines der rundgeschnittenen Bananenblätter in beide Hände nehmen und es dort festhalten, wo sich beim Zifferblatt einer Uhr die Ziffern 4 und 8 befinden. Die Hände zusammenführen, so daß eine Trichterform entsteht.

Das Reismehlbällchen in die Mitte des Trichters legen. Die untere Spitze von sich weg nach oben knicken. Die beiden oberen Seiten nach innen schlagen, so daß sie sich überdecken. Das obere Ende von sich weg nach unten falten und unter die nach hinten gefaltete Spitze stecken.

Mit einem Bambushölzchen oder einem Zahnstocher feststekken oder mit Schnur zusammenbinden. Das Päckchen sollte eine Dreiecksform haben.

Auf diese Weise fortfahren, bis Teig und Füllung aufgebraucht sind. Die Päckchen in einen Dämpfeinsatz legen und 15 Minuten dämpfen.

Abkühlen lassen und mit Raumtemperatur servieren.

Für 4 Personen

Bangkok und Zentrales Tiefland

BUA LOI
Schwimmende »Lotossamen«

»Lotossamen« aus Reismehlteig, die in Kokosmilch schwimmen, sind ein beliebtes Dessert.

185 g Klebreismehl
60 g Tapioka-Stärke
500 ml heißes Wasser
625 ml Kokosmilch
90 g Palmzucker *(nam taan peep)*
1 TL Jasmin-Extrakt
Salz
1,25 l Wasser

Reismehl und Tapioka-Stärke vermischen. Nach und nach das heiße Wasser hinzufügen und mit den Händen unterarbeiten, bis alles vermengt ist. Den Teig zugedeckt beiseite stellen.

Die Kokosmilch in einem großen Topf erhitzen. Palmzucker, Jasmin-Extrakt und eine Prise Salz hinzufügen. Unter Rühren zum Kochen bringen, damit sich der Zucker auflöst. Von der Kochstelle nehmen und beiseite stellen.

Schwimmende »Lotossamen« (oben links) *und Mungobohnen in Bananenblättern* (rechts)

Den Teig in zwei Portionen teilen und glattkneten. Aus jeder Portion eine Rolle von 1 cm Durchmesser formen, dann zum besseren Hantieren in kürzere Stücke schneiden.

Kleine Teigstücke etwa in der Größe von Puffbohnen abnehmen. Den Teig jeweils zwischen den Handflächen glattrollen.

Das Wasser in einem großen Topf zum Kochen bringen.

Die »Lotossamen« nacheinander in das kochende Wasser gleiten lassen. Das Wasser wieder zum Kochen bringen; dabei gelegentlich umrühren, damit die Teigstücke nicht aneinanderkleben. Die »Lotossamen« nach 30 Sekunden mit einem Schaumlöffel herausheben, zur gesüßten Kokosmilch in den Topf geben und alles kurz aufkochen lassen. Heiß servieren.

Für 4 Personen

Pudding von schwarzem Klebreis

Nordostthailand

KHAO LAAM
Süßer Reis im Bambusrohr

Ein außergewöhnliches Rezept, für das Klebreis im Bambusrohr gegart und serviert wird.

500 g Klebreis
185 g getrocknete schwarze Bohnen
625 ml Kokosmilch
300 g Zucker
Salz
4 Bambusstücke von etwa 15 cm Länge und 8 cm Durchmesser, mit jeweils einem Stengelknoten in der Mitte
Bananenblätter zum Verschließen der Bambusrohre

Klebreis und schwarze Bohnen in zwei getrennten Schüsseln mit Wasser übergießen und über Nacht stehenlassen. Kokosmilch, Zucker und eine Prise Salz verrühren. Reis und schwarze Bohnen abgießen und vermischen. Jeweils ein Viertel der Reis-Bohnen-Mischung in die Bambusrohre füllen, so daß das obere Ende zu drei Vierteln gefüllt ist. Der mittlere Stengelknoten verhindert, daß der Reis in den unteren Abschnitt fällt.

Etwas gesüßte Kokosmilch hineingießen und die Bambusrohre am oberen Ende jeweils mit einem zusammengefalteten Bananenblatt verschließen. In eine ofenfeste Form von 23 x 30 cm Größe legen. Bei 180 °C (Gasherd Stufe 2–3) für 30 Minuten in den Backofen schieben.

Ist Bambus nicht erhältlich, Klebreis und Bohnen nach dem Einweichen und Abgießen 5 Minuten in kochendem Wasser garen. Anschließend gründlich abtropfen lassen. In einem mittelgroßen Topf mit der gesüßten Kokosmilch verrühren. Etwa 10 Minuten bei mittlerer Temperatur köcheln lassen, bis der Reis fast die gesamte Flüssigkeit aufgenommen hat.

Für 4 Personen

Bangkok und Zentrales Tiefland

FOITHONG
»Goldfäden«

Diese dünnen Fäden aus Eigelb sehen wie kleine goldene Garnknäuel aus. Man verwendet sie in Thailand häufig als Garnierung für Desserts oder reicht sie zu einer Tasse Kaffee.

12 Eier
750 ml Wasser
750 g Zucker
1 Stück Alufolie (30 x 30 cm)

Die Eier trennen. Das Eiweiß für einen anderen Verwendungszweck aufbewahren, das Eigelb bis zur Zubereitung der Fäden in den Kühlschrank stellen. Das Wasser in einem großen Topf zum Köcheln bringen. Den Zucker hinzufügen und die Temperatur so regulieren, daß die Flüssigkeit weiterhin leise köchelt.

Die Folie zweimal in der Mitte zusammenfalten und trichterförmig auseinanderziehen. Im Abstand von 2,5 cm zwei 3 mm große Löcher am unteren Ende hineinstechen.

Das Eigelb aus dem Kühlschrank nehmen und behutsam glattrühren. Den Folientrichter über das köchelnde Zuckerwasser halten. Das Eigelb in die Folie gießen und den Trichter sofort von einer Seite zur anderen bewegen, damit das Eigelb in langen dünnen Fäden herausläuft und im heißen Wasser stockt. Die Fäden garen rascher und gelingen besser, wenn man jeweils nur kleine Mengen Eigelb verarbeitet und sich die Fäden frei im Wasser bewegen können. Die gegarten Eigelbfäden mit einem langen Stäbchen aus dem Zuckerwasser nehmen.

Zu kleinen Bündeln aufwickeln und auf einer Servierplatte anrichten.

Für 4 Personen

Bangkok und Zentrales Tiefland

KHAO NEOW DAM PIAG
Pudding von schwarzem Klebreis

Diese Süßspeise unterscheidet sich durch ihre Farbe und ihr charakteristisches Aroma vom Reispudding westlicher Prägung.

250 g schwarzer Klebreis
1,5 l Wasser
125 g Zucker
250 ml Kokosmilch

KOKOSSAUCE
125 ml Kokossahne
Salz
60 g Zucker

Den Reis abspülen und abtropfen lassen. Dann zusammen mit dem Wasser in einen großen Topf geben und zum Kochen bringen. Die Hitze reduzieren und den Reis etwa 45 Minuten unter gelegentlichem Rühren leise köcheln lassen, bis er weich ist.

Zucker und Kokosmilch hinzufügen. Alles gründlich durchrühren und weitere 10 Minuten köcheln lassen.

Die Zutaten für die Kokossauce mit einer Prise Salz vermischen. Den Reispudding in Portionsschalen anrichten und jeweils etwas Kokossauce darüberschöpfen. Heiß servieren.

Für 4 Personen

Rechte Seite: *Kürbis in Kokossauce* (links, Rezept S. 228), *Süßer Reis im Bambusrohr* (oben) *und »Goldfäden«* (rechts)

Südthailand

Gaeng Buad Fak Thong
Kürbis in Kokossauce

Der Winter- oder Gartenkürbis (»fak thong«) ähnelt in der Farbe den Gewändern buddhistischer Mönche, und so wird ihnen dieses Dessert bei religiösen Zeremonien häufig von den Gläubigen als Speise dargebracht. Doch auch als Abschluß eines eleganten thailändischen Mahls schmeckt es ausgezeichnet.

500 ml Kokosmilch
60 g Zucker oder Palmzucker
200 g Gartenkürbis, in 2,5 x 2,5 x 0,6 cm große Stücke geschnitten

Die Kokosmilch zum Kochen bringen und den Zucker hinzufügen. Unter Rühren wieder aufkochen lassen.

Die Kürbisstücke dazugeben und 15 Minuten köcheln lassen. Kalt servieren.

Für 4 Personen

Abbildung S. 227

Südthailand

Ta-Go
Pudding mit Kokoscreme

In Thailand wird dieser weiße Pudding in grünen Schälchen aus Bananenblättern serviert. Dieses attraktiv aussehende Dessert schmeckt zu jeder Tageszeit.

125 g Reismehl
180 g Zucker
560 ml Jasmin-Wasser (siehe Glossar)

Pudding mit Kokoscreme

KOKOSCREME
45 g Reismehl
500 ml Kokossahne
2 EL Zucker
Salz

Reismehl und Zucker in einem mittelgroßen Topf mit dem Jasmin-Wasser verrühren und 15 Minuten stehenlassen. Anschließend zum Kochen bringen und unter gelegentlichem Rühren 15 Minuten köcheln lassen.

Zwölf kleine Förmchen oder Schälchen aus Bananenblättern zur Hälfte mit dem Reismehlpudding füllen.

Die Zutaten für die Kokoscreme mit einer Prise Salz in einem kleinen Topf zum Köcheln bringen. Bei niedriger Temperatur 20 Minuten unter ständigem Rühren erhitzen.

Die Kokoscreme gleichmäßig auf dem Pudding verteilen (die obere Schicht soll dünner als die untere sein) und abkühlen lassen. Falls Förmchen benutzt werden, den Pudding zum Servieren auf Dessertteller stürzen.

Für 4 Personen

Bangkok und Zentrales Tiefland

Krong Kraeng Ga-Thi
Süße Kokos-»Muscheln«

Süße »Muscheln«, die in einem Meer von Kokosmilch schwimmen, sind optisch reizvoll und schmecken köstlich. Zum Herstellen der »Muscheln« benötigt man ein gerilltes Holzbrettchen, wie man es hierzulande auch zum Formen von Butter verwendet.

180 g Reismehl
100 g Tapioka-Stärke
250 ml heißes Wasser
750 ml Kokosmilch
250 g Zucker
Salz
40 g gerösteter Sesam

Gerilltes Holzbrettchen zum Formen der Muscheln

In einer Schüssel das Reismehl mit 60 g Tapioka-Stärke vermischen. Nach und nach das heiße Wasser hinzufügen, alles zu einem elastischen Teig verarbeiten und glattkneten. Den Teig zudecken, damit er nicht austrocknet.

Die Hände mit einem Teil der restlichen Tapioka-Stärke bestäuben. Kleine Teigstücke abnehmen und zu Kugeln von etwa 1 cm Durchmesser rollen.

Die Hände und das gerillte Holzbrettchen mit Tapioka bestäuben. Die einzelnen Teigkugeln mit dem Daumen auf das Brettchen drücken und dann mit der Hand in Längsrichtung vorsichtig darüberrollen, so daß die Form einer Muschel entsteht. Die »Muschel« auf eine mit Tapioka-Stärke bestäubte Arbeitsfläche legen. Mit dem restlichen Teig ebenso verfahren.

In einem großen Topf Wasser zum Kochen bringen. Die Kokosmuscheln partienweise hineingleiten lassen und vorsichtig umrühren, damit sie nicht aneinanderkleben. Etwa 30 Sekunden köcheln lassen, bis die Muscheln zur Oberfläche aufsteigen. Mit einem Schaumlöffel herausheben und beiseite stellen.

In der Zwischenzeit Kokosmilch, Zucker und eine Prise Salz in einen mittelgroßen Topf geben. Unter gelegentlichem Rühren zum Köcheln bringen.

Die »Muscheln« hinzufügen und in der Kokossauce erhitzen. Mit geröstetem Sesam bestreuen und servieren.

Für 4 Personen

Rechte Seite: *Süße Kokos-»Muscheln«*

Bangkok und Zentrales Tiefland

Med Ka-Noon
»Jackfrucht-Samen«

Die Klößchen dieses Desserts sehen aus wie Jackfrucht-Samen, sie erinnern aber auch an Gold-Nuggets. Mit ihrer kräftigen Farbe und ihrem würzigen Aroma sind einige Minzeblätter eine reizvolle Dekoration für diese goldgelbe Süßspeise. In Thailand reicht man dazu eine Mischung frischer exotischer Früchte wie Papaya, Mango, Rambutan und Ananas, die bei festlichen Anlässen zu kunstvollen Formen geschnitzt werden.

250 g gespaltene Mungobohnen
1 l Wasser
60 g Zucker
4 Eigelb

Die Mungobohnen mit der Hälfte des Wassers in einen mittelgroßen Topf geben und zum Kochen bringen. Die Bohnen köcheln lassen, bis sie weich sind. Dann abgießen. Die abgetropften Mungobohnen im Mörser zerreiben oder im Mixer glattpürieren. 125 g des Zuckers unterrühren und die Masse abkühlen lassen.

Etwa 1 Eßlöffel von der Mungobohnenmasse abstechen und zu einem länglichen Klößchen formen, das wie ein Jackfrucht-Samen oder ein Gold-Nugget aussieht. Mit der übrigen Masse ebenso verfahren.

Das restliche Wasser in einem großen Topf zum Kochen bringen und den verbliebenen Zucker hinzufügen. Die Hitze reduzieren, so daß die Flüssigkeit nur noch leise köchelt.

Das Eigelb in einer Schüssel verquirlen. Die Klößchen behutsam durch das Eigelb ziehen und partienweise jeweils 5 Minuten im Zuckerwasser garen. Auf einem Gitter abkühlen lassen.

Für 4 Personen

»Jackfrucht-Samen«

Klebreis mit Mango

Bangkok und Zentrales Tiefland

KHAO NEOW MA-MUANG
Klebreis mit Mango

Dies ist ein beliebtes thailändisches Dessert – die Kombination von Klebreis, frischen Mangos und Kokossahne ist ein unwiderstehliches Geschmackserlebnis.

500 g Klebreis, über Nacht in Wasser eingeweicht
2 Mangos

SAUCE 1

250 ml Kokossahne
125 g Zucker
Salz

SAUCE 2

250 ml Kokossahne
125 g Zucker
1 Stück Bananenblatt von 30 cm Länge
1 TL gerösteter Sesam

Den eingeweichten Reis abgießen. Wasser in einem Topf zum Kochen bringen. Den Klebreis gleichmäßig in einem Dämpfeinsatz verteilen und 15 Minuten über sprudelnd kochendem Wasser dämpfen.

In der Zwischenzeit die Zutaten für die Sauce 1 verrühren. Den heißen Reis in eine Schüssel füllen und sofort die Sauce untermischen. Beiseite stellen.

Die Mangos vorsichtig schälen, damit das Fruchtfleisch nicht zerdrückt wird. Die Früchte so nah wie möglich am Stein halbieren und die Hälften in 1 cm dicke Scheiben schneiden.

Das Bananenblatt dekorativ zurechtschneiden und auf eine Servierplatte legen. Den Klebreis mit den Mangoscheiben darauf anrichten.

Die Zutaten für Sauce 2 verrühren. Die Sauce getrennt reichen oder über den Klebreis und die Mangos schöpfen. Mit geröstetem Sesam und nach Belieben mit Orchideen oder anderen Blüten dekorieren.

Für 4 Personen

Bangkok und Zentrales Tiefland

SANGKAYA FAK THONG
SANGKAYA MA-PROW
Eiercreme in Kürbis oder Kokosnuß

Diese köstliche Nachspeise wird in vielen Restaurants von Bangkok serviert. Statt kleiner Gartenkürbisse werden mitunter auch ausgehöhlte kleine Kokosnüsse als Behälter verwendet, was ebenso attraktiv aussieht.

2 kleine Winterkürbisse (Gartenkürbisse) oder kleine grüne Kokosnüsse

EIERCREME

3 Eier
180 ml Kokossahne
90 g Palmzucker *(nam taan peep)*
1/8 TL Jasmin-Extrakt

Das obere Ende der Kürbisse als Deckel abschneiden. Die Samen und einen Teil des Fruchtfleisches herausschaben.

Die Zutaten für die Eiercreme gründlich verrühren, aber darauf achten, daß beim Verquirlen der Eier nicht zuviel Schaum entsteht.

Die Eiercreme vorsichtig in die Kürbisse füllen. Die Kürbisse in einen Dämpfeinsatz stellen und in einen Dämpftopf mit sprudelnd kochendem Wasser setzen.

Den Deckel auflegen und die Kürbisse 45 Minuten bei hoher Temperatur dämpfen. (Darauf achten, daß sich für die lange Garzeit genügend Wasser im Topf befindet.)

Die Kürbisse vorsichtig aus dem Dämpfeinsatz heben und vor dem Servieren abkühlen lassen. Mit »Goldfäden« *(foithong;* S. 226) garnieren.

Für 2 Personen

Bangkok und Zentrales Tiefland

KHAO NEOW NAA GOONG
Gelber Klebreis mit Garnelen

Für dieses farbenfrohe Gericht wird der Klebreis gelb eingefärbt.

500 g Klebreis
1 l Wasser
1 TL Kurkuma
250 ml Kokosmilch
125 g Zucker
125 g Garnelenfleisch, feingehackt
45 g Kokosflocken
2 Tropfen orange Lebensmittelfarbe
1 EL Öl
8 Knoblauchzehen *(kratiem)*, gehackt
Salz
3 EL Zucker
1/2 TL frisch gemahlener weißer Pfeffer
2 EL gehackte Korianderblätter *(bai pak chee)*
5 Blätter von Kaffir-Limetten, in feine Streifen geschnitten

Den Klebreis zusammen mit Kurkuma über Nacht in Wasser einweichen. Abgießen. Den Reis in einen Dämpfeinsatz geben und 15 Minuten über sprudelnd kochendem Wasser dämpfen. Den Reis in eine Schüssel füllen. Kokosmilch und Zucker verrühren und unter den heißen Reis mischen. Auf einer großen Servierplatte anrichten und beiseite stellen. Feingehacktes Garnelenfleisch, Kokosraspel und Lebensmittelfarbe gründlich verrühren, so daß die Zutaten gleichmäßig vermischt sind. Das Öl in einer schweren Pfanne erhitzen. Knoblauch und Garnelenmischung zusammen mit einer Prise Salz, Zucker, Pfeffer und Korianderblättern sautieren, bis die Mischung beinahe trocken ist.

Auf dem Klebreis verteilen und zum Garnieren mit feingeschnittenen Limettenblättern bestreuen.

Für 4 Personen

Gelber Klebreis mit Garnelen

Rechte Seite: *Eiercreme in Kürbis oder Kokosnuß*

Saucen, Dips und Currypasten

Saucen, Dips und Currypasten

Die Thai-Küche bedient sich einer Fülle von Saucen und Dips, um die Aromen der Speisen zu verstärken. Vielen dieser Gerichte verleiht Fischsauce *(nam pla)* als essentielle Zutat die charakteristische salzige Note. Chillies unterschiedlicher Sorten steuern die typische Schärfe bei, und die exotischen Kräuter und Gewürze sorgen für die nötige geschmackliche Abwechslung.

Nam Prik Gaeng Keow Wan
Grüne Currypaste

Grüne Currypaste wird zur Zubereitung des schärfsten aller thailändischen Currys verwendet.

10 grüne Jalapeño-Chillies *(prik chee fa)*
5 grüne thailändische Chillies *(prik khee noo)*
50 g feingeschnittene Korianderwurzel *(raak pak chee)* oder
1 Bund Koriandergrün *(pak chee)*
8 Knoblauchzehen *(kratiem)*
4 EL gehackte Schalotten oder rote Zwiebeln
4 EL gehacktes Zitronengras *(ta-krai)* oder 1 EL getrocknetes Zitronengras *(ta-krai haeng)*
5 dünne Scheiben frische Galgantwurzel *(kha)* oder
1 TL Galgantpulver *(kha pon)*
1 TL Kreuzkümmel
1 TL Garnelenpaste *(gapi)*

Alle Zutaten im Mixer glattpürieren.

Ergibt etwa 600 ml — *Abbildung S. 234–235 u. 237*

Nam Prik Ma-Muang
Mango-Dip

Ein Dip, der gut zu Meeresfrüchten und Fisch, gegrilltem Fleisch, frischem Gemüse und gekochten Eiern paßt.

250 g grüne Mango, geraspelt
6 Knoblauchzehen *(kratiem)*, gehackt
2 EL Garnelenpaste *(gapi)*
60 ml Fischsauce *(nam pla)*
2 EL Limettensaft
2 EL Zucker

Das Fruchtfleisch der Mango zusammen mit Knoblauch und Garnelenpaste in einen Mörser geben und behutsam mit dem Stößel zerstampfen, so daß die Mango zwar etwas zerdrückt wird, aber noch in Streifen bleibt. Alle übrigen Zutaten unterrühren. Den Dip in eine Servierschüssel füllen und zu Fisch, gegrilltem Fleisch oder frischem Gemüse reichen.

Ergibt etwa 500 ml — *Abbildung S. 234–235*

Nam Prik Gaeng Ped
Rote Currypaste

Rote und grüne Currypaste sind die Grundlage der meisten thailändischen Currys.

1 kleine Zwiebel, gehackt
8 Knoblauchzehen *(kratiem)*
10 getrocknete rote Jalapeño-Chillies *(prik chee fa daeng haeng)*
4 dünne Scheiben frische Galgantwurzel *(kha)*
2 EL gehacktes Zitronengras *(ta-krai)*
1 EL gehackte Korianderwurzel *(raak pak chee)*
oder Korianderstengel *(pak chee)*
1/2 TL Kreuzkümmel
1 TL Garnelenpaste *(gapi)*
1 TL Salz
3 EL Öl

Alle Zutaten – außer dem Öl – im Mixer glattpürieren.

Eine kleine schwere Pfanne bei mittelhoher Temperatur erhitzen und das Öl hineingeben. Die Currypaste 5 Minuten behutsam sautieren, bis sie intensiv duftet. Zum Aufbewahren in ein Glas füllen.

Ergibt etwa 600 ml — *Abbildung S. 234–235 u. 237*

Seite 234–235: *Rote Currypaste* (links), *Grüne Currypaste* (unten rechts) *und Mango-Dip* (oben rechts)

Grüne Currypaste (oben) *und Rote Currypaste* (unten)

Höllen-Dip

NAM PRIK NA-ROK
Höllen-Dip

Dieser Dip hält sich lange, deshalb gehört er traditionell zum Reiseproviant.

500 ml Öl zum Fritieren
1 kg Filets von Süßwasserfischen
30 getrocknete grüne thailändische Chillies *(prik khee noo haeng)*
30 Knoblauchzehen *(kratiem),* ungeschält
3 Schalotten, ungeschält
2 EL Garnelenpaste *(gapi)*
60 ml Fischsauce *(nam pla)*
3 EL Palmzucker *(nam taan peep)*

Das Öl in einer großen schweren Pfanne auf 190 ° C erhitzen. Die Fischfilets im heißen Öl fritieren, bis sie sehr knusprig und goldbraun sind.

Chillies, Knoblauch und Schalotten im Küchengrill oder über glühender Holzkohle rösten. Die Haut von den Knoblauchzehen und Schalotten abziehen.

Fritierten Fisch, Chillies, Knoblauch und Schalotten im Mörser zerstoßen oder im Mixer glattpürieren.

Garnelenpaste, Fischsauce und Palmzucker in einen kleinen Topf geben. Die Mischung bei mittelstarker Hitze etwa 15 Minuten köcheln lassen, bis sie zu einer Paste eingekocht ist.

Die pürierten Zutaten gründlich mit der Paste vermischen. Den Dip in einem Glas mit Schraubverschluß aufbewahren und als Dip oder als Würzpaste zum Kochen verwenden.

Ergibt etwa 1 l

NAM JIM SATAY
Erdnußsauce

Diese aromatische Sauce wird häufig zu Fleischspießen serviert.

450 ml Kokosmilch
2 EL rote Currypaste *(nam prik gaeng ped;* S. 236)
60 ml Fischsauce *(nam pla)*
3 EL Zucker
250 g geröstete Erdnußkerne, gemahlen

Alle Zutaten in einem mittelgroßen Topf 15 Minuten unter ständigem Rühren köcheln lassen.

Ergibt etwa 600 ml

Rote Currypaste (links) *und Erdnußsauce* (rechts)

NAM PRIK GAENG MASSAMAN
Massaman-Currypaste

Dies ist eine andere Art von Currypaste; die Verwendung typisch indischer Gewürze spiegelt den indischen Einfluß auf die Thai-Küche wider.

5 EL Öl
4 getrocknete Jalapeño-Chillies *(prik chee fa haeng)*
1 Zwiebel, gehackt
30 Knoblauchzehen *(kratiem)*, gehackt
1 EL gehacktes Zitronengras *(ta-krai)*
2 dünne Scheiben Galgantwurzel *(kha)*
2 Schalotten
1/4 TL Kaffir-Limettenschale *(piew ma-grood)*
2 EL getrockneter Koriander *(pak chee pon)*
1 EL Kreuzkümmel
1 TL Zimtpulver
1 EL gemahlener Sternanis

Eine kleine schwere Pfanne bei mittlerer Temperatur erhitzen und das Öl hineingeben. Chillies, Zwiebeln und Knoblauch goldbraun braten.

Gebratene Chillies, Zwiebeln und Knoblauch zusammen mit den übrigen Zutaten in den Mixer geben und pürieren.

Ergibt etwa 500 ml

NAM PRIK PANAENG
Panaeng-Currypaste

Diese Currypaste stammt ursprünglich aus Malaysia.

125 g getrocknete grüne Jalapeño-Chillies *(prik chee fa haeng)*
4 EL Koriandersamen *(med pak chee)*
1 Zwiebel oder 2 Schalotten, gehackt
30 Knoblauchzehen *(kratiem)*, gehackt
2 EL gehackte Galgantwurzel *(kha)*
2 EL Kaffir-Limettenschale *(piew ma-grood)*
4 EL gehacktes Zitronengras *(ta-krai)*
2 EL Garnelenpaste *(gapi)*
1 TL Salz

Alle Zutaten im Mörser oder Mixer zu einer dicken Paste verarbeiten. In einem Glas mit Schraubverschluß aufbewahren; die Paste hält sich fast unbegrenzt.

Ergibt etwa 750 ml

NAM PRIK POW
Schwarze Chilisauce mit Garnelen

Diese Sauce verleiht jeder Speise eine würzige Schärfe mit einem feinen Garnelenaroma.

250 ml Öl zum Fritieren
125 g getrocknete grüne Jalapeño-Chillies *(prik chee fa haeng)*
8 Schalotten, gehackt
150 g Knoblauch *(kratiem)*, gehackt
250 g getrocknete Garnelen
2 EL Garnelenpaste *(gapi)*
90 ml Fischsauce *(nam pla)*
60 g Zucker

Schwarze Chilisauce mit Garnelen

Das Öl in einem kleinen Topf erhitzen. Getrocknete Chillies, Schalotten und Knoblauch im heißen Öl fritieren, bis sie eine dunkelbraune Farbe angenommen haben.

Die fritierten Zutaten mit allen übrigen Zutaten in einen Mixer geben und glattpürieren.

Die Mischung in eine mittelgroße Pfanne geben und bei mittlerer Temperatur 5 Minuten braten.

Abkühlen lassen und zum Aufbewahren in ein Glas mit Schraubverschluß füllen. Die Sauce hält sich fast unbegrenzt.

Ergibt etwa 1 l

PRIK DONG
Chillies in Essig

Diese sehr einfache Sauce paßt zu allen Speisen.

6 grüne Jalapeño-Chillies *(prik chee fa)*, in Ringe geschnitten
100 ml Essig

Die Chillies mit dem Essig verrühren. Diese Sauce kann an Nudelgerichte gegeben werden; oder man reicht sie zum Aromatisieren anderer Speisen als Tischwürze.

Ergibt etwa 350 ml *Abbildung S. 242*

Linke Seite: *Massaman-Currypaste* (links) *und Panaeng-Currypaste* (rechts)

Nam Pla Prik
Fischsauce mit Chillies

Von allen thailändischen Saucen ist diese am beliebtesten. Sie kann zu fast allen Gerichten gereicht werden.

60 ml Fischsauce *(nam pla)*
5 EL Zitronen- oder Limettensaft
2 Knoblauchzehen *(kratiem)*, zerdrückt
5 grüne thailändische Chillies *(prik khee noo)*, gehackt

Alle Zutaten verrühren und als Dip auf den Tisch stellen oder zum Würzen von Currys und pfannengerührten Gerichten verwenden. In einem Schraubglas läßt sie sich einige Tage im Kühlschrank aufbewahren.

Ergibt etwa 200 ml

Jaew Bong
Nordöstliche Sardellenpaste

Diese Paste ist ein sehr beliebter Dip, den man im Nordosten zu frischem Gemüse und gekochtem Fleisch reicht.

250 g frische oder tiefgekühlte Sardellen (ersatzweise Sardellen aus der Dose)
1 Bananenblatt

SAUCE
4 EL gehacktes Zitronengras *(ta-krai)*
4 EL gehackte Schalotten
4 EL gehackte Galgantwurzel *(kha)*
2 EL gehackte grüne thailändische Chillies *(prik khee noo)*
60 ml Tamarindensaft *(ma-kaam piag;* siehe Glossar)
5 Limettenblätter, in Streifen geschnitten
4 Knoblauchzehen *(kratiem)*

Die Holzkohle rechtzeitig anzünden, damit sich die gewünschte Glut bildet.

Kopf und Gräten der Sardellen entfernen. Das Bananenblatt in 30 cm große Stücke schneiden und die Sardellen sorgfältig darin einwickeln.

Die eingewickelten Fische auf jeder Seite 4 Minuten über glühender Holzkohle grillen. (Sie können auch fünfzehn Minuten im Küchengrill oder bei 180 °C [Gasherd Stufe 2–3] im Backofen gegart werden.)

Bei Sardellen aus der Dose lediglich das Öl abtropfen lassen.

Die Fische aus den Bananenblättern nehmen, in einen Mörser geben und grob zerkleinern. Dann alle Zutaten für die Sauce hinzufügen und zerdrücken.

Die Paste als Dip zu gegrilltem Fisch und gedämpftem oder frischem Gemüse servieren.

Für 4 Personen

Fischsauce mit Chillies (links) *und Chillies in Essig* (rechts, Rezept S. 241)

Nordöstliche Sardellenpaste (links), *Würzsauce mit Fisch* (oben rechts) *und Pikanter Sardellen-Dip* (unten rechts)

Nam Prik Jaew
Pikanter Sardellen-Dip

Die gerösteten Zutaten verleihen diesem Dip ein besonders intensives Aroma, das ausgezeichnet zu gegrilltem Fleisch wie etwa Grillhähnchen (»gai yang«; S. 130) oder Gegrilltem Rindfleisch nach Art des Nordostens (»seua rong hai«; S. 134) paßt.

500 ml Wasser
2 Sardellen (250 g)
4 EL gehacktes geröstetes Zitronengras *(a-krai)**
4 EL gehackte geröstete Schalotten*
4 EL gehackte geröstete Galgantwurzel *(kha)**
15 geröstete grüne thailändische Chillies *(prik khee noo)**
6 Knoblauchzehen *(kratiem)*
125 ml Tamarindensaft *(nam-kaam piag;* siehe Glossar)
2 EL Fischsauce *(nam pla)*

Das Wasser in einem mittelgroßen Topf zum Kochen bringen. Die Sardellen hinzufügen und 5 Minuten kochen lassen – es muß anschließend noch wenigstens 125 ml Flüssigkeit vorhanden sein.

Die gerösteten Zutaten – Zitronengras, Schalotten, Galgant, Chillies und Knoblauch – in einem Mörser zerreiben.

Die Garflüssigkeit der Sardellen durch ein Sieb mit in den Mörser geben. Tamarindensaft und Fischsauce hinzufügen und alle Zutaten gründlich vermischen.

Ergibt etwa 500 ml

* Zitronengras, Schalotten, Galgant und Chillies unzerkleinert über Holzkohle oder einer Gasflamme grillen, bis sie geröstet, aber noch nicht verkohlt sind. Die benötigten Mengen nach dem Rösten abmessen.

Nam Prik Pla-Raa
Würzsauce mit Fisch

Diese dickflüssige Sauce, die mit eingelegtem und frischem Fisch zubereitet und mit Zitronengras und Limettensaft aromatisiert wird, paßt ausgezeichnet zu frischem Gemüse.

250 g eingelegter Fisch
500 ml Wasser
250 g festfleischiger Süßwasserfisch
2 Stengel Zitronengras *(ta-krai),* gehackt
6 Knoblauchzehen *(kratiem),* zerdrückt
4 EL gehackte grüne thailändische Chillies *(prik khee noo)*
6 Schalotten, gehackt
2 TL gehackte Galgantwurzel *(kha)*
90 ml Fischsauce *(nam pla)*
90 ml Limettensaft

Den eingelegten Fisch 10 Minuten im Wasser kochen. Durch ein Sieb in eine Schüssel geben und möglichst viel Flüssigkeit aus dem Fisch herausdrücken. Die Flüssigkeit beiseite stellen, den Fisch wegwerfen.

Den Süßwasserfisch zum Garen grillen.

Das Fleisch sorgfältig von den Gräten lösen, feinhacken und beiseite stellen.

Zitronengras, Knoblauch, Chillies, Schalotten und Galgant im Mörser zu einem groben Püree verarbeiten.

Fischsauce, Limettensaft, abgesiebten Fischsud und gehackten Fisch unterrühren.

Als Dip zu frischem Gemüse reichen.

Ergibt etwa 750 ml

Tamarindenpaste

NAM PRIK MA-KAAM
Tamarindenpaste

Dies ist ein interessanter, aromatischer Dip, der gut mit dem Geschmack von Fleisch und Gemüse harmoniert.

15 g getrocknete Garnelen
250 g junge Tamarindenschoten*, die Hülsen entfernt und das Fruchtmark gehackt
6 Knoblauchzehen *(kratiem)*, geschält
2 EL Garnelenpaste *(gapi)*
60 ml Fischsauce *(nam pla)*
2 EL Limettensaft
3 EL Zucker
3 EL Öl

* Junge Tamarindenfrüchte sind noch grün und haben weiche Samen, so daß sie sich mühelos zu einer Paste verarbeiten lassen. Die Hülsen werden nicht verwendet.

Getrocknete Garnelen, gehacktes Tamarindenmark und Knoblauch mit der Garnelenpaste in einem Mörser zerdrücken. Fischsauce, Limettensaft und Zucker hinzufügen, dann alles gründlich verrühren. (Die Zutaten können auch im Mixer vermischt werden.)

Eine mittelgroße schwere Pfanne erhitzen und das Öl hineingeben. Die Mischung bei mittlerer Hitze unter ständigem Rühren braten, bis eine dicke Paste entstanden ist.

Ergibt etwa 500 ml

MA-MUANG DONG
Mango-Pickle

Mango-Pickle ist nicht nur eine Würzzubereitung, sondern kann auch vor dem Mittag- oder Abendessen als appetitanregender Snack gereicht werden. Es hält sich praktisch unbegrenzt.

SALZLAKE

1 l Wasser
250 g Salz
125 g Zucker

1,25 kg grüne Mangos

Alle Zutaten für die Lake in einem mittelgroßen Email- oder Edelstahltopf zum Kochen bringen. Von der Kochstelle nehmen und abkühlen lassen.

Die Mangos schälen und in nicht zu kleine Stücke schneiden.

In ein großes Gefäß (am besten aus Glas) füllen. Die Mangostücke mit der Lake übergießen, so daß sie davon vollständig bedeckt sind.

Vor dem Verzehr mindestens 2 Wochen durchziehen lassen.

Ergibt etwa 1 l

KHING DONG
Eingelegter Ingwer

Falls junger zarter Ingwer erhältlich ist, braucht er – im Gegensatz zu ausgereiftem Ingwer – nicht geschält zu werden, da die Haut noch weich ist. Eingelegter Ingwer paßt gut zu gebratenem Fleisch oder Geflügel.

ESSIGLAKE

500 ml Essig
500 ml Wasser
60 g Salz
500 g Zucker

1 kg frischer Ingwer
1/2 TL Natron

Alle Zutaten für die Essiglake in einem Email- oder Edelstahltopf zum Kochen bringen. Von der Kochstelle nehmen und abkühlen lassen.

Den Ingwer nötigenfalls schälen und in sehr dünne Scheiben schneiden. Die Ingwerscheiben mit Natron einreiben und 5 Minuten stehenlassen.

Dann in ein Glas füllen und mit der Essiglake übergießen, so daß der Ingwer davon bedeckt ist. Vor dem Verzehr 2 Wochen im Kühlschrank durchziehen lassen.

Ergibt etwa 1 l

Mango-Pickle (oben), *Eingelegter Ingwer* (unten) *und Eingelegter Knoblauch* (rechts)

KRATIEM DONG
Eingelegter Knoblauch

Der Knoblauch hält sich beinahe unbegrenzt und kann zu vielen Gerichten serviert werden.

500 ml Wasser
500 g Knoblauchknollen (*kratiem;* ganz belassen)

ESSIGLAKE

500 ml Essig
500 g Zucker
60 g Salz

Das Wasser in einem mittelgroßen Topf zum Kochen bringen. Die Knoblauchknollen hinzufügen und 10 Minuten köcheln lassen. Abgießen und gründlich abtropfen lassen.

Die Zutaten für die Essiglake in einem mittelgroßen Email- oder Edelstahltopf zum Kochen bringen. Von der Kochstelle nehmen und den Knoblauch hineinlegen. Abkühlen lassen. Dann in ein Glas füllen und mindestens 1 Woche durchziehen lassen. Den Knoblauch vor der Verwendung in der Küche oder vor dem Verzehr schälen.

Ergibt etwa 1,25 l

Seite 246–247: *Thailänder im Norden des Landes versammeln sich in ihrer farbenfrohen traditionellen Festtagstracht.*

LUCA INVERNIZZI TETTONI/PHOTOBANK

GLOSSAR

Da in den meisten Asienläden die südostasiatischen Frischgemüse nicht mit deutschen Bezeichnungen, sondern mit englischen geführt werden, sind bei einigen Zutaten in Klammern die englischen Bezeichnungen angegeben.

Archenmuschel siehe *Rotfleischige Archenmuschel*

Auberginen siehe *Thailändische Mini-Auberginen*

Austernsauce Eine braune, salzige Sauce, für deren Herstellung Austern in Salzwasser und Sojasauce gekocht werden. Austernsauce gibt es in asiatischen Lebensmittelgeschäften zu kaufen; sie ist beinahe unbegrenzt haltbar.

Bambussprossen Die an Bambuswurzeln entstehenden spitzkegelförmigen Schößlinge finden in der Thai-Küche vielseitig Verwendung. Bei uns sind sie frisch in Asienläden erhältlich; als Dosenware (geschält im ganzen, in Scheiben und Streifen geschnitten) findet man sie auch in gutsortierten Supermärkten. Bei Dosenware sollte man im ganzen konservierte Bambussprossen wählen, da sie knackiger und aromatischer sind als bereits zerkleinerte.

Bananenblätter In der Thai-Küche wickelt man häufig Fisch oder andere Speisen zum Garen in Bananenblätter. Frische Bananenblätter kann man in gutsortierten Asienläden kaufen. Falls sie nicht erhältlich sind, können sie durch Aluminiumfolie ersetzt werden.

Bananenblüten Die männlichen Bananenblüten sind kolbenförmig und werden bis zu einem halben Meter lang. In Thailand verzehrt man frische Bananenblüten als Gemüse. Sie sind in gutsortierten asiatischen Lebensmittelgeschäften erhältlich.

BASILIKUM
Die drei in Thailand verwendeten Sorten gehören alle zu derselben botanischen Familie. Wenn die speziellen Sorten nicht erhältlich sind, kann man sie durch die europäische Sorte ersetzen; man kann sie auch selbst in Blumenkästen ziehen; die Samen sind in gutsortierten Samenhandlungen und Asienläden erhältlich.
Bai horapa *(Ocimum basilicum)* Diese thailändische Sorte ist zwar dasselbe Kraut wie das bei uns gebräuchliche Basilikum, allerdings hat es einen intensiveren Geschmack und duftet leicht nach Anis. *Bai horapa* kann ohne weiteres durch europäisches Basilikum ersetzt werden.
Bai manglak *(Ocimum carnum)* Diese Basilikumsorte hat leicht behaarte Blätter und wird in Thailand häufig für Currys, Suppen und Salate verwendet.
Bai ga-prow *(Ocimum sanctum)* Diese Basilikumvarietät mit rötlich-violetten Stengeln schmeckt besonders aromatisch und duftet würzig.

Bittergurke Die Bittergurke, auch Balsambirne, Karella oder Bittermelone genannt, hat einen leicht bitteren Geschmack. Je grüner die Frucht, desto bitterer ist ihr Geschmack, daher empfiehlt es sich, die milderen gelblich-grünen Sorten zu verwenden, wenn man den bitteren Geschmack vermeiden möchte. Zudem läßt sich die Bitterkeit mildern, indem man die Frucht vor der Weiterverwendung einsalzt oder blanchiert. Bittergurken sind frisch in asiatischen Lebensmittelgeschäften erhältlich.

Blattsenf siehe *Chinesischer Senfkohl*

BOHNEN
Spargelbohnen Diese langen grünen Bohnen, auch Chinesische oder Schlangenbohnen genannt, werden bis zu 90 cm lang. Sie sind im Geschmack unseren grünen Bohnen ähnlich, werden aber schneller gar, und das Abziehen der Fäden ist überflüssig. Man findet sie frisch in asiatischen Lebensmittelgeschäften, kann sie jedoch auch durch normale grüne Bohnen ersetzen.
Südthailändische Bohnen *(sa-taw)* Diese runden grünen Bohnen sind nur in Thailand erhältlich. Als Ersatz eignen sich europäische grüne Bohnen.

Bohnensprossen Bohnensprossen können sowohl von Mungobohnen als auch von Sojabohnen gezogen werden. Man kann sie bequem selbst ziehen (Samen und Geräte zur Sprossenzucht gibt es in Naturkostgeschäften und Reformhäusern). Sie sind in vielen Supermärkten und natürlich in asiatischen Lebensmittelgeschäften sowohl in Dosen als auch frisch erhältlich.

Brokkoli siehe *Chinesischer Brokkoli*

Linke Seite: *Die Zutaten wurden von John Hay im Hotel »The Regent Bangkok« mit Unterstützung des Restaurants »Spice Market« fotografiert (Bezeichnung der abgebildeten Zutaten S. 249).*

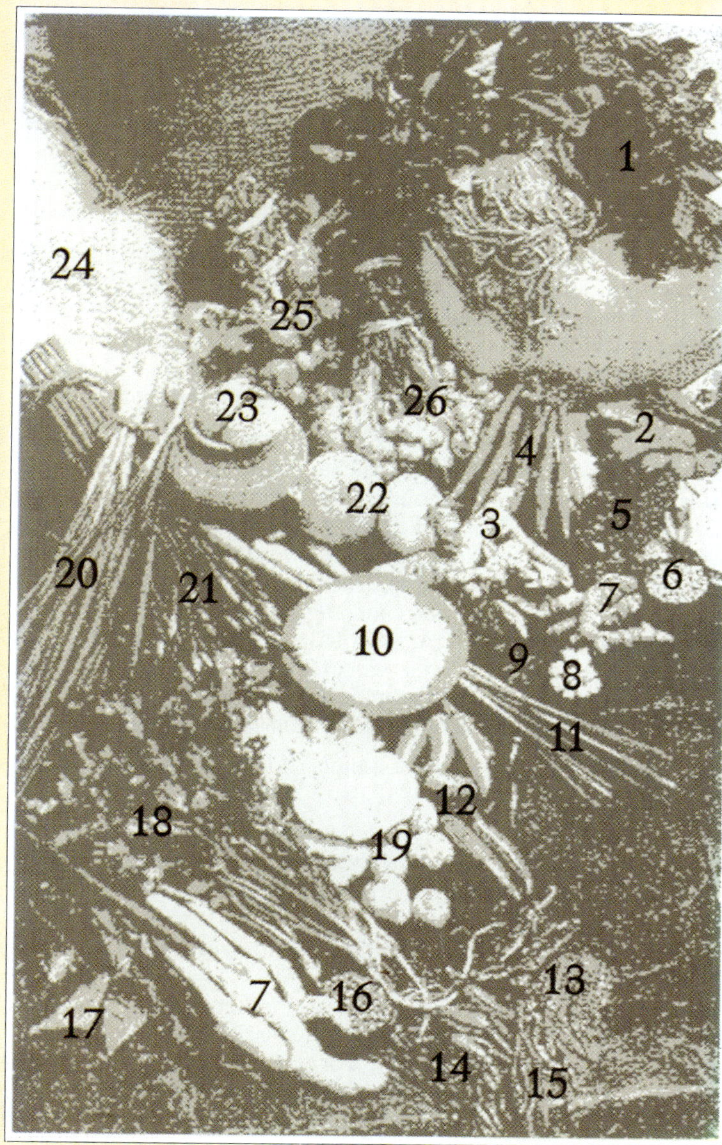

Abgebildete Zutaten

1 *Basilikum*
2 *Tamarinden*
3 *Galgantwurzel*
4 *Krachai*
5 *Grüne Pfefferkörner*
6 *Weiße Pfefferkörner*
7 *Ingwerwurzeln (unten: junger Ingwer)*
8 *Kardamomkapseln*
9 *Sternanis*
10 *Duftreis*
11 *Zitronengras*
12 *Jalapeño-Chillies*
13 *Getrocknete zerstoßene Chillies*
14 *Thailändische Chillies*
15 *Getrocknete Chillies*
16 *Koriandersamen*
17 *Frische und getrocknete Blätter von Kaffir-Limetten*
18 *Frischer Koriander*
19 *Pilze*
20 *Frühlingszwiebeln*
21 *Chinesischer Schnittlauch*
22 *Zwiebeln*
23 *Palmzucker*
24 *Glasnudeln*
25 *Schalotten*
26 *Knoblauch*

CHILLIES *(prik)*
In der thailändischen Küche werden Chilisorten unterschiedlicher Größe und Farbe verwendet. Die kleinen roten oder grünen Chilischoten *(prik khee noo)* werden für besonders scharfe Gerichte und Saucen verwendet. Wenn die in einem bestimmten Rezept angegebene Sorte nicht erhältlich ist, muß sie mit Bedacht gegen eine andere ausgetauscht werden. Je kleiner die Chillies, desto schärfer sind sie. Eingelegte Chillies sind häufig weniger scharf als frische. Die größeren, roten oder grünen Jalapeño-Chillies *(prik chee fa)* nimmt man für weniger scharfe Speisen. Große, blaßgrüne Chillies sind nicht scharf und können wie Paprikaschoten verwendet werden. Nicht jeder verträgt die bei den Thais beliebte außergewöhnliche Schärfe. Die in den Rezepten angegebene Chi-

limenge sollte daher nach persönlichem Geschmack verringert werden. Man kann die Schärfe auch mildern, indem man Scheidewände und Kerne vor der Verwendung entfernt (anschließend unbedingt gründlich die Hände waschen, da die ätherischen Öle zu Schleimhautreizungen führen können, wenn man die Augen berührt). Getrocknete Chillies *(prik khee noo haeng)* sollten vor ihrer Verwendung 10–20 Minuten in warmem Wasser eingeweicht werden.

Chinesische Bohnen siehe *Bohnen*

Chinesischer Blätterkohl siehe *Chinesischer Senfkohl*

Chinesischer Blütenkohl *(choy sum; Brassica campestris* var. *parachinensis)* Dies ist ein langstieliger Blätterkohl mit länglich-ovalen grünen Blättern und kleinen gelben Blüten; mitunter wird er auch Chinesischer Blätterkohl genannt (er ist aber nicht identisch mit dem Chinesischen Senfkohl). In asiatischen Lebensmittelgeschäften ist er frisch erhältlich.

Chinesischer Brokkoli Der chinesische Brokkoli unterscheidet sich beträchtlich von den europäischen Arten. Er bildet keine geschlossenen Köpfe; verwendet werden seine fleischigen Stengel mit den Blüten und die zarteren Blätter. Im Geschmack erinnert er etwas an Mangold. Man kann ihn nötigenfalls durch hiesigen Brokkoli ersetzen. Frisch ist er in gutsortierten asiatischen Lebensmittelgeschäften erhältlich.

Chinesischer Senfkohl *(bok choy; Brassica rapa* var. *chinensis)* Dieser Kohl bildet an kräftigen, breiten milchig-weißen Stengeln große grüne Blätter, aber keinen geschlossenen Kopf. Er zeichnet sich durch einen milden Senfgeschmack aus und eignet sich hervorragend zum Pfannenrühren und als Suppeneinlage, da er nur eine kurze Garzeit benötigt. Er wird inzwischen in den Niederlanden angebaut und kommt bisweilen auch unter der Bezeichnung *pak choi* oder *paksoi* auf den Markt. In asiatischen Lebensmittelgeschäften ist er frisch erhältlich sowie in Salzlake eingelegt in Dosen oder in Folie eingeschweißt; auch gesalzen und getrocknet ist er erhältlich (häufig unter der englischen Bezeichnung *mustard greens, mustard leaf* oder einfach *mustard* [dt. Senf]).

Essig In der Thai-Küche wird hauptsächlich der mildere Reisessig verwendet.

FISCH
Die in den Rezepten angegebenen Fische dürften bei uns nicht immer erhältlich sein; sie können jedoch problemlos durch andere festfleischige Fischarten ersetzt werden.
Eingelegter Fisch In asiatischen Lebensmittelgeschäften ist eingelegter Fisch als Dosenware erhältlich.
Getrockneter Fisch Das Trocknen von Fischen ist eine traditionelle Konservierungsmethode. Dazu werden die Fische eingesalzen und in der Sonne zum Trocknen ausgebreitet. Vor der Weiterverarbeitung sollten sie in frischem Wasser eingeweicht werden. Trockenfisch verleiht den Gerichten einen intensiven Geschmack. Man bekommt ihn in asiatischen Lebensmittelgeschäften.
Getrockneter Fischmagen Man bekommt ihn in gutsortierten asiatischen Lebensmittelgeschäften; nötigenfalls kann man ihn durch knusprige Schweineschwarte ersetzen.
Knuspriger Fisch Für knusprigen Fisch werden Fischfilets in heißem Öl knusprig ausgebacken. Anschließend läßt man sie gut abtropfen.
Fischsauce *(nam pla)* Diese salzige hellbraune Flüssigkeit wird aus Sardellen und Garnelen hergestellt, die mit Salz fermentiert wurden. Fischsauce wird in der Thai-Küche zum Salzen verwendet und verleiht den Gerichten ihr authentisches Aroma. Man bekommt sie in Asienläden.

Galgantwurzel *(kha)* Galgant, auch Thai-Ingwer genannt, ist mit dem Ingwer verwandt. Die Wurzeln sind jedoch größer und heller, mit rosa gefärbten Sprossen. Galgantwurzel ist frisch *(kha orn)*, getrocknet *(kha haeng)* oder als Pulver *(kha pon)* in asiatischen Lebensmittelgeschäften erhältlich. Frische junge Ingwerwurzel (kein getrockneter Ingwer) ist ein akzeptabler Ersatz, wenngleich das Aroma nicht dasselbe ist.

Garnelenpaste *(gapi)* Sie wird aus getrockneten Garnelen hergestellt und hat einen intensiven Geschmack (sparsam verwenden!). Sie ist in Dosen oder Gläsern in asiatischen Lebensmittelgeschäften erhältlich.

Jasmin-Wasser Um Jasmin-Wasser zu erhalten, das zum Aromatisieren von Süßspeisen verwendet wird, verdünnt man 1/4 Teelöffel Jasmin-Extrakt (erhältlich in asiatischen Lebensmittelgeschäften) mit 250 ml Wasser.

Kaffir-Limette *(ma-grood)* Diese kleine grüne Zitrusfrucht mit ihrer dicken, wulstigen Schale wird häufig in der Thai-Küche verwendet; sie verleiht den Speisen einen charakteristischen Geschmack. Verwendet werden die aromatischen Blätter und die Schale der Früchte. Schale von Kaffir-Limetten ist eine wichtige Zutat von Currypasten. Frische und getrocknete Blätter sowie die Früchte sind in asiatischen Lebensmittelgeschäften erhältlich. Als Ersatz können Limetten oder auch Zitronenmelisse dienen, wenngleich sie nicht das typische Aroma aufweisen.

Kardamom Kardamom gehört zur Familie der Ingwergewächse; jedoch werden von der Kardamompflanze nicht die Wurzeln, sondern die Samen zum Würzen vieler Thai-Gerichte verwendet, und sie sind Bestandteil einiger Currymischungen. Bei uns ist Kardamom vor allem als typisches Lebkuchengewürz bekannt. Man bekommt ihn getrocknet, als Samen oder zu Pulver vermahlen in Supermärkten, und die dreifächerigen Samenkapseln sind in Asienläden erhältlich.

Kewra-Extrakt Eine betörend duftende Essenz, die aus den männlichen Blüten des Schraubenbaumes *(Pandanus tectorius* L. – *Pandanaceae)*, einer kaktusähnlichen Pflanze, gewonnen wird. In der Thai-Küche wird sie zum Parfümieren von Süßspeisen verwendet. Man bekommt Kewra-Extrakt in asiatischen Lebensmittelgeschäften.

Knoblauch *(kratiem)* Thailändische Knoblauchknollen sind erheblich kleiner und milder als europäische Sorten und haben eine leicht violette Färbung. Außerhalb Thailands sind sie nur schwer erhältlich. Für die Rezepte in diesem Buch kann hiesiger Knoblauch verwendet werden. Die in den Rezepten angegebenen Mengen können nach persönlichem Geschmack reduziert werden.

KOKOSNUSS
Kokossahne Sie ist in asiatischen Lebensmittelgeschäften in Dosen erhältlich (darauf achten, daß sie nicht gezuckert ist!). Man kann sie aber auch selbst herstellen: Etwa 250 Gramm geraspeltes Fleisch frischer Kokosnüsse (abgepackte Kokosraspel sind weniger geeignet, da sie relativ ausgetrocknet sind) mit 1/2 Liter kochendheißem Wasser überbrühen und 10–20 Minuten ziehen lassen. Anschließend durch ein feines Sieb geben und möglichst viel Flüssigkeit aus dem Fruchtfleisch pressen. Die Flüssigkeit einige Zeit stehenlassen, bis sich an der Oberfläche eine dicke Schicht bildet, die Kokossahne.
Kokosmilch Damit ist nicht die Flüssigkeit im Innern der Kokosnuß gemeint, die eisgekühlt sehr gut schmeckt. Kokosmilch ist in asiatischen Lebensmittelgeschäften in Dosen erhältlich (darauf achten, daß sie ungesüßt ist!). Man kann sie selbst herstellen, indem man die bei der Zubereitung von Kokossahne (siehe oben) verwendeten Kokosraspel für einen zweiten Aufguß verwendet und die Prozedur wiederholt. Diese dünnere Kokosmilch eignet sich besonders gut als Zutat für Suppen.

KORIANDER *(pak chee)*
Koriander, frischer *(bai pak)* Dieses Küchenkraut wird fälschlicherweise auch Chinesische Petersilie genannt, weil seine Blätter der glattblättrigen Petersilie ähneln; frischer Koriander (auch Koriandergrün oder *cilantro* genannt) hat aber einen völlig anderen Geschmack als Petersilie. Mit seinem charakteristischen Duft und Aroma ist dieses Kraut eine unentbehrliche Zutat in der Thai-Küche. Es ist nicht durch ein anderes Kraut ersetzbar. Man bekommt frischen Koriander in asiatischen Lebensmittelgeschäften.
Koriandersamen Sie werden zur Intensivierung ihres Aromas zunächst geröstet und dann im Mörser zerstoßen oder zu Pulver vermahlen. Koriandersamen sind Bestandteil vieler Currypasten. Man bekommt sie in gutsortierten Supermärkten und asiatischen Lebensmittelgeschäften.
Korianderwurzel *(raak pak chee)* Auch die Korianderwurzel wird in der Thai-Küche verwendet. Falls nicht erhältlich, kann Petersilienwurzel verwendet werden, wenngleich sich das Aroma unterscheidet.

Krachai *(lesser ginger)* Für *krachai (Kaempferia pandurata)* gibt es keinen deutschen Namen. Es handelt sich hierbei um eine Ingwerart; sie hat jedoch einen milderen Geschmack als Galgant und Ingwer.

Kurkuma (Gelbwurz) Kurkuma gehört botanisch derselben Familie an wie Ingwer. In der Küche finden die knotigen Wurzeln mit ihrem leuchtend orangefarbenen Fruchtfleisch Verwendung. Kurkuma wird getrocknet und gemahlen zum Färben und Aromatisieren von Speisen verwendet und ist der Bestandteil des Currypulvers, der ihm seine kräftige gelbe Farbe verleiht. Frische Gelbwurz wird in asiatischen Lebensmittelgeschäften und von manchen gutsortierten Gemüsehändlern angeboten. Kurkuma in pulverisierter Form ist in Asienläden und in gutsortierten Supermärkten erhältlich.

Nappa-Kohl Eine asiatische Kohlart, die dem Chinakohl stark ähnelt, jedoch einen gedrungeneren Kopf hat. Nappa-Kohl ist ohne weiteres durch Chinakohl ersetzbar.

NUDELN
Eiernudeln *(ba mee)* Eiernudeln werden aus Weizenmehl und Eiern hergestellt. Man verwendet sie für Suppen und pfannengerührte Gerichte. Die meisten asiatischen Lebensmittelgeschäfte führen eine große Auswahl an asiatischen Eiernudeln in ihrem Sortiment.
Glas- oder Cellophannudeln *(woon sen)* Diese extrem dünnen Nudeln werden aus Mungobohnenmehl hergestellt. Vor ihrer Weiterverwendung müssen sie etwa 5 Minuten in warmem Wasser eingeweicht werden. Da sie extrem lang sind, empfiehlt es sich, sie nach dem Einweichen auf eine handliche Länge zu kürzen.
Reisnudeln *(sen mee; sen lek; sen yai)* Diese Nudeln werden aus Reismehl hergestellt, es gibt sie in verschiedenen Formen. Vor ihrer Weiterverwendung sollten sie etwa 20 Minuten in warmem Wasser eingeweicht werden.

Öl In Thailand verwendet man hauptsächlich Erdnußöl. Es eignet sich besonders gut zum Pfannenrühren, Braten und Fritieren, weil es einen hohen Rauchpunkt hat (bei etwa 220 °C).

Palmzucker *(nam taan peep)* Palmzucker wird aus einer speziellen Palmenart, dem Palmyra-Baum, gewonnen. Er ist als dicke Paste oder getrocknet und gepreßt in asiatischen Lebensmittelgeschäften erhältlich. Als Ersatz kann brauner Zucker verwendet werden.

PILZE
Chinesische Trockenpilze Bei chinesischen Trockenpilzen handelt es sich um dunkle, dünnfleischige Baumpilze. Vor ihrer Verwendung müssen sie etwa 30 Minuten in warmem Wasser eingeweicht und anschließend unter fließendem kaltem Wasser gründlich abgespült werden, um Schmutzpartikel zu entfernen. Chinesische Trockenpilze sind in gutsortierten Supermärkten und Asienläden erhältlich. Frische Baumpilze, wie etwa *shiitake*-Pilze, sind kein geeigneter Ersatz.
Strohpilze Strohpilze sind kleine Zuchtpilze mit runden braunen Kappen. Sie werden auf Stroh gezogen, daher ihr Name. Bei uns sind sie in Asienläden und gutsortierten Supermärkten in Dosen erhältlich.

Pfefferkörner In vielen Thai-Gerichten werden eingelegte grüne Pfefferkörner (Dosenware) sowie weißer und schwarzer Pfeffer verwendet.

REIS *(khao)*
Duftreis Dieser herrlich duftende Langkornreis ist die beliebteste Reissorte in Thailand. Er wird vor allem im zentralen Tiefland und in Südthailand zu beinahe jeder Mahlzeit gegessen.
Klebreis Im Norden und Nordosten Thailands bildet Klebreis, ein Rundkornreis, das Grundnahrungsmittel. In ganz Thailand wird Klebreis für Süßspeisen verwendet.
Schwarzer Reis Er wird in manchen asiatischen Lebensmittelgeschäften auch als »roter Reis« bezeichnet. Eine Wildreisart mit nussigem Geschmack, die in Thailand gern für Süßspeisen verwendet wird.
Gerösteter Klebreis Ungegarter Klebreis wird in einer heißen Pfanne ohne Öl geröstet, bis er eine goldbraune Farbe angenommen hat. Dabei fügt man in Abständen jeweils einen Eßlöffel Wasser hinzu. Anschließend läßt man den Reis abkühlen, gibt ihn in einen Mörser und zerstößt ihn grob oder zermahlt ihn zu Pulver – je nach Rezeptangabe.

Rotfleischige Archenmuscheln Diese Muschelart mit blutrotem Fleisch (engl. *blood cockle)* ist im Indopazifik heimisch. Als Ersatz können Venusmuscheln oder Miesmuscheln verwendet werden.

Rüben, weiße, gesalzen und getrocknet Getrocknete weiße Rüben sind in asiatischen Lebensmittelgeschäften erhältlich. Vor ihrer Weiterverwendung müssen sie eingeweicht werden. Man kann selbstverständlich auch frische Rüben verwenden.

Schnittlauch Es kann sowohl hiesiger, röhrenförmiger Schnittlauch verwendet werden als auch der chinesische Schnittlauch, der hierzulande als Schnittknoblauch bezeichnet wird. Chinesischer Schnittlauch hat flache Halme und einen intensiven knoblauch- und zwiebelähnlichen Geschmack. Er ist in asiatischen Lebensmittelgeschäften erhältlich.

Spargelbohnen siehe *Bohnen*

Sternanis Dies sind die in sternförmigen Kapseln steckenden rotbraunen glänzenden Früchte eines immergrünen südostasiatischen Baumes. Das köstlich duftende Gewürz wird bei uns traditionell zum Aromatisieren von Lebkuchen verwendet. Die getrockneten Kapseln sind in asiatischen Lebensmittelgeschäften erhältlich.

Sumpfkohl Dieses Gemüse (engl. *swamp cabbage)* wird auch Stinkkohl genannt und ist eine dem Wasserspinat ähnlich sehende Pflanze. Er ist hierzulande kaum erhältlich. Blattspinat ist ein geeigneter Ersatz.

Tamarinde *(ma-kaam)* Tamarinden sind graubraune bis zimtfarbene Hülsenfrüchte eines tropischen Baumes. Junge Schoten und die zarten Blätter werden in Thailand als Gemüse verzehrt. Das dunkle, intensiv süß-säuerlich schmeckende Fruchtmark wird zusammen mit den Kernen zu Tamarindensirup oder -paste verarbeitet. Tamarindensaft verleiht Speisen einen einzigartigen herb-säuerlichen Geschmack. Tamarindenpaste ist in asiatischen Lebensmittelgeschäften erhältlich. Um Tamarindensaft zu erhalten, verrührt man $1/3$ Tamarindenpaste mit $2/3$ heißem Wasser. Falls Tamarindenpaste nicht erhältlich ist, kann ihre Säure notfalls durch etwas Essig oder Zitronensaft ersetzt werden, allerdings erhält die Speise dann nicht das typische Aroma.

Tapiokamehl Tapiokamehl wird aus der Maniokwurzel gewonnen; es ist sehr stärkehaltig. Man kann es durch Maisstärke ersetzen.

Tapiokaperlen Tapiokaperlen werden aus der Stärke der Maniokknolle gewonnen. Die Perlen (Sago) entstehen, wenn man die zu einem festen Teig angerührte Stärke durch ein Sieb in eine heiße Metallpfanne preßt. Tapiokaperlen sind in asiatischen Lebensmittelgeschäften erhältlich (manchmal unter der englischen Bezeichnung *tapioka pearls*).

Thailändische Mini-Auberginen *(ma-khue puang)* Diese kleinen Auberginen unterscheiden sich nicht nur in der Größe von den europäischen Auberginen. In Thailand gibt es neben den »auberginefarbenen« auch grüne, gelbe, weiße und gestreifte Früchte. Man bekommt sie in gutsortierten asiatischen Lebensmittelgeschäften. Ersatzweise können hiesige Auberginen verwendet werden.

Tofu Tofu, auch Bohnenquark genannt, wird aus Sojabohnen hergestellt und ist aufgrund seines hohen Eiweißgehalts besonders nahrhaft. Er eignet sich besonders gut für pfannengerührte Gerichte, da er die Aromen der anderen Zutaten in sich vereint. Tofu ist in Asienläden und Naturkostgeschäften erhältlich.
Gebratener Tofu Den Tofu in 1 cm dicke Scheiben schneiden und in heißem Öl auf beiden Seiten goldbraun braten.

Zitronengras *(ta-krai)* Zitronengras ist ein schilfartiges Gras, das einen starken Zitronenduft verströmt, wenn man es zwischen den Fingern zerreibt. In der Küche wird nur der helle untere Teil des Grases verwendet. Er wird gehackt oder zerdrückt an die Speisen gegeben. Zitronengras ist frisch und getrocknet in asiatischen Lebensmittelgeschäften erhältlich. Notfalls kann man es durch die Schale ungespritzter Zitronen ersetzen.

Getrockneter Fisch auf einem Straßenmarkt in Bangkok

JOHN HAY

DANKSAGUNG

Für die Hilfe bei der Vorbereitung dieses Buches möchte Weldon Owen den folgenden Personen und Organisationen danken:

Thai Airways International
Tourism Authority of Thailand
The Regent Bangkok
Nestlé Products (Thailand) Inc.
Tetra Pak
AT & T
Italthai
Ogilvy & Mather – Advertizing
Bangkok Post
Presko Public Relations Company

Der Redaktionsausschuß in Thailand war uns eine große Hilfe in bezug auf die Vielschichtigkeit der thailändischen Küche und Sprache. Wir möchten besonders Dr. Suvit Yodmani für sein persönliches Engagement danken; er wählte die Ausschußmitglieder aus, zu denen M. L. Tooi Xoomsai, M. R. Thanadsri Svasti, M. L. Tuang Snidwong, Frau Chancham Bunnag sowie Frau Charunee Bhumidit gehörten, und leitete die Sitzungen.

Darüber hinaus gilt unser Dank all jenen Menschen in Bangkok, die uns bei der Realisierung des Buches tatkräftig unterstützten: Adisorn Charanachitta, Chertchai Methanayanonda, Dharmnoon Prachuabmoh, Didier Millet, Garth M. Britton, Glenn R. Nelson, John Englehart, Louie Morales, Nadaprapai Sucharitikul, Nares Howatanakul, Nigel Oakins, Norman Pajasalmi, Rusty Kekuewa, Steve Tsitouris, William D. Black, William L. Zentgraf und Yipban Promyoti.

Eine Reihe von Firmen stellte freundlicherweise ihre Erzeugnisse und Dienste zur Verfügung, damit die Fotos in Thailand entstehen konnten: Frau Naphali Areesom, Thai Celadon, 18/7 Sukhumvit 21 Road, Bangkok 10110, Requisiten: Frau Marisa Viravaidya von der Thai House Co. Ltd., Tel. (0066) 2589651, Fax (0066) 2588426, die uns das Gästehaus für Aufnahmen zur Verfügung stellte; Herr Tinakon Asvarak, Requisiten; Frau Worawon Ongkrutraksa, ehrenamtliche Reiseleiterin in Chiang Mai; Siam Exclusive Tours Limited, Tel. (0066) 256 7168–9, Fax (0066) 2556065, die es uns freundlicherweise gestatteten, von ihrem Vergnügungsdampfer »Mekhala« aus, der zwischen Bangkok und Ayutthaya verkehrt, zu fotografieren. In der Altstadt *(muang boran)* konnten wir die restaurierte traditionelle Thai-Architektur fotografieren. Touristen erhalten weitere Informationen bei: 78 Democracy Monument Circle, Ratchadamnoen Avenue, Bangkok 10200.

Unser Dank gilt auch John Dunham und Jimmy Shu vom Restaurant »Isthmus of Kra«, 50 Park Street, Melbourne, Australien, für ihre Unterstützung bei den Fotoaufnahmen. Das im Kapitel Desserts und Süßspeisen gezeigte Obst und Gemüse wurde von Frau Kuson Japeng fachgerecht vorbereitet.

Dieses Buch ist auf Anregung von Somnuk Phadchan entstanden, der uns erstmals mit den Köstlichkeiten der Thai-Küche vertraut machte.

LUCA INVERNIZZI TETTONI/PHOTOBANK

Buddhistische Mönche auf dem Tempelgelände von Wat Thammakai in Bangkok

REGISTER

Zahlen in *Kursivschrift* beziehen sich auf Abbildungen

A

Aal-Curry 114, *114*
Ananas
 Ananas-Curry mit Garnelen 100, *100–101*
 Reis mit Hühnerfleisch und Ananas 129, *129*
Archenmuscheln, Rotfleischige 251
Aromatischer Wels 119, *119*
Auberginen 249
 Grünes Curry mit Hühnerfleisch und Auberginen 124, *124*
 Gemüse mit Auberginen-Dip 174, *175*
 Mini-Auberginen, Thailändische 251
Ausgebackene Schweineschwarte 74, *75*
Austernsauce 249

B

Ba-Mee Moo Daeng 78–79, 79
Bai ga-prow 249
Bai horapa 249
Bai manglak 249
Bambussprossen 249
 Bambussprossen-Curry 102, *103*
 Salat von Bambussprossen 168, *168–169*
Bananen
 Bananenpüree mit Kokosmilch 206
 Fritierte Bananen 206, *206*
 Fritierte Bananen in Sirup 208, *208–209*
 Sonnengetrocknete Bananen 223, *223*
Bananenblätter 249
 Gedämpfter Fisch in Bananenblättern 102, *103*
 Mungobohnen in Bananenblättern 224, *224–225*
 Schweinswürste in Bananenblättern 80, *80*
Bananenblüten 249
Bananenpüree mit Kokosmilch 206
Bandnudeln mit Schweinefleisch und Gemüse 56, *56–57*
Basilikum *248, 249,* 249
Birmanisches Hühner-Curry 126, *127*
Bittergurke 249
Bittergurken-Curry 153, *153*
Blätterkohl, Chinesischer 250
Blattsenf 249
Blütenkohl, Chinesischer 250
Bohnen 249
 Gebackenes Mungobohnen-Dessert *203,* 208
 Grüne Bohnen mit Hackfleisch und Garnelen 152, *152*
 Grüne Bohnen mit Schweinefleisch und Ei 184, *184–185*
 Klebreis-Dessert mit schwarzen Bohnen *222,* 223
 Mungobohnen in Bananenblättern 224, *224–225*
 Mungobohnen in Reismehlteig 220, *220–221*
 Pfannengerührtes Tartar mit grünen Bohnen 134, *135*
 Schwarze Bohnen in süßer Kokossauce 218, *219*
 Spargelbohnen 249
 Südthailändische Bohnen 249
Bohnen, Chinesische 250
Bohnensprossen 249
 Bohnensprossen mit Hackfleisch 168, *168–169*
Brathähnchen nach Art von Surat 230, *230*
Brokkoli, Chinesischer 250
 Chinesischer Brokkoli mit Austernsauce 184, *184–185*
 Pfannengerührter Chinesischer Brokkoli mit getrocknetem Fisch 182, *183*
 Rindfleisch mit Chinesischem Brokkoli 132, *133*
Bua Loi 224–225, *224–225*
Buntes Gemüse mit Tofu 184–185, *184–185*

C

Cellophannudeln s. Glasnudeln
Chiang-Mai-Curry 135, *135*
Chiang-Mai-Nudeln *54,* 55
Chiang-Mai-Würste *78–79,* 79
Chilisaucen
 Fritierter Fisch mit Chilisauce 110, *111*
 Gegrillte Miesmuscheln mit Chilisauce *60–61,* 62
 Gemüse mit Chilisauce *180,* 181
 Muscheln in Chilisauce *101,* 102
 Schwarze Chilisauce mit Garnelen 241, *241*
Chillies 249
 Chillies in Essig 241, *242*
 Getrocknete Chillies *248, 249*
 Getrocknete zerstoßene Chillies *248, 249*
 Fischsauce mit Chillies 242, *242*
 Jalapeño-Chillies *248, 249*
 Thailändische Chillies *248, 249*
Chinesischer Brokkoli mit Austernsauce 184, *184–185*
Choo Chee Pla 123, *123*
Currypasten 234–247
 Grüne Currypaste *234–235,* 236, *237*
 Massaman-Currypaste *240,* 241
 Panaeng-Currypaste *240,* 241
 Pfannengerührtes Hühnerfleisch mit Basilikum und grüner Currypaste 130, *130*
 Rote Currypaste *234–235,* 236, *237*
Currys 94–153
 Aal-Curry 114, *114*
 Ananas-Curry mit Garnelen 100, *100–101*
 Bambussprossen-Curry 102, *103*
 Birmanisches Hühner-Curry 126, *127*
 Bittergurken-Curry 153, *153*
 Chiang-Mai-Curry 135, *135*
 Dschungel-Curry mit Wels *119,* 120
 Fleisch-Gemüse-Curry 128, *128*
 Garnelen-Curry *108–109,* 110
 Gelbes Hühner-Curry 128, *128*
 Grünes Curry mit Hühnerfleisch und Auberginen 124, *124*
 Hellgelbes Fisch-Curry 68, *69*
 Massaman-Curry *136–137,* 137
 Nudel-Curry mit Schweinerippchen 82, *82–83*
 Pfannengerührtes Krebscurry *118,* 119
 Pfannengerührtes Rindfleisch-Curry 138, *138–139*
 Schweinefleisch-Curry 140, *140*
 Dschungel-Curry mit Wels *119,* 120
 Wildschwein-Curry 140, *141*
Currysauce
 Fisch in Currysauce 123, *123*
 Nudeln in Fisch-Curry-Sauce *64–65,* 66–67
 Nudeln in süßer Currysauce 58, *59*

D

Desserts 202–233
Dips
 Auberginen-Dip, Gemüse mit 174, *175*
 Höllen-Dip 238, *238*
 Mango-Dip *234–235,* 236
 Pikanter Sardellen-Dip 243, *243*
Dschungel-Curry mit Wels *119,* 120
Duftreis *248, 249,* 251

E

Eier *siehe auch* Omeletts
 Eier mit Tamarindensauce 98–99, *98–99*
 Salat mit knusprigen Eiern 186, *187*
Eiercreme
 Eiercreme in Kürbis oder Kokosnuß 232, *233*
 Thailändische Eiercreme 210, *211*
Eiernudeln 250
Eiernudeln mit Schweinefilet *78–79,* 79
Eingelegter Ingwer 244, *245*
Eingelegter Knoblauch 245, *245*
Eintopf mit zehnerlei Gemüse *170–171,* 171
Erdnußsauce 238, *238–239*
Essig 250

F

Fisch 250
 Bambussprossensalat mit eingelegtem Fisch 178, *179*
 Eingelegter Fisch 250
 Fisch in Currysauce 123, *123*
 Fischsuppe mit Tamarindensaft 45, *45*
 Fischküchlein 67, *67*
 Fritierter Fisch mit Chilisauce 110, *111*
 Fritierter Fisch mit Knoblauchsauce 104, *104–105*
 Fritierter Fisch mit Tamarindensauce 115, *115*
 Gebratener getrockneter Fisch 122, *122*
 Gedämpfter Roter Schnapper 116, *116–117*
 Gedämpfter Fisch 122, *122*
 Gedämpfter Fisch auf ländliche Art 106, *107*
 Gedämpfter Fisch in Bananenblättern 102, *103*
 Gedämpfter Fisch mit eingelegten Pflaumen 102, *103*
 Getrockneter Fisch 120, *120–121,* 250
 Hellgelbes Fisch-Curry 68, *69*
 Knuspriger Fisch 250
 Pfannengerührter Chinesischer Brokkoli mit getrocknetem Fisch 182, *183*
 Pikante Suppe mit knusprigem Fisch *42,* 42
 Suppe mit Meeresfrüchten und Fisch 44, *45*
Fischmagen, Getrockneter 250
 Hühnersuppe mit getrocknetem Fischmagen *41,* 41
Fischsauce 250
 Fischsauce mit Chillies 242, *242*
Fischsuppe mit Tamarindensaft 45, *45*
Fleisch-Gemüse-Curry 128, *128*
Foithong 226, *227*
Frische gedämpfte Frühlingsrollen 50, *50–51*
Fritierte Bananen 206, *206*
Fritierte Bananen in Sirup 208, *208–209*
Fritierte Frühlingsrollen *50–51,* 52
Fritierte Makrele mit Garnelensauce 122, *123*
Fritierter Fisch mit Chilisauce 110, *111*
Fritierter Fisch mit Knoblauchsauce 104, *104–105*
Fritierter Fisch mit Tamarindensauce 115, *115*
Fritierter süßer Taro *211,* 212
Fritierter Wels mit Mangosauce 62–63, *63*
Frühlingszwiebeln *248, 249*

G

Gaam Poo Ob Woon Sen 108, *108–109*
Gaeng Buad Fak Thong *227,* 228
Gaeng Buad Tua Dam 218, *219*
Gaeng Gai Bama 126, *127*
Gaeng Garee Gai 128, *128*
Gaeng Hang Lay 135, *135*
Gaeng Hoh 128, *128*
Gaeng Jued Kai 40, *40*
Gaeng Jued Pakkaad Dong 42, *43*
Gaeng Jued Woon Sen 46, *46*
Gaeng Keow Wan Gai 124, *124*
Gaeng Kua Sapparod 100, *100–101*
Gaeng Liang *36–37,* 40
Gaeng Lueng 68, *69*
Gaeng Moo Tay Po 140, *140*
Gaeng Naw Mai 102, *103*
Gaeng Om Mara 153, *153*
Gaeng Paa Pla Dook 119, *120*
Gaeng Ped Gai 124, *124*
Gaeng Som Pae-Sa 115, *115*
Gaeng Som Pla Chon 45, *45*
Gai Ob Surat 130, *130*
Gai Pad Bai Ga-Prow 125, *125*
Gai Pad Khing 133, *133*
Gai Pad Kiamchai 188, *188*
Gai Pad Med Ma-Muang Himapan 125, *125*
Gai Pad Yod Khao Pod 174, *175*
Gai Taud 126, *127*
Gai Yang Esan *95,* 124
Galgantwurzel *249,* 250
Garnelen
 Ananas-Curry mit Garnelen 100, *100–101*
 Fritierte Makrele mit Garnelensauce 122, *123*
 Garnelen-Curry *108–109,* 110
 Garnelenküchlein 62, *62*
 Garnelenpaste 250
 Garnelensalat nach Art des Nordostens *180,* 181
 Garnelentoast *64–65,* 65
 Gebratener Reis mit Garnelenpaste *48,* 49
 Gedämpfte Knoblauchgarnelen *118,* 119
 Gelber Klebreis mit Garnelen 232, *232*
 Grüne Bohnen mit Hackfleisch und Garnelen 152, *152*
 Knoblauch-Garnelen 112, *113*
 Fritierte Makrele mit Garnelensauce 122, *123*
 Pikante Sauce mit Garnelenpaste 178, *178*
 Reisnudeln mit Garnelen, Schweinefleisch und Kokosmilch 52, *52*
 Reissuppe mit Garnelen *36–37,* 41
 Salat von getrockneten Garnelen 62, *62*
 Schwarze Chilisauce mit Garnelen 241, *241*
Gebackenes Mungobohnen-Dessert *203,* 208
Gebratene Schweineleber 148, *149*
Gebratene Würste nach nordöstlicher Art *75,* 76
Gebratener getrockneter Fisch 122, *122*
Gebratener Reis mit Garnelenpaste *48,* 49
Gebratener Reis mit Krebsfleisch *113,* 114
Gebratener Reis mit Schweinefleisch 142, *142–143*
Gebratener Reis mit Schweinefleisch und Basilikum 82–83, *82–83*
Gebratenes Hackfleisch auf thailändische Art 74, *74*
Gedämpfte Ente 126, *126*
Gedämpfte Knoblauchgarnelen *118,* 119
Gedämpfte Muscheln mit pikanter Tamarindensauce *67,* 68
Gedämpfter Duftreis 98, *98*
Gedämpfter Roter Schnapper 116, *116–117*
Gedämpfter Fisch 122, *122*
Gedämpfter Fisch auf ländliche Art 106, *107*
Gedämpfter Fisch in Bananenblättern 102, *103*

Gedämpfter Fisch mit eingelegten Pflaumen 102, *103*
Gedämpfter Klebreis 98, *98–99*
Gedämpfter Meereskrebs mit scharfer Sauce 100, *100–101*
Gedämpftes Schweinefleisch mit Fünfgewürzpulver 146, *146–147*
Geflügel
  Birmanisches Hühner-Curry 126, *127*
  Brathähnchen nach Art von Surat 130, *130*
  Gegrillte Hühnerflügel 71
  Gelbes Hühner-Curry 128, *128*
  Grillhähnchen auf thailändische Art *10*, 130
  Grillhähnchen nach Art des Nordostens *4, 95*, 124
  Grünes Curry mit Hühnerfleisch und Auberginen 124, *124*
  Huhn mit Reis *68*, 70
  Huhn nach Art von Chiang Mai 126, *127*
  Hühnerfleisch mit Blattsenf 188, *188*
  Hühnerfleisch mit Cashew-Nüssen 125, *125*
  Hühnerfleisch mit Ingwer 133, *133*
  Hühnersuppe mit getrocknetem Fischmagen *41*, 41
  Maiskölbchen mit Huhn 174, *175*
  Pfannengerührtes Hühnerfleisch mit Basilikum und grüner Currypaste 130, *130*
  Pikantes Hühnerfleisch mit Basilikum 125, *125*
  Reis mit Hühnerfleisch und Ananas 129, 129
  Suppe mit Hühnerfleisch und Kokosmilch *36–37*, 40
Gefüllte Meereskrebse 60, *60–61*
Gefüllte Omeletts 150, *150–151*
Gefüllte Teigtaschen 49, *49*
Gegrillte Hühnerflügel 71
Gegrillte Koteletts mit Zitronengras 144, *145*
Gegrillte Languste mit süß-saurer Sauce 112, *112*
Gegrillte Miesmuscheln mit Chilisauce *60–61*, 62
Gegrillter Roter Schnapper *107*, 108
Gegrilltes Schweinefleisch nach Art von Chiang Mai 152, *152*
Gelber Klebreis mit Garnelen 232, *232*
Gelbes Hühner-Curry 128, *128*
Gelbwurz s. Kurkuma
Gemüse 164–191, *siehe auch* Kürbis, Bohnen, Bohnensprossen, Chinesischer Brokkoli, Auberginen sowie Sumpfkohl
  Bandnudeln mit Schweinefleisch und Gemüse 56, *56–57*
  Buntes Gemüse mit Tofu 184–185, *184–185*
  Fleisch-Gemüse-Curry 128, *128*
  Gemüse mit Auberginen-Dip 174, *175*
  Eintopf mit zehnerlei Gemüse *170–171*, 171
  Gemüse mit Chiang-Mai-Sauce 172, *172–173*
  Gemüse mit Chilisauce *180*, 181
  Gemüsesalat mit Kalmar 190, *191*
  Pfannengerührtes Gemüse 182, *182*
  Pikante Gemüsesuppe *36–37*, 40
Geow Nam Moo 43, 44
Geschmorte Miesmuscheln 66, *66*
Getrockneter Fisch 120, *120–121*
Glasnudeln *248, 249*, 250
Glasnudelsuppe 46, *46*
Gluay Chaap 208, *208–209*
Gluay Guan 206
Gluay Kaeg 206, *206*
Gluay Taak 223, *223*
»Goldfäden« 226, *227*
Goong Haeng Yam 62, *62*
Goong Kratiem Prik Thai 112, *113*
Goong Neung Kratiem 118, 119
Goong Pad Pong Garee 108–109, 110
Goong Pow Nam Pla Wan 112, *112*
Grillhähnchen auf thailändische Art *10*, 130
Grillhähnchen nach Art des Nordostens *4, 95*, 124
Grüne Bohnen mit Hackfleisch und Garnelen 152, *152*
Grüne Bohnen mit Schweinefleisch und Ei 184, *184–185*
Grüne Currypaste *234–235*, 236, *237*
Grünes Curry mit Hühnerfleisch und Auberginen 124, *124*
Guay Teow Look-Chin 56–57, *56–57*
Guay Teow Nuea Sab 72–73, 72
Guay Teow Pad Se-Iew 59, 60
Guay Teow Raad Naa 56, *56–57*
Gurkensalat mit Chinesischer Wurst 176, *176–177*
Gurkensalat mit Tamarindensaft nach nordöstlicher Art 176, *176–177*

H

Haw Mok 102, *103*
Hähnchen *siehe* Geflügel
Hellgelbes Fisch-Curry 68, *69*
Himmlisches Rindfleisch 71, *71*
Hoi Kraeng Luak 67, 68
Hoi Lai Pad Nam Prik Pow 101, 102
Hoi Ma-Laeng Poo Ob 66, *66*
Hoi Maeng Poo Pow 60–61, 62
Höllen-Dip 238, *238*
Huhn *siehe auch* Geflügel
Huhn mit Reis *68*, 70
Huhn nach Art von Chiang Mai 126, *127*
Hühnerfleisch mit Blattsenf 188, *188*
Hühnerfleisch mit Cashew-Nüssen 125, *125*
Hühnerfleisch mit Ingwer 133, *133*
Hühnersuppe mit getrocknetem Fischmagen *41*, 41

I

Im Ofen gegarte Krebsscheren 108, *108–109*
Ingwer
  Eingelegter Ingwer 244, *245*
  Hühnerfleisch mit Ingwer 133, *133*
  Ingwerwurzeln 248, *249*
  Reissalat mit Ingwer und Zitronengras 174, *174*

J

»Jackfrucht-Samen« 230, *230*
Jaew Bong 242, *243*
Jalapeño-Chillies *248, 249*
Jasmin-Törtchen 220, *220–221*
Jasmin-Wasser 250

K

Kaep Moo 74, *75*
Kaffir-Limetten *248, 249*, 250
Kai Jeow Moo Sab 146, *146–147*
Kai Look Kuey 98–99, *98–99*
Kai Yad Sai 150, *150–151*
Kalmar
  Gemüsesalat mit Kalmar 190, *191*
  Kalmar vom Holzkohlengrill *64–65*, 65
  Pikanter Kalmar 110, *112*
Kanaa Namann Hoi 184, *184–185*
Kanom Bueng Yuan 48, *48*
Kanom Duang 214, *215*
Kanom Jeen Nam Ngeow 82, *82–83*
Kanom Jeen Nam Prik 58, *59*
Kanom Jeen Nam Yaa 64–65, 66–67
Kanom Maw Gaeng 203, 208
Kanom Neow 218, *218*
Kanom Pang Naa Goong 64–65, 65
Kanom Tien 224, *224–225*
Kanom Tua-Paep 220, *220–221*
Kanom Tuay Foo 220, *220–221*
Kapaw Pla 41, *41*
Kardamom 250
Kardamomkapseln *248, 249*
Kaw Moo Yang 75, 76
Kewra-Extrakt 250
Khao Griab Paak Maw 49, *49*
Khao Ka Moo 80, *81*
Khao Laam 226, *227*
Khao Man 55, *55*
Khao Man Gai 68, *70*
Khao Moo Daeng 76–77, *76–77*
Khao Neow 98, *98–99*
Khao Neow Dam Naa Gracheek 222, 223
Khao Neow Dam Piag 226, *226*
Khao Neow Kaew 214, *214*
Khao Neow Ma-Muang 231, *231*
Khao Neow Moon 218, *219*
Khao Neow Naa Goong 232, *232*
Khao Neow Nuea 71, *71*
Khao Neow Piag Lamyai 212, *212–213*
Khao Neow Tad 222, 223
Khao Ob Sapparod 129, *129*
Khao Olook Gapi 48, 49
Khao Pad Moo 142, *142–143*
Khao Pad Moo Bai Ga Prow 82–83, *82–83*
Khao Pad Poo 113, 114
Khao Soi 54, 55
Khao Suay 98, *98*
Khao Tom Goong 36–37, 41
Khao Tom Moo 46, *46*
Khao Tom Pla Gapong 46, *47*
Khao Yam 174, *174*
Khing Dong 244, *245*
Klebreis 251
  Gedämpfter Klebreis 98, *98–99*
  Gelber Klebreis mit Garnelen 232, *232*
  Klebreis in süßer Kokossauce 218, *219*
  Klebreis mit Mango 231, *231*
  Klebreis mit Rindfleisch 71, *71*
  Klebreis, Gerösteter 251
  Klebreis-Dessert mit schwarzen Bohnen *222*, 223
  Pudding von schwarzem Klebreis 226, *226*
  Süßer grüner Klebreis 214, *214*
  Süßer Klebreis mit Rambutan-Früchten 212, *212–213*
Kleine Kokosberge 210, *210*
Knoblauch *248, 249*, 250
  Eingelegter Knoblauch 245, *245*
  Fritierter Fisch mit Knoblauchsauce 104, *104–105*
  Gedämpfte Knoblauchgarnelen *118*, 119
  Knoblauch-Garnelen 112, *113*
Knusprige gefüllte Pfannkuchen 48, *48*
Knusprige Nudeln *49*, 50
Kokosnuß 250
  Bananenpüree mit Kokosmilch 206
  Eiercreme in Kürbis oder Kokosnuß 232, *233*
  Klebreis in süßer Kokossauce 218, *219*
  Kleine Kokosberge 210, *210*
  Kokosmilch 250
  Kokosreis 55, *55*
  Kokossahne 250
  Kürbis in Kokossauce *227*, 228
  Pudding mit Kokoscreme 228, *228*
  Reisnudeln mit Garnelen, Schweinefleisch und Kokosmilch 52, *52*
  Schwarze Bohnen in süßer Kokossauce 218, *219*
  Schwarzer Reis mit Kokosstreuseln *222*, 223
  Suppe mit Hühnerfleisch und Kokosmilch *36–37*, 40
  Süße Kokos-»Muscheln« 228, *229*
  Süße Nudeln mit Kokosraspel 214, *215*
  Wasserkastanien in Zuckerwasser mit Kokossahne 216, *216–217*
Kopfsalat mit Ölsardinen 178, 179
Koriander, Frischer *248, 249*, 250
Koriandersamen *248, 249*, 250
Korianderwurzel 250
Krabben *siehe* Meereskrebse
Krachai 250
Kratiem Dong 245, *245*
Krebse *siehe* Meereskrebse
Krong Kraeng Ga-Thi 228, *229*
Krong Kraeng Grob 202–203, 206
Kua Haeng Moo Paa 140, *141*
Kürbis
  Eiercreme in Kürbis oder Kokosnuß 232, *233*
  Kürbis in Kokossauce *227*, 228
  Pfannengerührter Kürbis mit Schweinefleisch 148, *148*
Kurkuma 250

L

Laab Nuea 186, *186*
Langustenfleisch mit Ingwersauce 113, 114
Leber
  Gebratene Schweineleber 148, *149*
  Pfannengerührte Hühnerleber mit Zwiebeln 133, *133*
  Pfannengerührter Schweinemagen mit Leber 144, *144*
  Rinderleber nach Art des Nordostens 138, *138–139*

M

Ma-Muang Dong 244, *245*
Ma-Prow Kaew 210, *210*
Maiskölbchen mit Huhn 174, *175*
Makrele, Fritierte, mit Garnelensauce 122, *123*
Mango
  Fritierter Wels mit Mangosauce 62–63, *63*
  Klebreis mit Mango 231, *231*
  Mango-Dip *234–235*, 236
  Mango-Pickle 244, *245*
Massaman Nuea 136–137, 137
Massaman-Curry *136–137*, 137
Massaman-Currypaste *240*, 241
Med Ka-Noon 230, *230*
Mee Ga-Thi 52, *52*
Mee Grob 49, 50
Meeresfrüchte
  Meeresfrüchte mit Zitronengras 120, *120–121*
  Nudelsuppe mit Meeresfrüchten 58, *58*
  Salat von Meeresfrüchten 181, *181*
  Suppe mit Meeresfrüchten und Fisch 44, *45*
Meereskrebse
  Pfannengerührtes Krebscurry *118*, 119
  Gebratener Reis mit Krebsfleisch *113*, 114
  Gedämpfter Meereskrebs mit scharfer Sauce 100, *100–101*
  Gefüllte Meereskrebse 60, *60–61*
  Im Ofen gegarte Krebsscheren 108, *108–109*
  Meereskrebs mit Porree 106, *106*
Mini-Auberginen, Thailändische 251
Moo Pad Tua Ngok 168, *168–169*
Moo Pad Woon Sen 140, *141*
Moo Tom Kem Palo 146, *146–147*
Moo Wan 149, 150
Moo Yang 152, *152*
Moo Yang Ta-krai 144, *145*
Mungobohnen *siehe* Bohnen
Muscheln
  Archenmuscheln, Rotfleischige 251
  Gegrillte Miesmuscheln mit Chilisauce *60–61*, 62
  Geschmorte Miesmuscheln 66, *66*
  Muscheln in Chilisauce *101*, 102
  Muschelsalat 68–69, *69*

N

Naem 80, *80*
Naem Sod 74, *74*
Nam Jim Satay 238, *238–239*
Nam Pla Prik 242, *242*
Nam Prik Gaeng Keow Wan 234–235, 236, *237*

Nam Prik Gaeng Massaman 240, 241
Nam Prik Gaeng Ped 234–235, 236, *237*
Nam Prik Goong Siap 178, *178*
Nam Prik Jaew 243, *243*
Nam Prik Ma-Kaam 244, *244*
Nam Prik Ma-Muang 234–235, 236
Nam Prik Na-Rok 238, *238*
Nam Prik Noom 180, 181
Nam Prik Ong 172, *172–173*
Nam Prik Panaeng 240, 241
Nam Prik Pla Too 122, *123*
Nam Prik Pla-Raa 243, *243*
Nam Prik Pow 241, *241*
Nappa-Kohl 250
Nordöstliche Sardellenpaste 242, *243*
Nudeln 250
 Bandnudeln mit Schweinefleisch und Gemüse 56, *56–57*
 Cellophannudeln *siehe* Glasnudeln
 Chiang-Mai-Nudeln *54,* 55
 Eiernudeln 250
 Eiernudeln mit Schweinefilet *78–79,* 79
 Glasnudeln *248, 249,* 250
 Glasnudelsuppe 46, *46*
 Knusprige Nudeln *49,* 50
 Nudel-Curry mit Schweinerippchen 82, *82–83*
 Nudeln in Fisch-Curry-Sauce *64–65,* 66–67
 Nudeln in süßer Currysauce 58, *59*
 Nudeln mit Fleischbällchen 56–57, *56–57*
 Nudelsuppe mit Meeresfrüchten 58, *58*
 Pfannengerührte Bandnudeln *59,* 60
 Pfannengerührte Glasnudeln mit Hackfleisch 140, *141*
 Reisnudeln 250
 Reisnudeln mit Garnelen, Schweinefleisch und Kokosmilch 52, *52*
 Süße Nudeln mit Kokosraspel 214, *215*
Nuea Pad Kanaa 132, 133
Nuea Pad Prik 132, 134
Nuea Satay 72–73, 72
Nuea Sawan 71, *71*
Nuea Yang Nam Tok 136–137, 137

O

Öl 251
Omeletts
 Gefüllte Omeletts 150, *150–151*
 Omelett mit Hackfleisch 146, *146–147*
 Suppe mit Schweinefleisch- und Omelettstreifen 40, *40*

P

Pad Bai Ga-Prow Keow 130, *130*
Pad Fak Thong 148, *148*
Pad Goong Mang-Gorn 113, 114
Pad Kanaa Pla Kem 182, *183*
Pad Kreung Nai Moo 144, *144*
Pad Pak Boong Fi Daeng 190, *191*
Pad Pak Ruam Mit 182, *182*
Pad Pak Tow-Hoo 184–185, *184–185*
Pad Ped Moo Paa 150–151, 152
Pad Ped Nuea 134, *135*
Pad Ped Pla Dook 119, *119*
Pad Ped Pla Lai 114, *114*
Pad Pla Kapong Kunchai 110, *111*
Pad Po Taek 120, *120–121*
Pad Prew Wan Moo 188, *189*
Pad Prik Khing Moo 142, *142–143*
Pad Sa-Taw 152, *152*
Pad Tap Gai 133, *133*
Pad Tap Moo 148, *149*
Pad Thai 52–53, *53*
Pad Tua Fak Yow Kai 184, *184–185*
Pae-Sa Banrai 106, *107*
Pak Luak Nam Prik 174, *175*
Palmzucker *248,* 249, 251
Panaeng Nuea 138, *138–139*
Panaeng-Currypaste *240,* 241
Papaya-Salat 172, *172–173*
Pat Palo 126, *126*
Peak Gai Yang 71
Pfannengerührte Bandnudeln *59,* 60
Pfannengerührte Glasnudeln mit Hackfleisch 140, *141*
Pfannengerührte Hühnerleber mit Zwiebeln 133, *133*
Pfannengerührter Chinesischer Brokkoli mit getrocknetem Fisch 182, *183*
Pfannengerührter Kürbis mit Schweinefleisch 148, *148*
Pfannengerührter Roter Schnapper mit Bleichsellerie 110, *111*
Pfannengerührter Schweinemagen mit Leber 144, *144*
Pfannengerührtes Gemüse 182, *182*
Pfannengerührtes Hühnerfleisch mit Basilikum und grüner Currypaste 130, *130*
Pfannengerührtes Krebscurry *118,* 119
Pfannengerührtes Rindfleisch-Curry 138, *138–139*
Pfannengerührtes Schweinefleisch mit Sumpfkohl 142, *142–143*
Pfannengerührtes Tartar mit grünen Bohnen 134, *135*
Pfefferkörner 251
Phla Goong 180, 181
Phla Hoi 68–69, *69*
Phla Nang Moo Esan 168–169, 171
Pikante Gemüsesuppe *36–37,* 40
Pikante Sauce mit Garnelenpaste 178, *178*
Pikante Suppe mit knusprigem Fisch *42,* 42
Pikanter Kalmar 110, *112*
Pikanter Sardellen-Dip 243, *243*
Pikantes Hühnerfleisch mit Basilikum 125, *125*
Pikantes Wildschweinfleisch *150–151,* 152
Pilze *248, 249,* 251
Pla Chon Pae-Sa 116, *116–117*
Pla Dook Foo Nam Pri Ma-Muang 62–63, *63*
Pla Kapong Keemow 104, *104*
Pla Kapong Pow 107, 108
Pla Kem 120, *120–121*
Pla Kem Taud 122, *122*
Pla Muk Pad Ped 110, *112*
Pla Muk Yang 64–65, 65
Pla Neung 122, *122*
Pla Neung Kiambouy 102, *103*
Pla Rad Prik 110, *111*
Po Pia Sod 50, *50–51*
Po Pia Taud 50–51, 52
Poh Taek 44
Poo Jaa 60, *60–61*
Poo Neung 100, *100–101*
Poo Pad Pong Garee 118, 119
Poo Pad Ton Kratiem 106, *106*
Prik Dong 241, *242*
Pudding
 Pudding mit Kokoscreme 228, *228*
 Pudding von schwarzem Klebreis 226, *226*
Puek Chaap 211, 212

R

Reis 251, *siehe auch* Klebreis sowie schwarzer Reis
 Duftreis *248, 249*
 Gedämpfter Duftreis 98, *98*
 Gebratener Reis mit Garnelenpaste *48,* 49
 Gebratener Reis mit Krebsfleisch *113,* 114
 Gebratener Reis mit Schweinefleisch 142, *142–143*
 Gebratener Reis mit Schweinefleisch und Basilikum 82–83, *82–83*
 Huhn mit Reis *68,* 70
 Kokosreis 55, *55*
 Reis mit Hühnerfleisch und Ananas 129, *129*
 Reissalat mit Ingwer und Zitronengras 174, *174*
 Reissuppe mit Garnelen *36–37,* 41
 Reissuppe mit Rotem Schnapper 46, *47*
 Reissuppe mit Schweinefleisch 46, *46*
 Schweinefleisch in duftender Sauce mit Reis 80, *81*
 Schweinefleisch mit Reis und Erdnußsauce 76–77, *76–77*
 Süßer Reis im Bambusrohr 226, *227*
Reismehl-Dessert mit Sirup 218, *218*
Reisnudeln 250
Reisnudeln mit Garnelen, Schweinefleisch und Kokosmilch 52, *52*
Reissalat mit Ingwer und Zitronengras 174, *174*
Reissuppe mit Rotem Schnapper 46, *47*
Reissuppe mit Schweinefleisch 46, *46*
Rindfleisch
 Himmlisches Rindfleisch 71, *71*
 Klebreis mit Rindfleisch 71, *71*
 Rindfleisch mit Chinesischem Brokkoli *132,* 133
 Rindfleisch mit Zwiebeln und Paprika *132,* 134
 Rindfleischspieße *72–73,* 72
 Salat mit Rindfleisch 190, *190*
 »Wasserfall«-Rindfleisch *136–137,* 137
Rinderleber nach Art des Nordostens 138, *138–139*
Rote Currypaste *234–235,* 236, *237*
Roter Schnapper
 Gedämpfter Roter Schnapper 116, *116–117*
 Gegrillter Roter Schnapper *107,* 108
 Pfannengerührter Roter Schnapper mit Bleichsellerie 110, *111*

S

Sa-Koo Piag 216, *216–217*
Sa-Koo Sai Moo 74, *74*
Sai Grog Esan 140, *141*
Sai Grog Taud 75, 76
Sai Oua 78–79, 79
Salate 164–191
 Bambussprossensalat mit eingelegtem Fisch 178, *179*
 Garnelensalat nach Art des Nordostens *180,* 181
 Gemüsesalat mit Kalmar 190, *191*
 Gurkensalat mit Chinesischer Wurst 176, *176–177*
 Gurkensalat mit Tamarindensaft nach nordöstlicher Art 176, *176–177*
 Kopfsalat mit Ölsardinen 178, *179*
 Muschelsalat 68–69, *69*
 Papaya-Salat 172, *172–173*
 Reissalat mit Ingwer und Zitronengras 174, *174*
 Salat mit knusprigen Eiern 186, *187*
 Salat mit Rindfleisch 190, *190*
 Salat mit Schweineschwarte nach nordöstlicher Art *168–169,* 171
 Salat mit Schweineschwarte und Zitronengras 189, *189*
 Salat nach Art thailändischer Küchenchefs 182, *183*
 Salat von Bambussprossen 168, *168–169*
 Salat von gebratenem Rinderhackfleisch 186, *186*
 Salat von getrockneten Garnelen 62, *62*
 Salat von Meeresfrüchten 181, *181*
Sangkaya Fak Thong 232, *233*
Sangkaya 210, *211*
Sangkaya Ma-Prow 232, *233*
Saucen 234–247, *siehe auch* Fischsaucen, Chilisaucen sowie Currysaucen
 Austernsauce 249
  Chinesischer Brokkoli mit Austernsauce 184, *184–185*
 Chiang-Mai-Sauce
  Gemüse mit Chiang-Mai-Sauce 172, *172–173*
 Duftende Sauce
  Schweinefleisch in duftender Sauce mit Reis 80, *81*
 Erdnußsauce 238, *238–239*
  Schweinefleisch mit Reis und Erdnußsauce 76–77, *76–77*
 Garnelensauce
  Fritierte Makrele mit Garnelensauce 122, *123*
  Pikante Sauce mit Garnelenpaste 178, *178*
 Knoblauchsauce
  Fritierter Fisch mit Knoblauchsauce 104, *104–105*
 Kokossauce
  Klebreis in süßer Kokossauce 218, *219*
  Kürbis in Kokossauce 227, *228*
  Schwarze Bohnen in süßer Kokossauce 218, *219*
 Mangosauce
  Fritierter Wels mit Mangosauce 62–63, *63*
 Scharfe Sauce
  Gedämpfter Meereskrebs mit scharfer Sauce 100, *100–101*
 Süß-saure Sauce
  Gegrillte Languste mit süß-saurer Sauce 112, *112*
 Tamarindensauce
  Eier mit Tamarindensauce 98–99, *98–99*
  Fritierter Fisch mit Tamarindensauce 115, *115*
  Gedämpfte Muscheln mit pikanter Tamarindensauce *67,* 68
 Würzsauce mit Fisch 243, *243*
Schalotten *248,* 249
Scharf-saure Suppe 47, *47*
Scharfer Sumpfkohl 190, *191*
Schnittlauch, Chinesischer *248, 249,* 251
Schwarze Bohnen in süßer Kokossauce 218, *219*
Schwarze Chilisauce mit Garnelen 241, *241*
Schwarzer Reis 251
 Schwarzer Reis mit Kokosstreuseln *222,* 223
Schweinefleisch
 Bandnudeln mit Schweinefleisch und Gemüse 56, *56–57*
 Gebratener Reis mit Schweinefleisch 142, *142–143*
 Gebratener Reis mit Schweinefleisch und Basilikum 82–83, *82–83*
 Gedämpftes Schweinefleisch mit Fünfgewürzpulver 146, *146–147*
 Gegrilltes Schweinefleisch nach Art von Chiang Mai 152, *152*
 Grüne Bohnen mit Schweinefleisch und Ei 184, *184–185*
 Pfannengerührter Kürbis mit Schweinefleisch 148, *148*
 Pfannengerührtes Schweinefleisch mit Sumpfkohl 142, *142–143*
 Reisnudeln mit Garnelen, Schweinefleisch und Kokosmilch 52, *52*
 Reissuppe mit Schweinefleisch 46, *46*
 Schweinefleisch in duftender Sauce mit Reis 80, *81*
 Schweinefleisch mit Reis und Erdnußsauce 76–77, *76–77*
 Schweinefleisch-Curry 140, *140*
 Schweinenacken vom Holzkohlengrill *75,* 76
 Suppe mit Schweinefleisch- und Omelettstreifen 40, *40*
 Süß-saures Schweinefleisch 188, *188–189*
 Süßes Schweinefleisch *149,* 150
Schweineschwarte
 Ausgebackene Schweineschwarte 74, *75*
 Salat mit Schweineschwarte nach nordöstlicher Art *168–169,* 171
 Salat mit Schweineschwarte und Zitronengras *188–189,* 189
Schweinswürste in Bananenblättern 80, *80*
Schwimmende »Lotossamen« 224–225, *224–225*

See-Krong Moo Ob 142–143, 144
Senfkohl, Chinesischer 250
Seua Rong Hai 134, 134
Som Tam Esan 172–173, 173
Sonnengetrocknete Bananen 223, *223*
Soop Naw Mai 168, *168–169*
Soop Naw Mai Pla-Raa 178, *179*
Spareribs mit Fünfgewürzpulver *142–143,* 144
Spargelbohnen 249
Sternanis *248, 249,* 251
Strohpilze 251
Südthailändische Bohnen 249
Sumpfkohl 251
Pfannengerührtes Schweinefleisch mit Sumpfkohl 142, *142–143*
Scharfer Sumpfkohl 190, *191*
Suppen 36–83
Fischsuppe mit Tamarindensaft 45, *45*
Glasnudelsuppe 46, *46*
Hühnersuppe mit getrocknetem Fischmagen 41, *41*
Nudelsuppe mit Meeresfrüchten 58, *58*
Pikante Gemüsesuppe *36–37,* 40
Pikante Suppe mit knusprigem Fisch 42, *42*
Reissuppe mit Garnelen *36–37,* 41
Reissuppe mit Rotem Schnapper 46, *47*
Reissuppe mit Schweinefleisch 46, *46*
Scharf-saure Suppe 47, *47*
Suppe mit chinesischem Senfgemüse 42, *43*
Suppe mit Hühnerfleisch und Kokosmilch *36–37,* 40
Suppe mit Meeresfrüchten und Fisch 44, *45*
Suppe mit Schweinefleisch- und Omelettstreifen 40, *40*
Thailändische Won-tan-Suppe *43,* 44
Süß-saures Schweinefleisch 188, *188–189*
Süße fritierte Teigmuscheln *202–203,* 206
Süße Kokos-»Muscheln« 228, *229*
Süße Nudeln mit Kokosraspel 214, *215*
Süßer grüner Klebreis 214, *214*
Süßer Klebreis mit Rambutan-Früchten 212, *212–213*
Süßer Reis im Bambusrohr 226, *227*
Süße Speisen 202–233
Süßes Schweinefleisch *149,* 150

T

Ta-Go 228, *228*
Tab-Tim Grob 216, *216–217*
Tam Taeng 176, *176–177*
Tamarinden 249, 251
Eier mit Tamarindensauce 98–99, *98–99*
Fischsuppe mit Tamarindensaft 45, *45*
Fritierter Fisch mit Tamarindensauce 115, *115*
Gedämpfte Muscheln mit pikanter Tamarindensauce *67,* 68
Gurkensalat mit Tamarindensaft nach nordöstlicher Art 176, *176–177*
Tamarindenpaste 244, *244*
Tap Waan 138, *138–139*
Tapioka
Tapioka-Bällchen mit Hackfleischfüllung 74, *74*
Tapioka-Dessert mit exotischen Früchten 216, *216–217*
Tapiokamehl 251
Tapiokaperlen 251
Taud Man Goong 62, *62*
Taud Man Pla 67, *67*
Teigtaschen
Gefüllte Teigtaschen 49, *49*
Thailändische Won-tan-Suppe *43,* 44
Thailändische Eiercreme 210, *211*
Tofu 251
Tofu, Gebratener 251
Tom Jabchai 170–171, 171
Tom Kha Gai 36–37, 40
Tom Som Pla Too 116, *116–117*
Tom Yam Goong 47, *47*
Tom Yam Pla Grob 42, *42*
Trockenpilze, Chinesische 251

JOHN HAY

V/W

Vorspeisen 36–83
»Wasserfall«-Rindfleisch *136–137,* 137
Wasserkastanien in Zuckerwasser mit Kokossahne 216, *216–217*
Weiße Pfefferkörner *248, 249*
Weiße Rüben, gesalzen und getrocknet 251
Wels
Aromatischer Wels 119, *119*
Dschungel-Curry mit Wels *119,* 120
Fritierter Wels mit Mangosauce 62–63, *63*
Wildschwein
Pikantes Wildschweinfleisch *150–151,* 152
Wildschwein-Curry 140, *141*
Würste
Chiang-Mai-Würste *78–79,* 79
Gebratene Würste nach nordöstlicher Art *75,* 76
Schweinswürste in Bananenblättern 80, *80*
Würste nach nordöstlicher Art 140, *141*
Würzsauce mit Fisch 243, *243*

Y

Yam Goon Chiang 176, *176–177*
Yam Kai Dow 186, *187*
Yam Nang Moo 189, *189*
Yam Nuea 190, *190*
Yam Pla Muk 190, *191*
Yam Pla Sardine 178, *179*
Yam Po Taek 181, *181*
Yam Yai 182, *183*
Yen Ta Fo 58, *58*

Z

Zitronengras *248, 249,* 251
Gegrillte Koteletts mit Zitronengras 144, *145*
Meeresfrüchte mit Zitronengras 120, *120–121*
Reissalat mit Ingwer und Zitronengras 174, *174*
Salat mit Schweineschwarte und Zitronengras 189, *189*
Zwiebeln *248, 249*